KB151526

Deliberative Democracy

THE   DELIBERATIVE DEMOCRACY HANDBOOK:
Strategies for Effective Civic Engagement in the Twenty-First Century
(9781118105108/ 1118105109) by John Gastil and Peter Levine

This Korean edition was published by SIGNATURE in 2018
by arrangement with John Wiley & Sons International Rights, Inc. through
KCC(Korea Copyright Center Inc.), Seoul.

더 섬세하고 아름다운 민주주의를 위한 숙의의 힘

시민의 이야기에
답 이 있 다

존 개스틸, 피터 레빈 엮음 | 장용창, 허광진 옮김

시그니처
SIGNATURE

함께 만나 서로 이야기하는 시민들의 힘

이 책《시민의 이야기에 답이 있다》는 한국의 정치 역사에서 중요한 순간에 새로운 아이디어들을 제공할 것입니다. 최근에 실시된 원자력 발전소 관련 공론조사 덕분에 한국의 많은 시민들이 '숙의 민주주의'라는 개념을 알게 됐고, 법원에 도입된 국민참여재판 제도를 통해 함께 숙의할 기회도 증가하고 있다고 들었습니다.

민주주의에 숙의를 도입하는 방법은 정의, 합리성, 공적 영역 등 추상적인 이론에 뿌리를 두고 있습니다. 이 책은 소그룹, 공공포럼, 지역 공동체 등에서 사람들이 효과적으로 숙의하는 것이 가능함을 보여줌으로써, 이런 이론들의 실제적인 의미를 강조합니다.

숙의 민주주의 사회가 어떤 모습일지 상상해볼까요? 사람들이 다양한 사회적 네트워크와 지역 공동체를 통해 가장 심각한 사회, 정치, 환경 문제를 진단하고 해결하기 위해 함께 노력하는 모습을 생각해

보세요. 그런 사회에선 아마도 자유 언론이 제 기능을 할 것이고, 선출직 공무원들은 사려 깊게 행동할 것이며, 다양한 이해관계자 그룹과 연구소들이 자신들의 의견을 공개적으로 교환할 것입니다. 또한 이런 사회의 핵심에는 공공포럼이나 비공식 모임을 통해 함께 만나 서로 이야기하는 시민들이 있을 것입니다. 이런 숙의 민주주의 사회에 대한 비전은 단순한 꿈이 아닙니다. 민주주의라는 이상에 좀 더 가까운 사회에서 살고 싶은 모든 사람들에게 요구되는 실천이 바로 숙의 민주주의입니다.

이 책에 실린 여러 가지 숙의 방법은 오늘날 전 세계 여러 나라에서 활용되고 있습니다. 브리티시컬럼비아 주의 '시민의회'처럼 최근에서야 나타난 제도들도 이 책에 실린 방법들에서 영감을 얻어 만들어졌습니다. 한국이 숙의 민주주의 이상에 좀 더 다가설 수 있는 방법을 모색할 때 이 책이 여러분에게 도움이 되기를 바랍니다.

2018년 봄
미국 펜실베이니아 주립대학교에서
존 개스틸

차례

1장

이야기하기 좋아하는 국민들 :
미국 숙의 민주주의의 역사

존 개스틸 John Gastil
윌리엄 키스 William M. Keith

이 책이 세상에 나왔다는 사실이야말로 새로운 숙의 민주주의 운동의 힘을 증명한다. 2장에서 12장까지 내용들은 미국 및 다른 나라 사람들이 숙의 토론이라는 아이디어를 실질적인 대중 토론과 자치의 방법으로 실현시킨 수많은 방법들을 설명한 것이다. 이 책에 실린 방법들 중에는 수십 년간 정교하게 다듬어진 것들도 있고, 새롭게 실험 중인 것들도 있다.

이어지는 장에서 나오는 내용들은 각 방법들의 중요한 차이점을 부각하긴 하지만, 여기에 등장하는 모든 숙의 방법들은 한 가지 중요한 공통점이 있다. 즉 공공정책 문제라는 것은 그저 전문가나 공무원들끼리 모여 쑥덕쑥덕 결정하는 것보다 배경이 다양한 일반 시민들이 함께 모여 토론하는 것이 훨씬 더 가치 있다는 사실에 대해, 모든 숙의 민주주의자들은 동의한다. 더욱이 시민 토론은 보통 법이나 국가정책 등에 중요한 영향을 미치지만, 가끔은 대중의 지식, 태도, 행동, 혹은 문화적 습관에까지 영향을 미치기도 한다. 설령 법적으로 대의민주주의를 시행한다 해도, 참여 직접민주주의는 공개토론이나 대화, 혹은 숙의 토론을 강조하고 발전시키는 역할을 할 뿐 아니라, 다양한 관심과 가치를 반영하는 방식으로 공공문제를 다루는 역할도 할 수 있다.

이 책을 읽는 독자들은 미국의 민주주의가 시민들의 숙의 토론이라는 제도를 실천함으로써 앞으로 한 발 크게 내디뎠다는 결론을 내리게 될 것이다. 이런 결론은, 미국의 영향력이 확장되고 시민들의 정치적 권리가 확대되는 역사적 과정에서 미국의 민주주의 또한 끊임없이 개선돼왔다는 전통적 견해와도 부합한다.

많은 근대국가들은 시민사회가 진보라는 방향으로 의심할 바 없이 나아가고 있다는 신화를 믿는다. 그러나 현실이 꼭 그렇지만은 않다. 어떤 사회가 숙의 민주주의의 방향으로, 당연히, 불가역적으로 나아가리라는 보장은 없다. 숙의 민주주의에 너무 열광한 나머지, 민주주의적 진보를 무색케 하는 반작용의 흐름을 간과하는 독자가 있을 수도 있다. 1장에서는 숙의 민주주의가 상황에 따라 썰물과 밀물처럼 성쇠를 달리할 수 있음을 보여주고자 한다. 1910년부터 1940년까지 미국에서 숙의 민주주의의 흥망을 가능한 한 넓은 범위에서 다룬 다음, 최근 숙의 민주주의를 확대시킨 (혹은 감소시킬 수도 있는) 중요한 원인들을 살펴볼 것이다.

민주주의를 향한 진보가 꼭 직선적이진 않다

민주주의의 미래를 계획하려면 그 역사를 알 필요가 있다. 어떤 사람들은 그렇게 과거를 돌아보다 보면 오늘날 미국이 이룩한 민주주의의 성과와, 그것을 위한 노력들을 의심하게 하는 아픈 역사를 만나게 되리라고 두려워할 수도 있다. 그들은 가능한 한 역사의 아름다운 면을 보는 게 좋을 거라고 믿는다. 하지만 역사적인 검토를 해야 민주주의를 향한 우리의 역사적 여정이 아직 완성되지 않았음을 더 잘 깨달을 수 있다. 더욱이 자신의 역사를 겸손하게 평가해야만, 정제되지 않은 민주주의 이데올로기를 무분별하게 수출하는 것을 막을 수 있다.

공식 역사 교과서에 따르면 미국은 끊임없는 문화적, 제도적 개선을 통해 조금씩 진전해왔다. 주식 가격이 장기적으로는 상승하더라도 단기간에는 상승과 하락을 반복하는 것처럼, 이 나라 미국은 지난 200년간 가다 서다를 반복하며 서서히 민주적 정치체제를 향해 움직여왔다. 독립을 선언한 뒤 곧 헌법을 제정했고, 또한 권리장전을 헌법에 포함시킴으로써 이제 막 국가를 만든 다양한 사람들에게 인권이 있음을 선언하여, 민주주의를 향한 여정을 가능케 했다. 이후 헌법상 인권을 명시하는 것은 모든 민주주의 국가의 필수로 여겨진다. 원래 상원의원은 주의회에서 선출했으나, 1913년 수정헌법에 따라 상원의원도 국민의 직접투표로 선출하기 시작했다. 이에 따라 국민의 뜻과 국가정책 형성 사이에 있던 장벽이 제거됐으며, 유권자의 힘이 더 확대됐다. 동시에 많은 주정부는 주민발의 입법initiative, 주민 소환recall 등 직접민주주의 장치를 도입하고 실행하기 시작했는데, 이 제도들은 오늘날 그 어느 때보다 활발하게 (논란도 함께 일으키며) 실행되고 있다.

투표를 할 수 있는 사람의 수와 종류도 점차 확대됐다. 1865년 미국 남북전쟁 종료 후의 흑인 시민권 인정, 1919년 여성 투표권 입법은 물론, 소수집단에게도 선거권을 주어야 한다는 여러 시민권리 운동의 결과, 투표할 수 있는 시민의 범위가 점점 확대됐다. 투표 연령을 1972년에 18세로 낮춘 것은 투표 가능 인구를 더 넓혔다. 이후에도 유권자를 확대하기 위해 꾸준히 제도를 개선하고 있다. 투표 등록을 더 쉽게 하고, 부재자 투표를 늘리고, 사전투표와 우편투표 등을 실시하며, 장애인들이 접근하기 쉽도록 투표소를 지정하는 것 등이다.

선거권 확대를 넘어서, 최근의 수많은 변화들은 시민의 범위와 권리를 향상시키고 있다. 예를 들어 지난 반세기 동안 미국인들은 집회결사의 자유에 정부가 개입하는 것을 명백히 거부해왔다. 즉 한때 미국 정부가 이른바 반정부세력을 색출한다는 명목으로 하원의회 산하에 '반미활동 조사위원회House Committee on Un-American Activities'나 연방수사국 산하에 간첩방지 프로그램 등을 운영한 적이 있지만, 시민들의 저항으로 사라졌다. 워터게이트 사건 백서가 발행된 이후 정보자유법이 제정돼 시민들의 표현의 자유가 확대됐고, 투표권자들이 활용할 수 있는 정보의 양과 종류도 증가했다. 특히 최근에는 '투표권자를 위한 정보' 등 여러 정보들이 인터넷에도 공개되고 있다.

이런 변화를 비롯한 여러 가지 점에 근거를 두고, 민주주의 이론가인 로버트 달Robert Dahl은, 미국의 역사가 민주주의로 가는 길 위에서 가장 높은 수준의 다두정치polyarchy를 향해 직선으로 나아가고 있다고 평가했다. 점점 더 많은 사람들(혹은 그 대표자들)이 의사결정에 참여하고 있으며, 거의 모든 이슈들이 토론 의제로 다루어진다는 것이다.

하지만 정치지형에서 벌어지는 다른 몇몇 사건들을 보면 민주주의를 향한 진보가 꼭 직선적이지만은 않은 것 같다. 이런 이례적인 일들이 역사에서 반복되는 걸 보면 민주화 과정이 잠시 혹은 장기간 쇠퇴의 늪으로 빠질 수도 있을지 모른다. 예를 들어 근래에 일어난 몇 가지 경향이나 사건들이 민주적 제도를 약화시킨 것 같다. 첫째, 신문이나 TV 등 언론 매체들은 19세기 이후 엄청난 기술적 변화를 겪어왔는데, 그와 동시에 그들의 영업 구조도 바뀌어왔다. 오늘날 많은 미국인들은 언론사 소유권이 소수의 사람들에게 집중됨에 따라 제4의 권력기관인 언론의 민주적 기능에 어떤 영향을 미칠지 걱정한다. 1850년대와 1950년대에는 그렇지 않았지만, 1900년 즈음에도 언론사가 그런 모습을 보인 적이 있기 때문이다.

둘째, 미국이 전쟁을 치를 때마다 시민들의 자유에 제한이 가해졌다. 최근 사례로 2001년의 애국법만 봐도 알 수 있다. 최근 제이 마틴이 주장한 바에 따르면, 철학자 존 듀이가 제1차 세계대전에 반대한 이유는 전쟁이 날 경우 전체주의라는 광기가 불가피하게 힘을 얻을 것이고, 그러면 민주주의가 살아남기 힘들 것이라 걱정했기 때문이다. 존 듀이는 언론활동 제한 같은 제도적 변화만 걱정한 게 아니다. 전쟁 중엔 시민들의 태도나 습관도 민주주의와 멀어질 수 있다는 점도 염려했다. 존 듀이는 어떻게 하면 이 나라의 시민문화가 생동할 수 있을지에 관심이 많았다. 관용, 시민으로서의 의무, 공공문제에 깨어 있음, 정치적 효능감 등이 바로 그런 생동하는 시민문화의 요소들이다.

　민주적 생활에서 이런 문화적 요소들이 매우 중요하지만, 역사적으로 그런 요소들의 강약을 평가하기는 어렵다. 우리가 민주적이고 공적인 '제도'를 정교하게 만들수록 오히려 문화적 습관이나 전통을 잃고 약화시킬 가능성도 있다.《미국의 민주주의Democratie en Amerique》에서 알렉시 드 토크빌Alexis de Tocqueville은 1830년대 미국의 문화적 특징을 자세히 묘사했다. 미국의 훌륭한 민주적 제도를 떠받치는 하부구조가 바로 그런 문화라고 그는 생각했다. 최근에 나온 학술서적 가운데 가장 유명한 것은 아마도 로버트 퍼트넘Reboert Putnam이 지은《나 홀로 볼링Bowling Alone》일 것이다. 민주적 제도를 유지하는 데 핵심이며, 신뢰와 네트워크 등을 요소로 하는 '사회적 자본'이 미국에서 급격히 줄었음을 잘 설명하고 있다. 이 책의 결론에 동의하지 않는 사람들도 더러 있긴 하지만, 많은 독자들은 사회적 신뢰와 시민 참여가 꾸준히 감소하고 있다는 데 공감한다.

계속된 실험으로 발전하다

　미국의 민주주의 역사를 진보와 쇠퇴 둘 중 하나의 직선형 운동으로 보는 대신, 대중민주주의populist democracy에서부터 온건한 공화주의는 물론 엘리트 공화주의까지 넓은 범위의 연속선상에 있는 여러 지점에서 계속된 실험으로 보는 것이 좀 더 유용할 것이다. 대중민주주의 즉, 근본민주주의radical democracy는 가능한 한 많은 시민들이 결정을 위한 투표에 참여할 것을 강조한다. 국민투표가 대중민주주의의 가장 전형적인 방법이다. 대의민주주의는 대중의 의견이란 썰물과 밀물처럼 변하기에, 이와 별개로 선출된 대표자들이 숙의할 수 있는 제도를 강조한다. 우리가 보기에 미국은 대중민주주의와 대의민주주의 사이에서 진동을 해왔다. 즉 처음 헌법을 만들 때부터 연방주의자와 민주주의자들이 그랬던 것처럼 둘 사이의 균형을 정기적으로 다시 만들어내고 있는 것이다. 가끔은 '진보의 시대'라 불렸던 1820년대처럼 대중민주주의 쪽으로 기울었던 때도 있었다. 다른 경우 미국은 좀 더 엘리트주의에 가까웠는데, 예를 들어 1700년대 말 건국 시대나, 1800년대 말 도금 시대Gilded Age 등이 그랬다.

대중민주주의가 잘못됐을 때 나타나는 폭민정치mobocracy, 혹은 엘리트 공화주의가 잘못됐을 때 나타나는 소수 독재(금권정치)라는 양극단으로 치우치는 것을 예방하기 위한 제도적 안전장치들이 연방정부와 주정부 차원에서 만들어졌다. 또한 이런 안전장치들도 시대에 따라 수정되고, 폐지되고, 공격받거나 다시 만들어지기도 했다. 시민의 정치 참여에 대한 개념도 문화적 경향에 따라 한때는 대중주의로 기울었다가 또 한때는 엘리트주의로 기울기도 하면서 우리 사회의 제도와 사회적 실천을 형성해왔다.

이런 변화들은 단지 민주주의의 유행이나 취미의 변화만을 대변하는 것은 아니다. 가끔은 민주적 실천들이 한꺼번에 사라지거나 약해지기도 하는데, 이는 우리의 이상으로부터 진짜로 멀어지는 것을 뜻한다. 이런 일이 벌어질 때는 민주적 실천들이 얼마나 연약한지를 공부하는 것이 중요하다. 그래야만 민주주의를 정치 시스템에 다시 도입할 수 있기 때문이다. 그런 의미에서 50년 동안 잠들었다 다시 깨어나기 시작한 숙의 민주주의라는 예술 작품이 그동안 어떻게 태어났다가 쇠퇴하고 다시 깨어났는지를 살펴보고자 한다.

20세기 후반 미국의
숙의 민주주의

숙의라는 것은 법원의 배심원, 의회 입법자, 위원회 위원, 혹은 다른 사람들이 이성적 토론 이후 결정을 내리는 과정을 가리키는 일반적인 용어다. 하지만 이 용어는 지난 20년 동안 어떤 특정한 형태의 민주주의를 가리키는 것으로 사용되면서 좀 더 구체적인 뜻을 가지게 됐다. 《대립적 민주주의를 넘어서Beyond Adversary Democracy》(1983)에서 제인 맨스브리지Jane Mansbridge는 미국 민주주의에 두 모델이 있다고 설명한다. 하나는 반대만 하는 민주주의, 또 다른 하나는 통합하려는 민주주의다. 반대만 하는 민주주의가 우리의 정치문화를 지배해왔다. 하지만 자주 잊히긴 하나 통합하려는 민주주의도 있는데, 타운미팅town meeting이나 합의의 추구 등으로 나타났던 전통이다. 통합하려는 민주주의에서 대중은 서로 존중하는 숙의 과정에 참여하며, 서로 경쟁하는 증거들과 주장들의 경중을 잘 판단한 다음 모두를 위한 새로운 결론에 도달한다.

  하지만 1960년대 이후 통합 모델에 대해 결국은 차이를 억눌러버리는 은밀한 체제 순응주의라는 비판이 흔해졌다. 최근에서야 《자유는 끝없는 만남Freedom is an endless meeting》(2004)을 지은 프란체스카 폴레타Francesca Polletta처럼 통합 모델에서 민주적 실험을 재건하려는 학자들이 나타났다. 하지만 맨스브리지가 책을 쓸 즈음 합의에 이르려고 노력했던 지루한 토론들 속에서 어떤 가치를 발견하는 것은 정말 힘들었다.

제인 맨스브리지 이후 1984년에 벤저민 바버Benjamin Barber는《강한 민주주의Strong Democracy: Participatory Politics for a New Age》를 출간했는데, 민주주의 이론서 가운데 가장 잘 팔리는 책의 하나다. 바버는 민주주의를 약한 민주주의와 강한 민주주의로 구분했다. 대의민주주의 제도, 이해관계자들이 서로 자기 이익을 챙기려고 경쟁하는 것, 또는 개인적 권리를 보호하는 것 등은 약한 민주주의다. 그에 반해 개인보다 공동체의 행동에 더 큰 중요성을 두고, 대중이 함께 논의하고 시민으로서의 책임을 지도록 하는 것이 강한 민주주의다. 바버는 이런 강한 민주주의를 만들기 위해 여러 개혁을 제시했는데, 그중 상당수가 이후 정치학, 의사소통학, 철학 논문집에 실린 숙의 민주주의 관련 수백 편의 논문들에서 다루어졌다.

'숙의하는 대중'

숙의 민주주의 이론가들이 제시한 여러 아이디어 가운데 가장 많은 주목을 받은 것은 공론조사deliberative poll다. 이것은 정치학 교수인 제임스 피시킨James S. Fishkin이 1988년에 처음으로 〈월간 대서양 Atlantic Monthly〉이라는 학술지에 소개했다. 1996년에 피시킨과 그의 비영리재단 소속 팀은 최초의 공론조사를 텍사스 주 오스틴 시에서 실시했다. 미국 전역에서 400명이 넘는 시민들을 무작위로 선정해서 전국적 이슈를 논의하고, 대통령 후보 예정자들을 인터뷰했으며, 그들의 의견을 기록했다. 피시킨은 그 행사에 '전국 이슈 총회'라는 이름을 붙였다. 행사 후 형성된 참가자들의 여론이 정책에 반영되는 힘을 갖게 되고, 이와 같이 '숙의하는 대중'의 목소리를 전 국민이 듣게 되기를 그는 희망했다(자세한 사항은 5장 참조).

전국 이슈 총회는 상당히 많은 언론의 관심을 받았는데, PBS 방송사는 총회의 여러 과정을 방송하기도 했다. 또한 이 행사는 이후 진행된 다른 대통령 선거 토론에도 영향을 준 것으로 보인다. 예전과 달리 그해에 대통령 선거 토론에선 방청객들을 무작위 추출로 선정했으며, 방청객들이 적극적으로 질문과 토론을 했기 때문이다. 하지만 공론조사 결과가 선거에 분명한 영향을 주지는 못했다. 2003년 1월 두 번째 공론조사가 열렸을 때, 그것은 거의 주목을 받지 못했다. 행사 전에 비해 이 행사 이후 이라크 사태에 대한 유엔의 해결 방안을 지지하는 참가자 수가 증가했다. 그만큼 그들의 숙의의 질이 높았으며, 당시로서 중요성이 높은 이슈였다. 그런데도 정책 결정자들과 언론은 이에 관심을 보이지 않았다.

숙의 민주주의에 대한 열망은 새로운 형태로 나타나는데, 예를 들면 클린턴 대통령이 인종문제에 대한 전 국민의 대화를 지지한다고 선언한 것이다. 1997년 6월 14일 샌디에이고의 캘리포니아대학교에서 기조연설을 하면서 클린턴은 다음과 같이 말했다. "우리 사회의 여러 영역에서 벌어지는 인종차별을 깨나가고자 이 나라의 모든 마을에서 이 문제를 직시하고 헤쳐나가도록 대화를 촉진할 것입니다."

클린턴이 계획을 발표하면서 숙의라는 단어 대신 대화라는 단어를 쓴 데는 이유가 있었다. 인종문제를 해결하기 위해서는 합리적인 정책 분석뿐 아니라, 많은 국민들의 서로 다른 경험과 관점의 차이를 직시하는 것이 필요했기 때문이다. 더욱이 이런 작업에는 이성적 측면뿐 아니라 감성적인 면을 고려하는 것도 필요했다. 클린턴은 이렇게 말했다. "진실한 대화라는 것이 처음엔 쉽지 않을 것입니다. 방어적 태도, 두려움, 남을 고치려는 자세 등, 대화를 방해해온 모든 장애물들을 우리는 진실의 힘으로 극복해야 합니다. 비록 너무 거칠게 보일지라도 우리는 감성을 끌어안아야 합니다."

대화가 인종문제에 미친 궁극적인 영향은 측정하기 불가능할 것이다. 하지만 여기서 중요한 점은, 대중의 숙의와 대화를 촉진하는 사회운동을 추진할 필요가 있다는 것을 현직 대통령이 인정했다는 사실이다. 시민의 권리가 법률로 보장돼온 역사가 30년이 넘었음에도, 이를 뛰어넘는 어떤 것(정치적이든 문화적이든)이 필요하다는 사실을 대통령은 행동으로 보여주었다.

숙의 민주주의를 위한 다양한 프로그램들

인종에 대한 대화나 공론조사처럼 드라마틱하진 않았지만, 수많은 프로그램들이 숙의 민주주의라는 이름을 걸고 혹은 그런 정신에 입각해 지난 50년간 실시됐다. 많은 공직자들과 일반 시민, 활동가들, 그리고 학자들은 대중적으로 열리는 숙의 토론의 질을 높이는 데 관심을 두고 있다. 또한 정책 결정자들과 시민들이 서로 만나 가치와 정책에 대해 솔직하고 지적으로 이야기할 수 있는 공간을 더 많이 만들어내는 데도 관심이 있다.

최근에 시작된 숙의 활동 중엔 '국가이슈포럼'도 있다(3장 참조). 국가이슈포럼은 처음에 케터링 재단Kettering Foundation이 조직했다.

하지만 지금은 전국에 걸쳐 분산된 여러 기관들의 네트워크가 국가 이슈포럼을 개최한다. 마을 공동체 조직들, 지역 지도자들, 공직자들, 교육자들, 공공 정신을 지닌 시민들이 이 네트워크에 참여한다. 국가 이슈포럼은 마을 주민, 교회 신자, 감옥의 죄수, 문화 교육을 받는 성인 등 매우 다양한 일반 시민들이 함께 모여 토론할 기회를 제공한다. 또한 이 포럼은 하나의 이슈를 서너 가지 소주제로 나누고 문제 해결 대안들의 장단점을 분명히 알 수 있도록 토론 형식을 준비한다는 특징이 있다.

지난 10년간 인기를 얻었던 또 다른 프로그램에는 스터디서클 자원센터Study Circle Resource Center가 지원하는 다양한 종류의 스터디서클과 주민 대화가 있다(11장 참조). 스터디서클은 공개된 대화와 집중된 숙의 토론을 결합함으로써 공적 대화의 질을 향상시키려고 한다. 또한 스터디서클은 주민들을 조직하는 기술들을 활용함으로써 수많은 다양한 주민들을 대화에 참여시키는 데 성공했다. 주최기관들은 스터디서클이라는 방법을 지역 상황에 맞게 적용함으로써 다양한 결과를 얻어냈다. 개인들의 태도와 행동을 변화시켜 집합적 행동collective action에 나서게 만듦으로써 제도적 또는 정책적 변화를 이끌어냈다.

미국 정부는 법규를 제정하는 과정에서도 대중의 숙의를 활용하면 이점이 있음을 알게 됐고, 이를 위한 제도들을 만들어냈다. 물론 그 전에도 대중 공청회라는 것이 수십 년간 있었지만, 대중 공청회를 온라인상에서 열자 훨씬 더 광범위한 대중이 참여하게 됐다. 또한 온라인 공청회를 하면 담당 정부기관이 참가자들의 질문에 대답을 직접 하기가 훨씬 쉬웠으며, 많은 경우 그 문제의 답이 담긴 정부 문서를 볼 수 있는 웹사이트 페이지를 링크만 해줘도 해결되곤 했다.

미국 환경청, 공기업들, 국가 교통부, 지방 교육청 등 여러 다양한 정부기관들이 대중으로부터 의견 청취를 더 잘하기 위해 면대면 숙의 방법을 적용해보았다. 예를 들어 1998년 미네소타 주의 미니에폴리스 외곽에 위치한 오로노 교육 위원회는 왜 시민들이 학교 채권 발행을 계속 거부하는지 알아내기 위해 시민 배심원 토론을 개최했다. 여기 참가한 배심원들은 선거구를 대표하는 표본들로 구성돼 있었는데, 학교 채권에 관한 혁신적인 제안을 만들어냈다. 그 후 교육 위원회는 이 제안을 법안으로 만들었고, 결국 법안이 통과됐다. 시민 배심원이 그 법안의 초안을 만들었음을 열심히 홍보한 결과였다(시민 배심원에 대해서는 7장 참조).

숙의 민주주의를 주장한 이론가들 및 실행한 실천가들의 구체적인 방법이나 활동한 지역 혹은 목표는 다소 달랐다. 하지만 그들 모두는 숙의라는 것을 우리의 정치문화와 정치제도의 핵심적 특징으로 만들기 위해 노력했다는 공통점이 있다. 양적 질적으로 더 많은 대중적 대화와 숙의는 아마도 미국을 좀 더 민주적인 국가로 만들어낼 것이다. 하지만 민주주의라는 이상을 향해 나아가는 미국의 행진을 숙의 토론이 확실히 끌고 나간다고 말한다면 이는 또 하나의 실수가 된다. 미국이 숙의라는 미덕의 힘을 축하한 것은 이번이 처음이 아니기 때문이다.

20세기 중반 숙의 민주주의는
왜 쇠퇴했을까?

숙의는 20세기 초반에 중요한 문화적 힘으로 등장했다. 이 이른 시기에 나타난 숙의 민주주의는 단순히 50년마다 반복된 역사의 흐름에 의한 것만은 아니었다. 20세기 초반 숙의의 등장은 20세기 후반의 재등장과는 몇 가지 중요한 면에서 다른 양상을 보였다. 그러므로 20세기 초반의 상황은 20세기 후반의 상황과 어떤 면에서 비슷했고 어떤 면에서 달랐는지, 그리고 어떤 요인들이 숙의 민주주의 운동을 사라지거나 등장하게 만드는지 알기 위해서는 20세기 초반의 상황을 자세히 검토할 필요가 있다. 현재의 관심과 제약 조건을 염두에 두고 과거를 다시 검토해봄으로써 이런 질문에 답할 수 있을 것이다.

사람들이 영국에서 미국으로 건너온 17세기에 이미 초기 정착지인 미국 북동부 뉴잉글랜드 지역에선 타운미팅이 있었다. 이를 '뉴잉글랜드 타운미팅'이라고 불렀는데, 대중은 이것이야말로 민주주의의 모델이라는 상상을 하고 있었다. 하지만 1920년대 이후 사람들은 그런 뉴잉글랜드 타운미팅이 더는 실행 가능하지 않음을 깨달았다. 미국 내 산업의 변화로 대다수 사람들이 농촌 지역에서 도시로 옮겨갔을 뿐 아니라, 이런 도시민들의 구성이 점점 더 다양해졌기 때문이다. 다양한 나라에서 온 사람들은 먹는 것도 달랐고, 언어도 달랐으며, 종교도 달랐다. 미국 건국 초기의 지도자인 페리클즈나 제퍼슨 등은 작은 사회 규모와 시민의 동질성이 민주주의를 위한 필수 조건이라고 생각했지만, 이제 미국은 그런 조건을 전혀 충족할 수 없게 된 것이다.

신문과 방송이 미국 전체를 연결하긴 했다. 하지만 오히려 그 때문에 도시들이 지리적으로 얼마나 멀리 떨어져 있는지 확인될 뿐이었다. 대중 사이의 의사소통을 신문과 방송에만 의존한다면 그동안 시민들이 전통으로 지켜온 면대면 대화를 포기하게 되는 것이다. 물론 신문과 방송 덕분에 사람들은 같은 소식을 전국의 사람들이 듣고 있음을 알게 됐지만, 서로 대화할 기회는 없었다. 19세기 후반 대중민주주의를 주장하던 사람들이 보기에, 이제 미국은 지리적인 넓이나 인구의 크기 및 다양성의 규모가 너무나 컸기 때문에 대중이 직접 참여하는 민주주의는 불가능해 보였다.

어떻게 대중과 함께 숙의할 것인가

20세기 초에 나타난 진보 개혁 운동가들은 19세기 말 도금 시대에 나타난 위와 같은 규모의 위기에 대응하는 방법을 고안해냈다. 먼저 그들은 대중의 의견을 정치에 직접 대변할 수 있는 방법들을 증가시켰다. 상원의원의 직접 선출과 투표권 확대 등이 이런 노력으로 성취된 결과물이었다. 그런데 이와 동시에 공무원 조직도 커지고 그 복잡성도 증가했는데, 그 결과 정부는 시민들로부터 더 멀어지게 됐다.

하지만 케빈 맷슨Kevin Mattson이 《민주적 대중을 만들기Creating Democratic Public》(1997)에서 설명한 것처럼, 전국의 도시 정부들은 대중이 정부 활동에 참여할 수 있는 기술들을 개발해내기 시작했다. 더욱이 피터 레빈이 기록한 것처럼, 많은 급진적 시민단체와 비정부기구들이 숙의 민주주의 활동들을 후원하기 시작했다. 부자와 빈자들이 함께 모여 공동체로 살도록 거주 공간을 마련했던 정착 가옥Settlement Houses 운동들과 주민센터들은 토론 클럽과 포럼들을 후원했으며, 농민공제조합Granger들도 농민들이 그날의 주요한 이슈들을 토론할 수 있는 공간을 제공했다.

시민 참여의 새로운 방법의 하나는 '열린 포럼open forum'이었다. 1900년경부터 열린 포럼 운동은 특히 도심 지역에 뿌리를 내렸으며, 이후 '포럼 운동'으로 불렸다. '열린'이라는 말은, 이 포럼에서 진행되는 토론을 일부 클럽 회원만이 아니라 누구에게나 열어두자는, 당시로서는 새로운 아이디어를 담고 있었다. 뉴욕 주 셔터쿼Chautauqua 호수에서 열린 캠프에서 진행된 성인 교육과 토론 프로그램은 전국적으로 확대돼 셔터쿼 운동으로 발전했다. 이 프로그램은 한 명의 발표자가 어떤 주제를 발표하고 청중의 질문에 답한 뒤 참가자들이 함께 토론하는 방식이다. 열린 포럼도 이런 셔터쿼 방식을 채택했다. 많은 사람들에게 이런 종류의 토론은 타운미팅에서 본 민주주의 정신을 다시 구현하는 것처럼 보였다. 이런 토론들이 바로 법이나 정책으로 연결되진 않았지만, 이것은 대중과 함께 숙의하겠다는 이념을 실천으로 옮긴 것이었다.

20세기 초의 이런 숙의 제도들 가운데 가장 두드러진 것의 하나는 포드 홀Ford Hall이었다. 1908년에 조지 콜먼George Coleman은 보스턴에서 포드 홀 포럼을 열었는데, 개최 비용은 박애주의자 대니얼 샤프 포드Daniel Sharp Ford의 기부금으로 충당했다. 다양한 출신의 노동자 계급 청중들이 발표자의 이야기를 듣고 질문할 수 있는 공간을 제공함으로써 콜먼은 포드의 유언을 지켰다. 최초의 광고 전단지는 영어, 이탈리아어, 이디시Yiddish어로 적혀 있었다. 이것이 사실상 민주주의라고 생각한 사람은 아무도 없었다. 1930년에 열린 포드 홀 포럼의 부제는 '성인 교육 구현'이었다. 하지만 그것은 당시 점점 확대돼갔던 정치적 참여라는 개념에 더 들어맞는 것 같다. 시카고대학교의 롤로 라이먼Rollo Lyman 교수는 〈계간 대중의 발언the new Quarterly Journal of Public Speaking〉에 게재한 '교육 기관으로서의 포럼'이라는 논문에서, 셔터쿼 운동에서 가장 중요한 부분은 오락이 아니라 교육 부분인 포럼이라고 주장했다. 그는 노래 부르기, 연극, 시 낭송, 웅변 등 셔터쿼의 오락 부분과 포럼을 분리하고, 지역에 있는 대학교들이 포럼을 후원해야 한다고 권고했다.

라이먼의 주장은 폭넓은 지지를 얻었고 포럼은 전국으로 퍼져나갔다. 1920년에 '정치 교육을 위한 연대'는 뉴욕 시에서 타운홀미팅을 개최했다. 1920년의 제19차 헌법 개정을 통해 미국은 여성에게 선거권을 주었다. 여성 참정권 운동을 했던 사람들은 이제 여성들이 얻은 선거권을 제대로 행사할 수 있도록, 여성들이 정치 교육을 받을 수 있는 공간을 만들고자 했다. 포럼에 맞춘 타운홀미팅이 여성은 물론 일반 대중에게 공개됐고, 주제별 토론 과정을 운영하기도 했다.

20세기 초 많은 사람들은 국회나 일부 대학이 했던 소모적 논쟁 때문에 민주주의가 잘 굴러가지 않는다고 생각했다. 테디 루즈벨트 대통령은 퇴임 후인 1915년에 대학에서 가르치는 논쟁 모델을 공개적으로 비난하는 글을 학술지 〈전망Outlook〉에 싣기도 했다. 1930년대가 되자 미국 전역의 대학교 연설speech 학과에서는 토의 과목을 가르치기 시작했다. 논쟁debate 과목에 대한 대안으로서 토의discussion 과목에선 소그룹이 문제 해결 방안을 찾도록 돕는 협력적 토의에 집중했다. 이런 과목들은 철학자이자 교육학자인 존 듀이의 저서들에 바탕을 두었는데, 학생들이 포럼에 참가할 수 있도록 대화 방법 교육을 목표로 삼았다. 또한 이런 토의 과목들은 이성에 근거한 판단의 교환, 상호 존중, 동등한 참여 등의 기술을 강조했다.

포럼 운동의 최정점은 '연방 포럼 프로젝트'였다. 1932년에 뉴욕의 카네기 회사는 아이오와 주 디모인 시의 학교 감독관이었던 존 스튜드베이커John Studebaker에게 성인 시민 교육의 일환으로 2년 동안 포럼을 계속 개최할 수 있는 기금을 제공했다. 스튜드베이커는 이 기금을 활용해 혁신적인 방법으로 포럼을 열었는데, 그것은 지역 공동체의 포럼을 위해 지역 안에 있는 학교 건물을 활용하는 방식이었다. 그리하여 그는 이웃 사람들끼리 초등학교 건물에서 매주 포럼을 열고, 이렇게 초등학교에서 매주 모이는 그룹들 몇몇이 합쳐서 인근 고등학교에서 매월마다 포럼을 열고, 도시 전체적으로는 6개월에 한 번씩 포럼을 열도록 지원했다. 스튜드베이커는 수준 높은 발표자들을 섭외했고 포럼은 매우 성공적이었다.

1934년 프랭클린 루즈벨트 대통령이 그를 교육부 장관에 임명하자, 스튜드베이커는 그 성공 모델을 전국으로 확대했다. 그리하여 처음에 몇몇 도시들에서 8개의 '시범 포럼demonstration forum'으로 시작해, 교육부는 전국적으로 10여 개의 포럼을 지원했다. 교육부의 지원 방법은 다양해서 일부 포럼에는 인력을 지원하기도 하고, 또 어떤 포럼에는 포럼 기획 핸드북과 발표 가능자 목록을 주는 정도에 그치기도 했다. 대공황 시절 이 포럼에 대한 대중의 관심은 지금도 놀라울 정도다. 1938년의 경우 이 포럼들에 참가한 사람은 연간 100만 명이 넘었는데, 학기 중엔 일주일에 최소 한 번씩 개최됐고, 참가자에 대한 수당은 전혀 없었다.

연방 포럼 프로젝트의 분위기는 포럼마다 달랐다. 일부 포럼에선 중산층 사람들이 강사의 발표를 조용히 듣다가 집에 가는 것으로 끝 나기도 했다. 하지만 많은 경우 포럼 참가자들의 출신은 매우 다양했 고, 강사의 발표 이후 흥미로운 토론이 이어졌다. 요즘은 정부가 진행 하는 잘 짜인 홍보 행사를 포럼이라고 부르기도 하는데, 이와는 대조 적으로 20세기 초반의 포럼에서 강사들(주로 학자들)은 철저히 중립을 지켰고, 청중은 철저히 자기 입장에 충실했다. 이 포럼의 목적이 가끔 은 투표 방법을 소개하는 데 그치는 경우도 있었지만, 스튜드베이커 등 주창자들의 목적은 이보다 훨씬 더 높은 데 있었다. 바로 성인 시 민 교육이었다.

민주적 대화라는 문화적 습관

여기서 중요한 점은 대중에게 어떤 이슈들을 단순히 교육하는 것 이 아니라, 민주적 대화라는 문화적 습관을 개발해내는 것이었다. 스 튜드베이커가 1935년에 출판한《미국의 길The American Way》에서 밝힌 것처럼, 숙의 민주주의는 국회의원들에게만 중요한 것이 아니 다. 모든 시민들이 다른 시민들과의 협력적인 상호작용 속에서 자신 들의 사상을 만들고 점검해봐야 한다. "민주주의가 실질적으로 작동 하려면 비판적인 열린 마음과 훈련된 시민 지성에 의존할 수밖에 없는데, 우리나라가 이것을 갖고 싶다면 대중 포럼의 시스템을 전국에 걸쳐 확립해나가야 한다. 그러기 위해서는 어린이들에게 읽기, 쓰기, 수학을 가르치는 것만큼이나 철저하게, 성인들이 시민 지성을 개발할 수 있는 교육 체계를 정부가 제공해야 한다."

이 포럼에서 가르쳤던 것 중에는 민주주의 토론 방법도 있었다. 이를 통해 주민 공동체의 출신이 다양하고 나눠져 있다 해도, 서로 만나서 대화하고 참여할 수 있게 되기 때문이다(오늘날 이런 목표는 흔히 '대화의 욕구'라 불린다).

1932년, 교육 철학자이자 포럼 주창자였던 해리 오버스트리트 Harry Overstreet는 소위 패널토론을 발명했다. 이것은 청중이 어떤 토론을 시작하기 전에 패널토론자들이 해당 주제를 무대 위에서 먼저 토론하는 방식으로, 요즘은 아주 흔하게 사용된다. 오버스트리트는 모든 사람들이 자동적으로 민주적 대화의 적절한 형식을 이해하고 실천할 수는 없음을 깨달았다. 그래서 그는 교육자들이 따라할 수 있는 최선의 방법을 개발하려고 했다. 이런 정신 가운데 오늘날까지 남아 있는 것은 거의 없다. 오늘날의 일요일 아침 토크쇼는 오버스트리트의 아이디어를 패러디 수준으로 격하시켜버렸다. 악독한 라디오 토크쇼들을 들어보면, 이미 결론이 나 있기 때문에 숙의할 거리가 전혀 없는 시민 참여가 유행하고 있음을 알 수 있다.

연방 포럼 프로젝트는 연방정부 예산의 중점이 제2차 세계대전 준비로 바뀜에 따라 사라졌다. 포럼 주창자들의 확고한 믿음에도, 전국적인 규모로 이것을 대신해 자리 잡은 것은 없었다. 20세기 초와 20세기 말의 숙의 민주주의가 언어나 사상, 실행 방법 등에서 이토록 큰 연속성을 갖고 있는데, 20세기 중반에는 도대체 어떤 일이 벌어졌길래 숙의 민주주의가 몰락했을까? 우리는 포럼 운동의 목표와 방법에 쉽게 동의할 수 있는데, 왜 그것들을 이제야 다시 발견하고 있을까? 왜 포럼 운동은 TV와 라디오에 조금 남은 것을 제외하고 다 사라져버렸을까? 그 이유를 아는 것은 중요하다. 이것이야말로 숙의 민주주의의 실행, 부흥, 21세기까지 지속 여부 등을 이해하는 데 핵심적이기 때문이다.

20세기 중반 미국 숙의 민주주의의 쇠퇴

1940년대부터 1960년대 초반까지 숙의 민주주의를 쇠퇴시킨 힘에는 여러 가지가 있다. 우선 반공주의가 강화됨에 따라 공개토론을 위한 기반이 무너져갔다. 공개토론은 국가 체제를 전복하려는 숨은 의도가 있다는 의심을 받았고, 스튜드베이커는 아니었지만 포럼 활동가들 가운데 실제로 좌파들이 있었다. 냉전체제에서는 여러 사상이 자유롭게 토론되는 것을 국가가 나서서 감시하고 막아버렸다. 예를 들어 하원의회 산하의 반미활동 조사위원회는 시민들이 다양한 목소리를 내는 것을 금지했다. 동시에 새롭게 등장한 복잡한 기술들, 특히 대중 언론 기술들 탓에 사람들은 민주주의에서 얼굴을 맞댄 대화가 중요하다는 사실을 점점 잊어갔다. 미국 전체를 연결하는 고속도로와 국가 전체를 관할하는 국가 기관 및 관련 법률들이 새로 생겨나고 도시가 급격하게 팽창함에 따라, 지역주민들 사이의 소통도 점점 시들어갔다. 과학기술의 발전을 통해 미래로 돌진해나가는 나라에서 학교 운영위원회 회의 같은 조용한 전통이 확대되기는 힘들었다.

또한 과학자들은 1950년대에 쏟아진 저예산 B급 영화에서 정의로운 문제 해결사의 이미지를 얻은 이후, 이들이야말로 합리적인 지도자의 모범이라는 분위기가 형성됐다. 이런 영화들은 과학자들이 민주주의와 자본주의의 수호자라는 신화를 강화했다. 그런데 동시에 과학자 혹은 전문가가 아닌 일반 시민들은 이제 민주주의 사회에서 근본적으로 중요한 역할을 하지 않는다는 믿음도 확산됐다. 1948년에 설립된 랜드연구소RAND Corporation 같은 전문 정책 연구소들이 등장함에 따라, 국가를 경영하는 일은 민주주의 대중에게 맡기기엔 너무나 복잡하다는 월터 리프먼Walter Lippmann의 주장이 더욱 큰 힘을 얻게 됐다. 이제 정치 지도자들에겐 시민들보다 전문가가 필요했고, 활동적인 대중보다 정책 엘리트가 필요했다.

제2차 세계대전에 의해 우리가 파시즘(독재)에 굴복할 수도 있다는 사실이 드러난 이후, 대중은 더더욱 자신들의 자치 능력을 의심하게 됐다. 테오도르 아도르노Theodor Wiesengrund Adorno는 1950년에《권위에 복종하는 인간형Authoritarian Personality》을 출판했고, 스탠리 밀그램Stanley Milgram은 1960년대에 권위에 대한 복종 심리를 실험하기도 했다. 어떤 연구자는 사람들이 스스로 통치하기엔 너무나 온순하고 충동적이라고 평가하기도 했다. 당시 사람들은, 토론을 하면 합리적인 시민의 목소리가 만들어지기보다 오히려 대중이 광기에 휩싸이고 결국 독재자가 권력을 잡게 된다고 믿었다. 공산주의의 위협이라는 그늘에서, 프랑스 혁명 이후 공포정치를 펼쳤던 자코뱅의 주장이 다시 새 옷을 입고 세상에 나왔다. "우리는 현재의 삶의 방식을 의심하는 자들을 통제해야 한다. 우리는 우리 자신도 믿어선 안 된다."

마지막으로, 정치판에도 새로운 행위자들이 등장했다. 공통의 이익 관계로 맺어진 사람들의 연합을 대표하는 이익집단들이 정책에 큰 영향을 미치게 됐는데, 주로 전문적인 로비스트를 활용했다. 이는 권력에 접근할 수 있는 사람의 범위가 전통적인 내부자에서 조금 확대돼 새로운 엘리트 계급인 전문가들이 권력에 접근하기 시작했음을 뜻한다. 그래서 이제 누구든 워싱턴에 간다면 누구를 로비스트로 고용할지 파악하는 것이 중요해졌다.

이 시기가 지날 때쯤 사람들은 민주주의를 다원주의라고 부르면서, 실현 가능한 민주주의는 다원주의밖에 없다고 믿게 됐다. 여기서 다원주의란 다양한 시민의 의견을 정책에 반영한다는 뜻이 아니라, 경쟁적으로 로비하는 이익집단들의 욕망을 전문적 정책 기획자와 정치인들이 조정하는 체제를 뜻한다. 이런 체제에서 가능한 단 한 종류의 숙의는 바로 엘리트들이 숙의하는 것밖에 없었다. 이들 엘리트들은 대중이 정책을 선도하길 기대하는 것이 아니라, 정책의 정당성을 얻기 위해 대중을 교묘하게 이용할 뿐이었다. 그나마 1960년대와 1970년대에 가장 민주적인 운동들은 새롭고 중요한 목소리를 내기 시작했다. 그러나 대부분 이들 민주주의자들의 목표는 권력을 행사하는 수단을 바꾸는 것이 아니라 권력의 균형을 바꾸는 것에 그쳤다.

어디에 사용되느냐에 따라
선악이 결정된다

숙의 민주주의의 재등장을 이끈 요인들은 숙의 민주주의를 쇠퇴시킨 요인들과 거의 비슷하다. 기술, 문화, 정치 등이 그것이다. 지난 30년 동안 컴퓨터, 네트워킹, 무선통신 등으로 세상은 드라마틱하게 변했다. 현대인들은 중앙집중식 명령과 통제 대신 느슨한 네트워크와 지역적 신호를 통해 서로 연결하고 조율한다고 《위기Emergence》(2002)에서 스티브 존슨Steve Johnson은 설명한다. 미국에서 인터넷이 널리 보급됨에 따라 멀리 떨어진 지역의 사람들은 물론 지역 내에서 숙의하는 비용이 낮아졌다. 이제 시청은 부엌, 사무실 등 사람들이 있는 곳이라면 어디서든 접근할 수 있게 됐다. 이메일, 휴대폰, 문자메시지 덕분에 일대일 대화는 물론 면대면 회의 개최도 훨씬 쉬워졌다. 거리와 소통이라는 오래된 문제는 근본적으로 바뀌었다.

　이런 요인들로 실제적인 공공의 공간이 만들어졌다. 이 넓은 공간을 채울 수 있는 것은 숙의 민주주의밖에 없었다. 이렇게 새로 등장한 숙의 민주주의의 문화적 배경은 다문화주의와 시민의 힘이었다. 지구화가 급격히 진행되고 미국 내에서 인종적 다양성이 증가함에 따라, 기업이나 정부기관들에게 문화적 차이를 더 잘 이해하라는 압력이 커졌다. 전통적으로 미국은 여러 다른 인종과 문화가 함께 녹아 있는 용광로로 비유됐다. 그러나 이 시기가 되면서 미국이 용광로라는 것은, 문화적 차이를 무시하고 부정하고 녹여 없애버리는 공간이 아니라, 문화적 차이의 힘을 활용하는 공간이라는 뜻으로 이해되기 시작했다. 그렇게 문화적 차이를 이해하고 존중하고 활용함으로써 집합적 의사결정을 내리기 위해서 가장 좋은 수단이 바로 대화와 숙의였다.

이런 배경에서 볼 때 클린턴 대통령이 제안한 '인종문제에 관한 대화'는 단순히 당면한 문제를 해결하기 위한 방편이 아니라, 시민들이 성장하고 사회가 강건해질 수 있는 과정이었다. 이 시대에는 벤저민 바버가 《지하드 대 맥월드Jihad vs McWorld》(1996)에서 묘사한 것처럼, 과학기술과 자본주의에 의한 탈정치의 경향(맥월드)과 이에 저항하며 폭력적인 성전聖戰을 벌이고자 하는 경향(지하드) 사이에서 균형을 잡으려는 강한 노력이 있었다.

다양성을 향한 이런 운동과 함께 새롭게 나타난 것은 시민정신이었다. 로버트 퍼트넘이 《나 홀로 볼링》에서 주장한 사회적 자본의 쇠락만큼이나 흥미로운 것은, 그가 정치적인 좌파와 우파 모두로부터 찬사를 받았다는 사실이다. 퍼트넘이 1995년 〈민주주의 저널Journal of Democracy〉에 썼던 논문을 인용하면서, 윌리엄 갤스턴은 이렇게 말했다. "학문적으로는 모호한 이론을 내세운 논문이 대중의 상식으로 이렇게 빨리 인기를 얻은 경우도 드물 것이다. 1996년 1월에 이미 〈워싱턴포스트〉는 신뢰의 감소에 대해 여섯 차례에 걸쳐 1면 기사를 내보냈으며, 그 덕분에 '공무원 나으리들Beltway pundits'도 곧바로 사회적 자본이라는 어휘를 배우게 됐다." 사회적 자본은 실제로 감소하고 있을 수도 있고 그렇지 않을 수도 있지만, 이 시기는 퍼트넘의 논문이 나오기에 최적의 시기였다.

그 이후 수년 동안 퍼트넘을 비판하는 학자들은 그가 추적했던 전통적인 시민 활동들을 넘어서는, 공공 정신의 마르지 않는 샘물 같은 것들을 계속 발견해냈다. 퍼트넘이 전통적인 사회적 연대의 사례로 거론하며 줄어들고 있다고 주장했던 학부모회나 볼링대회 등을, 자선 기부, 자원봉사, 느슨한 시민 네트워킹 등이 대체하고 있다는 것이다. 2001년에 벌어진 9.11 테러라는 국가적 비극은 오히려 공공의 가치에 대한 시민들의 열망에 불을 붙였음을, 퍼트넘조차 인정했다.

현대 정치의 맥락에서도 케터링 재단이나 퓨 자선기금 재단Pew Charitable Trusts처럼 대중의 숙의와 대화를 촉진하는 데 기여한 새로운 행위자들이 있었다. 물론 대부분의 전문적 정책 연구소들은 여전히 특정한 정치 이슈들을 정부 정책으로 만들어내려고 시도했다. 하지만 새로 나타난 시민재단이나 시민단체들은 시민사회의 성장과 숙의 정책을 강화하기 위해 노력하기 시작했다. 이런 시민운동들은 가끔 개혁주의보다 더 혁명적이었다. 예를 들어 케터링 재단은 자신의 일이 "지금 상태의 정치를 인정하면서 조금 개선해보려고 하는 것"이 아니라고 명시한다. 케터링 재단의 설립 목표에 따르면, 케터링 재단은 "민주정치가 어떻게 실행돼야 하는지에 대한 근본적인 변화를 만들어내는 방법"을 추구한다. 이 책 각 장의 저자들이 숙의 민주주의라는 그들의 비전을 실현시킨다면, 그들은 민주주의 정치학자인 로버트 달Robert Alan Dahl이 1970년에 쓴《혁명 이후 어떻게 할 것인가?After the Revolution?》라는 질문에 답하게 되는 셈이다.

숙의가 잘못 진행되면 어설픈 타협이나 의미 없는 대화로 전락할 수 있는데, 그러고도 정치 엘리트들은 자신들이 열심히 했다고 선전을 할 것이다. 하지만 숙의(또는 중재된 대화나 대안적인 논쟁 해소, 힘겹지만 이겨낸 대화 등)는 이런 의미 없는 대화보다 훨씬 더 많은 가치를 가질 수 있다. 고대 아테네의 비평가들이 수사법rhetoric은 잘못 사용될 위험이 있다고 지적했을 때, 아리스토텔레스는 똑같은 비판이 힘, 건강, 재산, 전투 지휘 능력에도 적용될 수 있다고 대답했다. 이런 힘들은 그 자체로 좋거나 나쁜 것이 아니며, 그것들이 어디에 사용되느냐에 따라 그 선악이 결정된다.

숙의 민주주의가 성공한 1920년대와 1990년대를 보면 신념, 가치, 문화, 혹은 삶의 경험이 다른 사람들 사이에서 해결 방안을 찾는 데 숙의가 강하고 좋은 과정임이 증명된다. 이때 성공이란 합의점의 발견을 의미할 수도 있지만, 갈등하는 가치들을 정보에 기반해 서로 수용함을 의미하는 경우가 훨씬 더 많다. 혹은, 의견은 계속 다를지라도 잠정적인 해결 방안을 찾는다는 것을 의미할 수도 있다. 권력의 차이는 숙의를 힘들게 한다는 것이 진실이다. 하지만 권력의 차이가 있다고 해서 숙의가 불가능한 것은 아니며, 권력의 차이가 있다고 해서 숙의가 쓸데없는 것도 아니다.

우리의 선택에
달려 있다

오늘날의 조건이 숙의 민주주의에 꼭 맞는 것일 수도 있지만, 이 글의 목적은 숙의 민주주의라는 이 특정한 방법의 연약성을 알아차리도록 돕는 것이다. 조건이 달라져서 숙의 민주주의가 다시 우리에게 돌아온 것처럼, 현재의 조건이 바뀌면 다시 숙의 민주주의가 쇠퇴할 수도 있다. 하지만 역사에서 어떤 일들이 썰물과 밀물처럼 오가는 것은 부분적으로 우리의 선택에 달려 있다. 숙의 민주주의 사회로 좀 더 나아가기 위한 움직임을 어떤 힘들이 강화할 수 있으며 어떤 힘들이 약화시킬 수 있는지 이해하려면, 현재의 조건을 살펴볼 필요가 있다.

국제적인 상황도 숙의 민주주의의 등장과 쇠퇴에 영향을 미치는 한 요인임이 증명됐다. 1930년대에는 연방정부 프로그램 덕분에 숙의 민주주의가 크게 부흥했지만, 지금은 국제적 조건을 무시한 국내 정책만으로 숙의 민주주의를 부흥시키기는 어렵다. 현재의 맥락은 이런 면에서 복잡하다. 조지 부시 대통령은 독단적이고 기선을 잡는 외교 정책을 펼친다. 하지만 그의 정부 내에도 다자간 협력을 통한 외교(숙의의 주고받음을 중히 여기는)를 선호하는 사람들이 많다. 경제 영역에서 세계무역기구WTO와 같은 조직들이 점점 더 커진다는 것은 소수의 엘리트에 의한 권력 집중이 점점 더 심화되고 있다는 증거로 볼 수도 있다. 하지만 경제 세계화와 동시에, 국제기구들이 다양한 사람들의 목소리를 고려하는 숙의 민주주의 과정을 도입하도록 요구하는 압력이 증가할 것이다. 시애틀에서 프라하, 멕시코의 칸쿤까지 전 세계적으로 벌어지는 저항운동들이 이를 증명한다.

현대의 물리적 기반시설들은 숙의를 위해 절묘하게 어울리는 것처럼 보인다. 인터넷은 점점 더 확대되고 있으며, 전 세계 사람들과 소통하는 비용은 매년 떨어진다. 리눅스 운영체제처럼 소스를 공개하는 소프트웨어들의 창조는 전 세계에 싸고 강력한 소프트웨어들을 제공할 뿐 아니라, 공적인 공간에서 동등한 사람들이 서로 개발코드를 교환한다는 면에서 숙의 과정의 모범을 보여준다. 물론 정보에 대한 동등한 접근이라는 이상은, 미국은 물론 전 세계적으로도 여전히 요원한 목표다. 인터넷에 접근할 수 있는 사람들의 비율은 여전히 백인과 고소득층에서 더 높기 때문이다.

덧붙여, 상호 교환적인 소프트웨어의 혁신은 전자 매체를 통해 함께 이야기하고 일할 수 있는 새로운 기회를 제공한다. 특히 온라인 게임들은 게임 속 아바타들이 시민이 되려고 아우성치는 가상공간을 만들어낼 수도 있다. 예를 들어 중세 판타지 게임 환경에서 규칙의 필요성을 발견하는 데는 많은 시간이 걸리지 않는다. 그래서 게임 이용자들은 그들 자신의 온라인 대헌장을 만들어냄으로써 게임 설계자를 제치고 스스로 사회적 통제를 얻어내려고 할 수도 있다. 피비린내 나는 전투 현장에서 전투보다는 오히려 숙의를 위해 설계된 공적 무대가 생겨날 수도 있다. 그리하여 이렇게 온라인 게임에서 배운 교훈들은 좀 더 큰 공적 영역에도 적용될 것이다.

하지만 숙의 민주주의의 반대 방향으로 가려는 힘도 있으니, 언론의 사유화와 집중이다. 지금으로서는 어느 한 기업이 소유할 수 있는 언론매체의 숫자를 2004년 의회 결정으로 막고 있다. 하지만 이 문제가 해결된 것은 전혀 아니며, 언제 이 규제가 풀릴지 모르는 일이다. 언론의 소유와는 별개로 대중이 그저 파편화된 개인으로서 언론을 무심코 수동적으로 소비하는 청중의 지위에 머물러 있게 될 위험이 있다. 언론의 수동적인 소비자들은 자기가 선택할 수 있는 메뉴가 많아 보일 수도 있지만, 결국 그들의 정치적 입맛에 맞는 내용만 골라 보는 사람이 돼버려 균형 감각을 잃는다.

미래를 향한 힘

앨 프랭큰Al Franken이 진행하는 라디오 프로그램인 〈에어아메리카Air America〉를 만든 것도, 이런 점에서 보면 진보 진영이 진보 진영의 소리를 들을 수 있는 공간을 만든 것에 불과하다. 보수 진영이 보수 진영의 소리를 듣기 위해 〈러시 림보Rush Limbaugh 토크쇼〉를 만든 것과 똑같이 균형 감각을 잃은 것이다. 캐스 선스타인Cass Sunstein이 그의 책 《공화국닷컴Republic.com》(2001)에서 주장한 것처럼, 이렇게 정치적 이념이 분명한 방송이 증가할수록 좀 더 균형 잡힌 방송이 설 자리는 점점 줄어들게 된다. 정치적 이념이 비슷한 사람들의 이야기만 들으면서 편안히 지내다 보면, 우리는 좀 더 다양한 사람들과의 숙의에 참여하기보다 정치적 이념이 비슷한 사람들하고만 만나서 자신들의 좁은 정치 이념에 빠져버릴 가능성이 높다.

문화적인 면에서 보면 근본주의와 문화적 상대주의 사이의 투쟁은 계속되고 있다. 또한 공적인 삶에서 물러나려는 경향과 공동체에

끼고 싶은 열망 사이의 투쟁도 여전히 계속되고 있다. 종교적 극단주의를 신봉하는 사람들은 민주주의 사회의 공적인 삶에 있기 마련인 가치관의 다양성을 여전히 못 견뎌 한다. 특정 그룹 내 사람들끼리만 잘 살아보려는 사람들은 여전히 공공재의 가치를 무시한다. 그래서 그들은 공립학교 대신 비싼 사립학교에 아이들을 보내고, 공원 대신 회원제 골프장을 즐기며, 공적인 안전 대신 사적인 경호를 찾는다. 테러 우려가 커지면서 사람들은 더더욱 자신의 집과 매우 좁은 친척 네트워크에 자기 자신을 가두고 있다.

그럼에도 이런 모든 경향에 대항해 사회적 관용을 굳건히 지키려는 힘이 존재한다. 인기 드라마 〈비버 가족에게 맡겨Leave it to Beaver's〉에 나타난 애국심이 미국 문화의 중요한 일부분인 것처럼 관용도 마찬가지다. 이제 우리는 미국에서 소수인종과 여성들이 사회에서 중요한 역할을 맡고, 다양한 배경의 사람들이 다양한 사회적 역할을 맡고 있다고 자신 있게 말할 수 있다. 이보다 더 고무적인 것은 공개적인 숙의 토론을 위해 노력하는 개인, 조직, 협회들이 점점 더 많아지고 있다는 사실이다. 두 개의 커다란 시민 네트워크가 만들어졌는데, '숙의 민주주의 컨소시엄Deliberative Democracy Consortium'과 '대화와 숙의를 위한 국민연대National Coalition for Dialogue and Deliberation'가 그것이다. 이 네트워크들은 수천 시민들의 노력을 함께 모아내고 있다. 그리하여 '공익 보전 프로젝트Public Conservation Project', 〈미국이 말한다America Speaks〉, '정보 르네상스Information Renaissance' 등의 사업들이 진행되고 있는데, 1920년대 시민들의 공익 정신이 다시 살아난 것처럼 보인다.

이런 현상들에 관심을 가지는 것은 역사가들이나 미래학자들만이 아니다. 숙의 민주주의의 종말과 재탄생이 꼭 반복돼야만 하는 것은 아니며, 역사상 이 시점에서 숙의 민주주의를 향한 힘들을 유지하기 위해 의미 있는 방법으로 개입하는 것이 가능하다. 가장 긍정적인 경향들을 더 촉진하고 부정적인 경향들에 맞섬으로써 숙의 민주주의의 실천들은 유지될 수 있으며, 미래를 향해 계속해서 더 발전될 수 있다.

2장

숙의 민주주의의 유형:
이론과 실천의 관계

마크 버튼 Mark Button
데이비드 마이클 리프 David Michael Ryfe

만일 민주주의가 사랑하기 힘든 것이라면 숙의 민주주의를 이해하기는 쉽지 않다. 숙의 민주주의의 목표는 단지 한 사회의 의사결정을 사회 구성원들이 집합적으로 하는 것만은 아니다. 공공문제에 대해 사회 구성원들이 어떤 판단을 내릴 때, 개인적인 합리성이 아니라 집단적 숙의에 의해 판단을 내리는 것이야말로 숙의 민주주의의 이상이다. 숙의 민주주의는 성공이 보장되지 않는 것은 물론이요, 그 시도조차 버겁고 힘겨운 일이다. 숙의 민주주의에 헌신하겠다고 마음먹은 지지자들조차 가끔은 그 과정이 너무 지루하다고 여길 수도 있다.

예를 들어 2002년 10월 워싱턴 시에서 열린 최초의 '대화와 숙의에 대한 전국 총회' 세션 중에 우리는 눈알을 굴리며 불만족을 표출하는 사람들을 목격했다. 아무리 참가자들이 열정을 갖고 있다 해도, 그들은 지루하게 계속된 그 행사의 여러 세션들 내내 열정을 유지하기가 힘들었다. 게다가 그들은 이 분야의 전문가에 가까운 사람들이었다. 그러니 더 크고 복잡하며 이질적인 참가자로 구성된 행사에서 숙의가 어렵다는 것은 쉽게 이해된다. 그럼에도 숙의 민주주의 이론가들은 숙의 민주주의가 좋다는 그 직관적인 주장을 지키기 위해 열심히 일하고 있다. 게다가 숙의 민주주의를 실천하는 사람들은 실제 사회에서 숙의를 제도화하기 위해 노력한다.

이 장에서 우리는 숙의 민주주의 이론가들과 실천가들이 서로의 사례로부터 무엇을 배울 수 있으며, 그것이 왜 중요한지를 설명하려고 한다. 물론 이론과 실천은 어떤 수준에서 항상 연결돼 있다. 하지만 정말 놀랍게도 이 두 캠프 사이에서 대화는 그다지 많이 오가지 않는다. 이런 결점을 치유하다 보면 숙의 민주주의를 너무 이상적으로만 생각하는 결점을 보완할 수 있을 것이다. 또한 숙의 민주주의를 현실화하거나 제도화하려 할 때 때때로 너무나 실용주의적으로 흐르게 되는 문제도 보완할 수 있을 것이다.

이론가들과 실천가들을 연결하기 위해 먼저 미국의 정치지형 속에서 시민의 숙의를 강화하기 위해 노력했던 여러 가지 다양한 사례들을 유형화하고 비판적으로 검토할 것이다. 이런 검토를 통해 숙의 민주주의 행사의 설계와 관련된 실무적 선택들이 그 행사의 결과에도 상당한 영향을 미친다는 사실을 보여줄 것인데, 이는 실천가들도 고려해야 할 중요한 사실이다.

다음으로 숙의 민주주의 모델의 규범적 목표들을 평가하고, 그런 목표들의 실제적인 결과와 한계점들을 살펴볼 것이다. 이런 맥락에서 우리는 이론적 선택이 실제적인 의미를 가지게 된다고 주장할 것이다. 숙의 민주주의가 무엇인가에 대한 이론가들의 생각이 바로 그런 실무적 선택에 반영되기 때문이다. 이런 연결 관계를 보여줌으로써 이론가와 실천가들 사이에 숙의 대화가 오가기를 희망한다. 우리는 숙의 민주주의를 시민 교육의 한 방편으로 옹호함으로써 글을 끝맺을 것이다. 이런 옹호가 숙의 민주주의 이론과 실천을 굳건히 연결해주리라 믿는다.

숙의 민주주의를 위한
두 가지 실용주의적 질문

숙의 민주주의 행사를 어떻게 설계하느냐라는 실무적인 선택은 숙의 민주주의가 추구하는 목표들이 얼마나 잘 달성되는지 여부를 어느 정도 결정해버린다. 행사 설계의 실무적 선택이 이렇게 중요한데도 실천가들은 이에 크게 신경 쓰지 않는다. 그들은 숙의 민주주의가 유용하다는 사실을 증명하고 싶은 실용주의적 관점에 너무나 강하게 사로잡혀 있기 때문이다. 이렇게 목표 달성을 추구하는 도구적 합리주의에 의해 오히려 우리는 숙의 민주주의를 추구하는 근본적인 이유를 잊어버릴 수도 있다.

전 세계 숙의 민주주의 운동은 전문가에 의한 정책 결정의 문제점을 극복하기 위해 전체 시민들의 평등한 참여를 추구하지만, 역설적이게도 전문가 집단에 의해 추진되고 있다. 특히 미국에선 이것이 진실인데, 회의 진행, 갈등 관리, 대화 등 여러 전문 기술을 갖고 있는 전문가들이 숙의 민주주의를 점령하고 있기 때문이다. 이 책에 실린 장章들이 바로 이 점을 증명한다. 국가이슈포럼, 공론조사, 플래닝셀, 시민배심원 회의, 시민단체 〈미국이 말한다〉, 스터디서클 등은 모두 전문가가 창조한 모델들인데 여러 지도자들이 활용하고 있는 것이다.

　전문가들이 숙의 민주주의를 추진한다고 해서 대중민주주의에 대한 그들의 지지를 의심하는 것은 아니다. 그들은 전문가(엘리트)이지만, 엘리트민주주의(대중민주주의의 반대)를 극복하고자 하는 열망을 품고 있다. 또한 지역의 시민 지도자들이 이런 모델들을 자기 지역의 상황에 맞게 활용하기 위해 쏟았던 노력을 평가절하하려는 것도 아니다. 우리는 단지 숙의 민주주의의 연구 또는 행사 설계를 통해 생계를 유지하는 개인들이 이런 모델들을 만들고 있다는 사실을 밝히고자할 뿐이다. 그런 개인들은, 적어도 그들이 만든 모델 자체에 의해서도 전문가라고 정의된다. 모든 숙의 민주주의 모델들이 전문가에 의해 추진된다고 주장하려는 것이 아니라, 숙의 민주주의 운동들이 주로 전문가에 의해 추진된다고 말할 수 있다는 것이다. 이렇게 볼 때 숙의 민주주의 운동에도 기업가의 그림자가 서린다. 이 책에 저자나 대상으로 등장하는 전문가들은 숙의 민주주의를 촉진하는 사업에 종사한다. 어떤 때는 추상적인 이론으로서, 또 어떤 때는 그들이 채택한 구체적인 모델로서 촉진한다.

숙의 민주주의를 추진한 사람들의 기업가적인 측면은 또 다른 결과를 낳는데, 이에 대해서는 자기반성을 할 만한 가치가 있다. 숙의 민주주의 전문가들은 실용주의를 너무나 좋아한 나머지, 그들의 실무적 선택이 가져오는 이론적 의미를 무시할 가능성이 있다. 숙의 민주주의 지도자들은 실용주의라는 관점에서 숙의 모델을 자기 지역 공동체의 필요에 따라 수정하기도 한다. 하지만 그런 방식의 고객맞춤형 모델 변경에서 우리는 오히려 좀 더 일반적인 교훈을 찾아낼 수있다.

이론적으로 큰 중요성이 있는 두 가지 실용주의적 질문은 다음과같다. 첫째, 누가 숙의 토론을 주최하는가? 둘째, 누가 그 숙의 토론에 참가하는가? 앞으로 보여주겠지만 이 질문의 답은 구체적인 사례별로 다 다르다. 그리고 이렇게 다른 답들을 모아보면 결국 숙의 민주주의에서 생겨나는 대중의 상호작용이 어떤 성격을 가지는지 파악할 수 있을 것이다. 즉 이 두 질문의 답들이 결국 숙의 민주주의의 의미 자체를 명확히 해줄 것이다.

숙의 민주주의 방식의 의사결정을 용인하지 못하거나 적대적인 사회에서는, 숙의 과정에 참가할지 말지 자체가 사람들이 직면하는 가장 어려운 결정사항이다. 이런 결정이 힘들긴 하지만 그 때문에 숙의에 여러 종류가 있다는 사실이 가려져버린다. 이 책의 여러 장에서 증명되는 것처럼 숙의 민주주의에는 여러 형태가 있고, 그 목적과 결과도 여러 가지다. 더욱이 이 책의 저자들이 잘 설명하다시피 숙의는 매우 연약해서 내부와 외부의 제약조건에 따라 달라질 수 있고, 예측 가능성도 매우 낮다. 의도가 아무리 좋아도 바람직하지 않은 결과를 낳을 수 있는 것이다.

예를 들어 표면적으로는 숙의 포럼의 모양새를 한 행사가 비숙의적인 대화, 전략적 행동, 엘리트들의 의견과 같은 장애물의 방해를 받기도 한다. 모순된 것처럼 보이지만 숙의를 열심히 했는데 비숙의적인 결과가 나올 수도 있고, 정치적인 냉소를 더 많이 만들어낼 수도 있다. 그러므로 숙의 토론을 시작하려는 결정이 필요하긴 하지만, 그것만으로 희망한 결과를 달성할 수 있는 것은 아니다. 우리가 보기에 숙의 민주주의 행사의 성공을 결정하는 데는 두 질문이 특히 중요한 역할을 한다. 첫째, 숙의 민주주의 행사를 누가 주최해야 하는가? 둘째, 숙의 민주주의 행사가 일단 시작되면 누가 참가해야 하는가? 앞서 언급된 숙의를 가로막는 장애를 어떤 숙의 민주주의 행사가 얼마만큼 극복하느냐를 결정하는 것이 바로 이 두 질문에 대한 답변이다.

숙의 민주주의 실천가들은 숙의 민주주의 행사를 주최할지 말지여부는 중요하게 여기면서, 위 두 질문은 거의 생각하지 않는다. 일부지역 기관들은 문제를 파악하고 숙의 민주주의 행사가 필요하다고 결정하고 나면 숙의 민주주의 전문가에게 행사 조직을 도와달라고 연락한다. 정책 수립 기관들, 여성 유권자 연대, 고등학교, YMCA 등이 그렇다. 비슷하게 누가 참가하는지도 그냥 우연히 결정돼버린다. 가끔 참가자 선정 방법은 주최자가 선택하는 숙의 민주주의 모델에 따라 결정된다. 예를 들어 공론조사, 플래닝셀, 시민 배심원 회의 등은 참가자를 반드시 무작위 추출로 선정하기 때문이다. 브라질의 참여 예산제도에서참가자들은 그들의 소속 기관이 결정한다. 숙의 행사의 여건에 따라 참여자가 결정되는 경우도 있다. 예를 들어 어떤 학교가 숙의 포럼을 주최할 때는 그 학교 학생과 가족들은 당연히 참가하는 것으로 여긴다. 하지만 이런 참가자 결정이 의도적이든 비의도적이든, 그것은 숙의의결과에 중대한 영향을 미친다. 이런 점에서 숙의 행사를 누가 주최하고누가 참가하는가라는 결정이 그 행사에 의해 전개될 대화의 모양새를만들고, 그에 따라 결과도 대략 예상할 수 있으며, 행사 중 극복해야 할과제들도 결정된다.

숙의 민주주의를
어떻게 행사할 것인가

실무적인 결정이 미치는 이론적인 결과를 좀 더 분명하게 보기 위해서 다음과 같이 행사들을 몇 가지 유형으로 나눠보자. 일단 우리가 던진 두 질문에 각각 세 가지 답이 있다고 가정해보자. 예를 들어 숙의 민주주의 행사를 주최하는 기관은 주로 세 종류다. '이웃 연합회' 같은 풀뿌리 시민단체, 여성 유권자 연대나 YMCA 같은 비정부기구, 또는 환경부나 건강 위원회 같은 정부기관이 그것이다. 또한 참가자 선정 방식에도 기본적으로 세 종류가 있다. 참가자들이 스스로 선정하거나, 무작위로 선정하거나, '이해관계자 선정'으로 선정하는 것이다. 무작위 추출은 그 자체로 설명이 된다. 이해관계자 선정이란, 해당하는 숙의 민주주의 토론의 영향을 받을 것으로 판단되는 그룹들에 주최자가 공식적으로 초대장을 보내 참여를 권장하는 방식을 말한다. 참가자들이 스스로 선정하는 경우엔 개인들, 이웃들, 혹은 단체 회원들에게 알려서 참여를 권장한다. 주최기관과 참가자 선정 방식이라는 이 두 가지 기준으로 분류하면 숙의 민주주의 행사들은 〈표 1〉에서 보는 바와 같이 가로세로 세 종류씩 아홉 가지로 분류된다.

〈표 1〉에서처럼 이 책에 소개된 숙의 민주주의 방식들은 한 방식이 여러 유형으로 분류되기도 한다. 하지만 9개 각각의 유형들은 각각 다른 방식으로 숙의 토론을 만들어내며, 주최자와 참가자에 대해

주최 기관	참가자 선정 방식		
	자기 선정	무작위 선정	이해관계자 선정
풀뿌리 시민단체	학교 내 숙의, 이웃 협회, 온라인대화, 국가이슈포럼, 스터디서클	없음	국가이슈포럼, 스터디서클, 온라인대화
비정부 기구	국가이슈포럼, 스터디서클, 시민단체 〈미국이 말한다〉, 온라인대화	공론조사, 플래닝셀, 시민 배심원 회의	국가이슈포럼, 스터디서클, 참여 예산제
정부기관	타운미팅, 마을 포럼, 지방의회, 숙의적 후원제	공론조사, 플래닝셀, 시민 배심원 회의	숙의적 도시계획, 숙의 미팅, 숙의적 후원제, 참여 예산제

〈표 1〉 숙의 민주주의 행사의 유형

여러 가지 다른 문제들을 제기한다.

예를 들어 풀뿌리 시민단체가 주최하고 자기 선정 방식으로 참가자를 선정하는 포럼을 고려해보자. 주최 단체는 행사를 알리는 소책자를 지역의 도서관에 비치할 수도 있고, 여러 교회들에 뿌릴 수도 있고, 아니면 마을 집집마다 문 앞에 둘 수도 있다. 그렇게 되면 그 포럼의 결과는 이런 구조의 영향을 강하게 받는다. 예를 들어 참가자들이 참가 여부를 스스로 결정하기 때문에, 행사 중간에 나가버리기도 쉽다. 참가자들이 행사 도중에 나가지 않도록 만드는 방법의 하나는 그들의 의견을 실제 정책 결정 과정에 반영하겠다고 약속하는 것이다. 하지만 정부기관과는 달리 풀뿌리 시민단체는 참가자들의 토론을 정부 정책에 반영하겠다는 약속을 거의 할 수 없다. 실제로 이런 행사의 사회를 맡은 사람들은 이 행사의 목적이 정책적인 것이 아니라 교육적인 것이라고 공개적으로 이야기하는 경우가 많다.

　이런 포럼에선 토론할 때 예의나 친분 같은 것들이 강조되기도 한다. 참가자들이 서로 만나 이야기하는 것 자체가 좋으면, 주최자들은 참가자들이 중도에 나가지 않고 끝까지 있을 것이라고 생각하는 듯하다. 하지만 이런 방법을 쓸 경우 로버트 퍼트넘이 말했던 것처럼, 비슷한 생각을 가진 사람들끼리 친해지는 결속 다지기bonding는 될지 모르지만, 생각이 다르거나 소속집단이 다른 사람들끼리 관계를 맺는 연결하기bridging는 성사되기 어렵다. 이렇게 풀뿌리 시민단체가 주최하는 행사에 참가자들이 자발적으로 참여하는 방식의 행사를 지속할 경우, 이 집단은 내부적으로 좀 더 비슷해지면서 집단 밖의 사람들을 더 배제하는 위험을 안게 된다. 즉 지속적으로 참가하는 사람들끼리 결속이 강해지면, 그와 동시에 다양한 생각을 들을 수 있는 기회는 잃게 되는 것이다. 가장 안 좋은 경우, 이런 포럼을 계속하다 보면 숙의를 하긴 했는데 오히려 그 사회의 의견이 더 양극화되고, 참가자들의 의견도 포럼 전보다 포럼 후에 더 극단적으로 변할 수도 있다.

　〈표 1〉의 아홉 가지 숙의 행사는 각각 성격이 조금씩 다르다. 지면이 한정돼 있어서 이 특징들을 전부 자세하게 설명할 수는 없다. 하지만 앞에서 설명한 풀뿌리 시민단체가 주최하는 사례만 보더라도 숙의 행사의 조직 구조에 따라 결과도 달라짐을 쉽게 알 수 있다. 우리가 이런 구별을 하는 이유는, 숙의 민주주의 행사를 제대로 주최하기가 힘듦을 보여주려는 것이 아니다. 숙의 민주주의 행사를 주최하려는 기관들이 행사 성격에 따라 그 결과가 달라짐을 미리 알 필요가 있다는 것이다. 아무 생각 없이 참가자가 스스로 참가 여부를 결정하는 방식을 채

택할 경우, 그것이 매우 특정한 결과를 가져올 수 있기 때문이다.

물론 이 사실을 주최기관이 안다고 해서 원래 개최하고자 했던 방식과 다른 방식으로 행사를 주최할 가능성은 별로 없다. 예를 들어 풀뿌리 시민단체가 숙의 행사를 주최할 때, 그 단체가 원한다고 해서 정부기관을 참여시킬 수는 없기 때문이다. 혹은 어떤 기관이 지역주민들과의 연계가 별로 없다면, 참가자의 자기 결정 방식의 단점을 안다 해도 별다른 대안이 없을 것이다. 하지만 주최기관이 이런 장단점을 안다면 행사가 어떻게 진행될지 예측할 수 있고, 행사를 주최할 때 힘든 점이 무엇일지 미리 알고 대비할 수 있을 것이다. 즉 주최기관이 자신의 한계를 더 잘 이해하고, 문제가 발생했을 때 더 신속하게 대처할 수 있게 된다.

숙의 민주주의 토론 방법의 선택이 실질적으로 중요한 결과를 가져온다는 것도 강조할 필요가 있다. 이런 점에서 우리는 실천가들을 실용주의자들이라고 묘사해왔다. 실제로 숙의 민주주의 이론가들처럼 실천가들도 숙의의 가치에 대한 규범적인 생각들을 갖고 있고, 그것이 실무에 어떻게 적용돼야 하는지에 대한 확고한 생각이 있다. 사실 숙의 이론들이 많은 실무 행사들을 만들어내기도 했다. 이론가들과 실무자들은 아직도 강하게 연결돼 있다. 자유민주주의 사회란 대중의 숙의 행사에 기껏해야 무관심하고 나쁜 경우엔 적대적이기까지 한데, 이 두 그룹에 속한 사람들은 바로 이런 자유민주주의 사회에서 활동하고 있기 때문이다. 그래서 이들은 숙의 민주주의의 가치와 목적을 의심하는 시선을 마주해야 한다. 정치학 이론가들은 숙의 민주주의 방식이 실행 가능한가라는 의심을 하고, 정책 결정자들은 대중의 의견을 정책에 반영할 필요가 있는가라는 의심을 하며, 정치를 혐오하는 대중은 자신들의 의견이 정말로 정책에 반영될지 의심한다.

이런 맥락에서 실천가들이나 이론가들이 모두 숙의 민주주의를 도구적으로 합리화하는 경향을 마주하게 된다. 양측 다 숙의 민주주의의 유용성을 보여주고자 하는 열망이 강하다 보니, 구체적인 이슈나 대중적인 논쟁거리들을 해결하는 방안으로 숙의 민주주의를 내세우곤 했다. 그리하여 이런 주장은 숙의 민주주의가 더 좋고 더 현명하고 더 정당성 있는 공공정책을 만들기 때문에 지역주민들이 숙의 민주주의를 받아들여야 한다는 주장으로 이어지곤 한다.

이런 주장들이 유용하긴 하지만 두 가지 문제가 있다. 첫째, 숙의 민주주의에 의한 의사결정이 전통적인 투표보다 더 우수하다는 것을 계속해서 증명해야 하는 부담을 가지게 된다. 둘째, 실제로 숙의 민주주의가 이렇게 뛰어나다는 것을 경험적으로 증명하기가 매우 어렵다. 또한 숙의 민주주의를 도구적 합리성 개념으로 이해하는 것은 규범적 민주주의 이론으로 볼 때 의심스럽기도 하다.

숙의 민주주의가 좋은 결과를 만들어낸다는 사실을 증명할 수 있다고 가정해보자. 그렇다면 이것이 숙의 민주주의를 대중적 의사결정의 방법으로 선호하는 유일한 이유인가? 숙의 민주주의를 인식하고 정당화할 수 있는 다른 방법들이 있는데도 도구적 합리화 탓에 우리는 그 방법들을 잊게 된다. 숙의 민주주의의 다른 중요한 장점들을 알아낼 수 있는 능력을 도구적 합리화가 막아버리고 있다. 실용적 선택이 이론적 결과를 가져오는 것과 마찬가지로, 숙의 민주주의를 인식하는 방식도 실제적인 결과를 가지게 된다.

숙의 민주주의의 가치는 무엇인가

숙의 민주주의 이론가들이 숙의 민주주의를 지지하는 이유는, 첫째 정당성이 더 높고, 둘째 더 나은 정책을 만들 수 있으며, 셋째 개인들의 선호가 변환될 수 있기 때문이라고 한다. 그러나 자유주의 등 민주주의의 다른 방식들보다 숙의 민주주의가 이런 목표를 더 잘 달성할 수 있다는 증거를 제시하기는 힘들다. 그러므로 이론가들은 숙의 민주주의가 이런 단기적인 목표를 더 잘 달성할 수 있다고 증명하려고 노력하기보다, 민주주의 문화의 강화라는 더 궁극적인 목표를 제시할 필요가 있다. 그것은 첫째 사회적 정치적 책임감의 증가, 둘째 사회적 신뢰와 공감의 증가, 셋째 사회적 정치적 참여의 증가 등으로 표현될 수 있다.

숙의 민주주의를 지지하고 실행하는 사람들에게 민주주의 이론은 여전히 중요한 자원이 될 수 있다. 이번 섹션에서는 이론가들이 숙의 민주주의 작업을 지지하는 가장 중요한 이유들을 자세히 설명하고자 한다. 또한 오늘날 숙의 민주주의를 실천하는 데 어려운 점을 거론할 것이다. 숙의 민주주의 포럼을 제도적으로 설계하면서 발견한 문제들은 이론 수준에서도 똑같이 나타난다. 이런 상호 연결을 비판적으로 검토함으로써 숙의 민주주의의 이론과 실천이 좀 더 굳건한 토대 위에 설 수 있을 것이다. 이 장의 결론으로서, 우리는 숙의 민주주의를 좀 더 잘 인식하고 평가하고 변호할 방법에 대한 좀 더 구체적인 아이디어를 제시하고자 한다.

1장에 제시한 것처럼 최근 숙의 민주주의가 되살아난 것은 독특한 역사적 정치적 맥락 속에서 가능했다. 숙의 민주주의가 자유주의나 다원주의, 혹은 이익집단 모델의 대안으로 제시되고 있다는 이야기를 자주 듣는다. 하지만 민주적 자치를 위한 숙의 토론의 가치에 관심이 증가된 것은 단순히 이런 자유주의 등이 그 자체로 문제가 있어서라기보다 정치사회적 여건이 변했기 때문이다.

숙의 민주주의의 배경으로 첫째, 정치경제적 불평등의 심화, 사회적 약자가 더더욱 궁지에 몰리게 된 것, 여러 정치적 참여가 꾸준히 줄고 있는 것, 대중의 정치 참여가 제도적으로 더 힘들어진 것, 정부에 대한 불신의 확산, 정치에 대한 일반적인 불만의 증가 등을 꼽을 수 있다. 숙의 민주주의의 중요성이 최근에 다시 부각된 것은, 민주주의를 거래로 보는 전통적 모델에 대한 이론적 불만 때문만이 아니었다.

둘째, 정치적 문화적 삶의 한 양식으로서의 건강한 민주주의의 미래에 대한 걱정이 숙의 민주주의가 부각된 더 근본적인 이유였다. 민주적 정치문화를 유지하고 강화하기 위해 필요한 조건을 창조적으로 다시 상상하려는 노력 속에서 이런 두 가지 목표가 한꺼번에 모색돼 왔다. 숙의 민주주의는 이에 대해 장밋빛 미래를 약속할 수 있는가? 우리는 그렇다고 생각한다. 그런 점에서 이 섹션에서는 숙의 민주주의의 이론과 실천 사이의 연결을 강화해줄 일반적인 틀을 제시하고자 한다.

지금까지 살펴본 것처럼 숙의 민주주의 행사에는 여러 가지 형태가 존재한다. 이렇게 다양한 숙의 민주주의 행사들을 몇 가지 중요한 기준(주최기관/참가자 선정 방식)으로 나눠볼 수 있는데, 그 기준에 의해 숙의 민주주의 과정의 성격이 어느 정도 형성될 수 있다. 또한 숙의 행사가 얼마나 포괄성inclusion과 대표성representation을 가지는지도 그 성격에 의해 어느 정도 결정된다. 하지만 오늘날 숙의 민주주의의 현황과 전망을 생각해볼 때 이런 다양성은 어떤 의미를 가지는가? 우리가 숙의 민주주의로부터 실제로 기대할 수 있는 것은 무엇인가? 전통적인 형태의 전략적 혹은 집합적aggregative 의사결정보다 숙의 민주주의 절차를 더 선호하는 이유는 무엇인가? 대표자를 뽑아놓고 숙의 없이 결정하는 간접민주주의에 의존하는 오늘날의 정치체제에서 그 규모, 복잡성, 다원주의 등의 성격을 고려할 때 숙의 민주주의의 가치는 무엇인가?

이 질문에 대해서는 다양한 답이 가능하다. 사실 숙의 민주주의는 하나의 통일된 이론이 아니라 여러 가지 다양한 형태가 존재한다. 그러므로 이 질문에 간단히 답을 하기는 어렵지만, 아래의 답들이 숙의 민주주의를 지지하는 가장 공통된 이유들이다. 이런 이론적 설명은 숙의 민주주의 포럼을 실무적으로 설계할 때 중요한 정보가 될 것이다.

다양하고 포괄적인 토론의 장

숙의 민주주의 행사는 모두 정당성 있는 결과를 도출할 수 있도록 그 사전 조건이나 구체적인 절차가 설계된다. 숙의 민주주의 행사는 대중이 토론하는 공정한 절차를 만들되, 모든 사람들에게 공개함으로써 그 결과의 정당성을 확보한다. 이런 행사들은 포괄적이고, 자발적이며, 이성적이고, 평등하기 때문이다. 절차가 공정하기만 하면 숙의 민주주의 행사의 정당성이 확보되는가에 대해서는 의견 차이가 많다. 예를 들어 어떤 사람들은 설령 형식적인 평등이 확보되더라도 참가자들이 실질적으로 불평등하다면 평등은 확보되지 않는다고 불평하기도 한다. 하지만 '정당성의 원천은 개인들의 의지가 아니라 정보의 과정, 즉 숙의 그 자체다'라는 데에는 많은 사람들이 동의한다. 정치적 권위를 행사하려면 그 권위의 영향을 받는 모든 사람들로부터 정당성을 인정받을 수 있어야 한다는 사상을 숙의 민주주의는 진지하게 받아들인다.

숙의 민주주의자들은 모든 사람들에게 공평하고 정당하게 보이는 결과를 만들고자 할 뿐 아니라, 좀 더 합리적인 결정을 만들어내기를 희망한다. 제한되고 비싼 비용, 다원주의의 존중, 인간의 착오 가능성 등의 조건에서 숙의 민주주의는 광범위한 사람들을 끌어안으며, 평등한 사람들 사이의 자유롭고 상호적인 이성적 토론에 초점을 맞춘다. 이런 숙의 민주주의 행사에서 힘의 사용이 용인되는 것은 그 힘이 더 나은 주장에 기여할 때뿐이다. 숙의 민주주의 행사에서는 특히 포괄성과 호혜성reciprocity의 조건을 강조할 때 여러 장점이 생긴다.

첫째, 어떤 논쟁거리라도 그에 대한 다양한 목소리를 들을 수 있게 된다. 둘째, 개인들은 다른 사람들에게 받아들여질 수 있을 만한 이성적 설명을 통해 자기주장을 하도록 권장된다. 이런 방식으로 숙의 과정에서 나온 결정은 설령 합의가 안 됐다 해도 정당한 것으로 간주된다. 이것들은 참가자 자신을 위한 협력과 상호 정당성을 추구한 과정의 산물이기 때문이다.

어떤 주어진 제도적 정치적 조건에서 개인들의 선호는 고정돼 있고, 개인들은 자기가 더 선호하는 것들에 순서를 매길 수 있다는 것이 전통적인 사회 선택 방식(투표, 여론조사 등)의 가정이다. 그러나 숙의 민주주의는 이런 가정에 동의하지 않는다. 개인들이 복잡한 사회적 정치적 문제에 분명하고 일관된 선호나 의견을 갖고 있을 거라는 가정은 오류다. 그런 판단은 공개적이고 공정한 대중의 숙의 과정을 통해서만 형성될 수 있다.

자유주의 경제학에서 말하는 개인들의 선호나 선호 순위라는 것은 정치적 조건이 만들어내는 변수일 뿐이다. 또한 자유주의 경제학은 사회 전체의 행복이 개인들의 행복의 단순 합계라고 말하지만, 숙의 민주주의는 그런 단순 합계가 불가능하다고 주장한다.

그 대신 숙의 민주주의는 공유된 이익이나 공유된 자원에 대한 합의의 형성을 추구한다. 개인들이 그 협잡한 개인적 이익이라는 것을 집어치울 의지가 없다면, 혹은 이런 합의를 만들어낼 수 있는 제도적 조건이 없다면 이런 자각은 일어나기 어렵다. 숙의 과정에 참여한다고 해서 개인들의 선호 체계가 바뀔 것이라고, 혹은 개인들이 좀 더 강한 시민성을 갖게 될 것이라고 보장할 수는 없다. 그저 모든 사람이 도덕적으로 받아들일 만한 방식으로 모두가 관심 있는 광범위한 주제에 대해 개인들이 서로 마음을 열고 이야기할 수 있는 토론의 장, 모든 사람을 포괄하고 가능한 모든 정보가 제공되는 그런 토론의 장이 있다면 사람들은 그렇게 변할 가능성이 높을 뿐이다.

숙의 민주주의는 열린 질문이다

위에서 언급된 숙의 민주주의의 목표들을 이루려면 개념적으로나 실천적으로나 어려운 점들이 많다. 이런 점들을 이 자리에서 깊이 다루지는 못한다. 그러나 숙의 민주주의 이론은 다음과 같은 몇 가지 중요한 문제 제기에 확실한 답을 하지 못했음을 인정할 필요가 있다. 첫째, 이렇게 크고 이질적인 사람들로 구성된 사회에서 숙의 민주주의가 가능한가? 둘째, 다수결로 결정하는 전통적 의사결정 방식보다 숙의 민주주의 결정 방식이 정말로 우월한가? 셋째, 윤리적 갈등을 해결하는 방식으로서, 혹은 개인과 사회의 적절한 관계를 이해하는 방식으로서 숙의 민주주의가 규범적으로 가장 바람직한 방식인가?

숙의 민주주의를 비판하는 사람들 덕분에, 규범적 차원과 경험적 차원 모두에서 숙의 민주주의가 여전히 열린 질문이라는 사실을 알게 됐다. 숙의 포럼이 정치적 합의를 만들어내고 도덕적 의견 불일치를 최소화해줄 것인가? 아니면 숙의 포럼은 도덕적·정치적 분열을 더 드러내서 고조시킬 것인가? 숙의 민주주의 토론들은 공동선common good을 좀 더 포괄적으로 이해할 수 있는 평등한 기회를 제공할 것인가? 아니면 상호 이해와 합의에 대한 규범적 압력 때문에 대중 앞에서 자신의 견해 차이를 세련되게 말하지 못하는 사람들이 오히려 강요를 당할 것인가?

숙의 민주주의의 이론과 실천에 대한 우리의 짧은 분석이 증명하듯, 숙의 민주주의는 불확실성으로 가득 차 있고, 내적 외적 제약과 남용 등의 문제에 상처받기가 아주 쉽다. 물론 정치 생활에 있게 마련인 여러 가지 어려운 점들(다원주의, 불평등, 권력문제 등)을 정치체제에 대한 어떤 이론이나 실천이 쉽게 극복한다면, 그것은 참으로 이상한 일일 것이다. 좀 더 숙의적인 민주주의의 버전에 보다 겸손하고 자기 비판적일 필요는 있다. 특히 현재의 사회경제적 현실이 그다지 이상적이지 않다는 점을 감안하면 더더욱 그렇다. 하지만 그럼에도 우리가 숙의 민주주의에 대한 선입견적 회의에 굴복할 필요는 없다. 다만 우리가 추구하고 보호하고자 하는 이론적 모델과 제도적 설계를 만들어내려면 먼 길을 갈 수밖에 없다.

숙의 민주주의의 이론적 주장이나 실무적 설계에서 자주 마주치는 놀라운 경향의 하나는, 숙의 민주주의 행사의 결과에 과도하게 기대하는 것이다. 숙의 민주주의 실천가들은 정책에 대한 반영이나 효과에 너무 집착하는 경향이 있다. 이론가들은 숙의 민주주의의 증명되지 않은 이로운 점(정치적 정당성, 합리성, 선호의 변환 등)을 변호하려는 경향이 있다. 엄밀한 논리로 따져볼 때 숙의 민주주의의 장점을 주장하려면 숙의 민주주의 행사로부터 실제로 기대할 수 있는 구체적인 결과와 그런 결과를 만들어낼 수 있는 구체적인 행사의 종류를 함께 제시해야 한다. 그런데 그렇게 숙의 민주주의가 그 결과만으로 평가된다면 숙의 민주주의는 도구적 가치만 가지게 될 것이다. 그렇게 되면 개인적으로나 문화적으로 숙의 민주주의가 갖고 있는 내적인 가치를 놓칠 수도 있다.

자신을 민주 시민으로
바라보는 태도

그렇다면 숙의 민주주의의 내적인 가치는 무엇이며, 왜 그것이 중요한가? 숙의 민주주의가 다른 것들에 비해 그런 내적인 가치를 더 많이 가진다고 말할 수 있는 기준은 무엇인가? 우리가 보기에 개인들에게 '민주주의의 본질적 의미를 살아보고 경험할 기회'를 제공한다는 것이 숙의 민주주의의 가장 중요한 내적인 가치다. 공유하고 있는 공적인 삶에 참여할 수 있는 기회, 우리의 삶에 영향을 미치는 의사결정을 만들어낼 수 있는 기회를 평등하게 가진 자유롭고 평등한 시민. 숙의 민주주의는 이런 시민으로서 살아볼 수 있는 기회를 제공한다. 완전한 숙의적 정치에 가까울수록 완전한 민주적 삶에 가깝다. 숙의 민주주의는 개인들이 자신들을 상호 의존하고 평등하며 권위를 가진 구성원으로 보는 것이 가능하도록 만들어주는 기술과 도덕성을 갖추도록 권고하기 때문이다.

우리 사회는 공동체를 무시하는 개인주의와, 사람들을 정치로부터 배제하고 소외시키는 제도적 경향이 매우 강하다. 숙의 민주주의는 이런 경향들에 대항해서 싸울 수 있는 강력한 정치적 문화적 자원을 제공한다. 민주주의 시민들은 여러 다른 관점에서 사물을 볼 수 있고, 자신들을 평등하고 능력 있고 책임감 있는 사회 구성원으로 볼 수 있다. 제퍼슨에서 토크빌, 밀, 아렌트까지 수많은 사상가들 덕분에 우리는 이 사실을 잘 알고 있다. 지금 우리 사회가 흩어져 있고 다원적이라는 어려운 조건에도, 숙의 포럼을 열자는 다양한 요구가 존재하는 이유가 있다. 민주적 삶의 조건이 복원되기를 많은 사람들이 원하기 때문이다.

이런 시민문화라는 기준으로 볼 때 숙의 민주주의의 상대적 성공 정도를 평가하기 위해 우리가 채택할 만한 것은 바로 개인의 정치적 효능감이다. 첫째 사회적, 정치적 책임감의 증가, 둘째 사회적 신뢰와 공감의 증가, 셋째 사회적, 정치적 참여의 증가와 같은 것들이 바로 숙의 민주주의의 내적인 성공을 평가할 수 있는 기준이다. 좀 더 넓은 관점에서 숙의 민주주의가 민주주의 시민문화의 형성과 유지를 목적으로 한다는 점을 염두에 둔다면, 자신을 민주 시민으로 바라보는 태도를 사람들에게 얼마나 많이 길러줬는지가 숙의 민주주의를 평가하는 기준이 돼야 할 것이다. 민주 시민으로서의 권리를 누리고 의무를 맡기 위해 필요한 기술, 자질, 태도, 가치관 등을 가진 사람을 우리는 민주 시민이라 부른다.

숙의 민주주의의 가치를 제대로 다루려면 도구적 목적과 내적인 가치 둘 중 하나를 선택하려는 경향에 저항해야 한다. 숙의 민주주의는 숫자로만 결정해버리는 다수결식 결정을 보충하기 위해 태어났다고 할 수도 있다. 그런데 숙의 민주주의에서 다시 그 결과만 강조하다 보면, 역으로 숙의 민주주의도 그런 다수결과 비슷한 도구로 전락할 수 있다. 그런데 다른 한편 숙의 민주주의에서 내적인 가치만 강조하다 보면, 사람들을 다시 정치적 토론의 장으로 초대하기가 어렵다. 숙의 민주주의의 성패는 민주적 토론을 할 수 있는 만족스런 모델을 만드는 데 달려 있지 않다. 민주 시민을 양성하는 제도와 민주주의 시민 문화를 복원해내는 것에, 바로 숙의 민주주의의 성패가 달려 있다.

오늘날 민주적 시민의 문화와 가치가 심각한 위협에 처해 있다는 불길한 징조가 나타나고 있다. 미국이라는 나라의 시민들이 '도둑질 stealth 민주주의'를 받아들이기 시작했다는 증거들이 있는 것이다. 물론 도둑질에 의해 작동하는 것은 민주주의가 아니라 금권정치다. 그러므로 숙의 민주주의를 옹호하기 위한 가장 적절하고 실질적인 방법은 적극적 민주 시민을 되살리고, 이런 시민들을 유지시켜줄 민주적 문화를 강화하기 위한 폭넓고 장기적인 노력들의 일부로서 숙의 민주주의 운동을 바라보는 것이다.

이론적으로나 실천적으로 숙의 민주주의는 다원주의 사회에서 존엄성을 갖고 자치를 하기 위해 필요한 공간, 기술, 덕목을 생산하려는 시민들의 노력의 일환으로 봐야 한다. 존 듀이John Dewey가 말한 것처럼 대중이 만나고자 한다면 먼저 대중이 만들어져야 한다. 이것이야말로 이 책에 소개되는 여러 숙의 민주주의 프로젝트들의 가장 중요한 목표라고 해도 틀린 말은 아니다.

3장

국가이슈포럼:
시민들의 숙의 토론을 권장하는
네트워크

키스 멜빌 Keith Melville
테일러 윌링햄 Taylor L. Willingham
존 데드릭 John R. Dedrick

국가이슈포럼National Issues Forums은 미국 방방곡곡의 수백 개 지역에서 열리고 있다. 국가이슈포럼을 통해 국가와 지역의 여러 문제에 숙의 토론을 하는 시민들을 만난다면 당신은 아마 이런 설명들을 듣게 될 것이다.

텍사스 주의 엘패소는 경제적, 지리적, 정치적으로 나뉘어 있는 도시다. 이 도시를 모르는 외부 사람들은 아마도 엘패소의 시민 참여 수준이 매우 낮을 거라고 생각할 것이다. 하지만 국가이슈포럼은 20년 넘게 이 지역 시민들의 삶을 통합하는 데 기여해왔다. 엘패소의 학교, 교회, 도서관 등에서 열리는 포럼의 결과물은 〈엘패소타임스〉라는 신문에 실려 여러 사람들에게 알려진다. 그동안 포럼에서 다룬 내용은 10여 가지가 넘는데, 낙태, 교육, 의료보건 등이다.

엘패소 포럼 참가자들은 지역 방송사가 초대한다. 90분 동안의 대화는 전문가나 선출직 공무원의 발표 같은 게 없고 매우 생동감 있게 진행된다. "우리 포럼은 전문가 발표 없이 해요." 조직자인 줄리 지멧이 말한다. "중요한 건 풀뿌리 시민들의 참여예요. 그들이 서로 이야기하는 거죠. 사람들이 모여서 숙의적으로 토론하다 보면 방에 있는 모든 사람들의 마음이 변해서 나와요." 줄리는 이어서 이렇게 말한다. "특히 엘패소처럼 지역민들이 갈려 있는 경우엔 '국가이슈포럼'이 정말 중요해요. 그렇게 갈라져 보이는 사람들도 가치와 관심사가 비슷하다는 걸 깨닫게 해주거든요. 이렇게 서로 다른 경험과 철학을 가진 사람들이 모여서 모두를 위해 필요한 일이 무엇인지를 이야기할 수 있는 능력. 이 능력에 우리 도시의 미래가 달려 있어요."

당신은 아마 다른 지역 포럼 참가자들로부터도 똑같은 이야기를 듣게 될 것이다. 예를 들어 웨스트버지니아 주의 찰스턴 시나 플로리다 주의 파나마 시에서는 주의회 의원들이 잘 조직된 포럼에 참가한 시민들의 의견과 보고서를 보고 정책을 만들어냈다. 캘리포니아에서는 그동안 찬반 투표 때마다 사람들의 의견이 극도로 양립됐다는 문제점을 극복하기 위해, 1995년에 일간지 〈산호세 머큐리 뉴스San Jose Mercury News〉와 캘리포니아 주립도서관 주최로 주 전역에 걸쳐 포럼을 열었다.

2002년 신시내티 시에서 벌어진 경찰 총격으로 심각해진 인종 갈등이 전국 뉴스 1면에 보도됐던 사건을 기억할 것이다. 이 문제를 해소하기 위해 오하이오 주립대학교 산하 '시민의 삶 연구소'에서 인종 갈등에 대한 숙의 민주주의 포럼을 150회나 열었으며, 여기에는 신시내티 시민이 수천 명이나 참여했다. 이 포럼이 인종 갈등 문제를 해결하진 못했다. 하지만 매우 위험했던 초긴장 상태를 해소하는 데 큰 도움을 주었다. 이 포럼을 통해 '이웃에서 이웃으로'라는 풀뿌리 조직 등 시민들 사이의 새로운 연결 고리가 생겨났고, 지역에서 무엇을 해야 할지 그 행동 단계들을 찾아냈기 때문이다. 시민들은 이 경험을 통해 훨씬 더 강력한 시민의식과 정치적 자신감을 가진 시민으로 성장했다.

지역 곳곳에서 주민들과 함께 포럼을 열기 위해 사용한 방법들도 창조적이었다. 학교, 도서관, 교회, 성인 학습 동아리, 심지어 교도소까지 이런 포럼을 열기 위해 노력했다. 텍사스 주의 오스틴 시에서는 대학생, 젊은 교수들, 시민들, 퇴직한 노인 등 100여 명이 동시에 열린 포럼에 참가했다. 이 포럼은 린든 존슨 대통령 도서관, 린든 존슨 대학교 공공정책 대학원 산하의 '건강과 사회정책 센터'가 공동 주최했으며, '텍사스 포럼'의 자원봉사자들이 진행했던 의료복지 정책을 다루었다.

　대부분의 주에서 당신은 아마도 주최기관들이 여러 포럼들을 주최할 때 함께했다는 이야기를 듣게 될 것이다. 예를 들어 앨라배마 주의 터스컬루사 시에서는 셸턴 주민대학과 앨라배마 협동확대 센터라는 비영리기구들이 앨라배마 주민 리더십 연구소의 후원을 받아 포럼 진행자 교육을 하고 포럼들을 조직했다. 앨라배마 주에서는 학교에서도 국가이슈포럼을 연다. 터스컬루사 시의 힐크레스트고등학교, 오번대학교, 앨라배마대학교의 블랙번 연구소 등이 포럼을 열고 있다. 앨라배마대학교 의과대학 산하 '농촌 지역 의료학과'에서는 건강을 주제로 전국 차원의 포럼을 개최하기도 했다.

　이런 포럼들 어디서든 진행자, 참가자, 공무원들의 열정적인 증언을 듣게 될 것이다. 국가이슈포럼의 한 참가자는 이렇게 말했다. "대중의 의견을 공공정책에 반영하기 위해 전통적으로 사용해온 공청회 같은 제도는 실제로 시민들의 의견을 반영하거나 공통점을 찾는 데 거의 완전히 실패했어요." 국가이슈포럼은 어떤 문제들에 다양한 의견을 가진 사람들에게 대화할 기회를 주는 몇 안 되는 방법의 하나다.

포럼을 여러 차례 진행해온 사람의 말을 들어보자. "우리 지역에서 숙의 민주주의 행사 이후 변화된 것이 많습니다. 심지어 우리 고등학교에서는 폭동이 일어날 뻔 했는데 포럼 덕분에 위기를 넘겼죠. 포럼을 통해 드디어 의회 의원들이 시민들의 목소리를 듣게 됐거든요. 또한 포럼 덕분에 우리 지역 사람들이 정치적으로 깨어 있고 정치 과정에 적극 참여하게 됐어요."

공무원이나 정치 지도자들 중에도 국가이슈포럼을 이렇게 열광적으로 지지하는 사람들이 있다.

전임 대통령인 지미 카터와 제럴드 포드가 국가이슈포럼의 초기 주최자였다. 지미 카터는 이렇게 말했다. "이렇게 신나는 모임에서 올해 배운 바를 앞으로 확대하는 것이 우리 책임의 하나라고 나는 생각합니다. 두 배쯤 확대하는 게 아니라 수천 배, 수만 배 확대해야 합니다. TV, 라디오, 신문을 소유한 사람들을 설득해서 이렇게 신나는 일들이 전국으로 퍼져나가도록 해야 합니다."

국가이슈포럼은
어떻게 시작됐나

국가이슈포럼은 숙의 민주주의를 위한 대중적 포럼과 훈련을 지지하는 조직 및 개인들이 모인 전국적, 초당파적 네트워크다. 1년에 이런 포럼이 몇 회나 열리는지 구체적으로 기록하진 않지만, 2003년만 해도 수천 번의 포럼이 열렸다. 자원봉사 단체, 대학교, 도서관, 협회 등 여러 조직이 이런 포럼들을 연다. 국가이슈포럼은 지역주민들의 포럼을 지지하는 여러 사람들 사이에서 교과서로 불리며, 그런 포럼들의 가장 큰 네트워크다.

매년 여러 종류의 다양한 조직들이 포럼 진행을 위한 스터디서클을 연다. 주민대학, 리더십 교육 기관, 주민협회, 주립 인류애 위원회, 대통령 도서관, 심지어 교도소 등이 그런 스터디서클을 연다. 이를 통해 시민들은 토론의 틀을 잡고 숙의하는 방법, 회의를 진행하고 개최하는 방법까지 배운다. 현재 33개의 조직들이 30개 주에서 스터디서클을 열고 있다. 국가이슈포럼 진행을 위한 스터디서클은 미국 도서관 협회나 '실험적 교육을 위한 전국 협의회' 등 전문적인 협회의 총회에서 열리기도 한다.

네트워크에서는 '국가이슈포럼 연구소National Issues Forums Institute'에서 개발한 자료를 사용하기도 한다. 국가이슈포럼 연구소는 비영리기구로, 숙의 민주주의를 활성화하는 데 관심 있는 사람들의 모임이다. 국가이슈포럼 연구소는 대중의 숙의를 지원하기 위한 자료를 개발하고 퍼뜨리는 일을 주로 한다. 진행자와 주최기관을 위한 도구들을 개발하기도 하고, 학교에서 학생들이 숙의 민주주의 토론을 진행할 수 있도록 〈교실에서 하는 국가이슈포럼〉이라는 자료집을 개발해 보급하기도 했다. 국가이슈포럼 연구소는 국가이슈포럼 네트워크들이 이슈를 잡고 토론회를 설계할 때 도와주기도 한다.

국가이슈포럼은 다른 여러 숙의 민주주의 모델에도 영향을 주었다. 정치학자인 마이클 브라이언드는 콜로라도 주 트리니다드 시의 미래 경제 발전 계획을 돕기 위해 국가이슈포럼 모델을 응용해 주민 토론회를 설계했다.

공론조사를 창안한 제임스 피시킨 교수는 국가이슈포럼 모델과 국가이슈포럼에서 훈련받은 진행자들을 활용해 두 차례의 '전국 이슈 총회'를 설계했다. 첫 번째는 1996년 대통령 선거 후보자 선출 시기에 개최됐고 두 번째는 2003년 미국의 국제적 역할이라는 주제로 열렸는데, 방송 프로그램인 〈맥닐 레러 프로덕션MacNeil Lehrer Productions〉이 주최한 행사였다(5장 참조).

국가이슈포럼은 국제적으로도 영향을 미쳤다. 지난 10년 동안 콜롬비아, 러시아, 크로아티아, 뉴질랜드 등 여러 나라의 시민들과 비정부 조직들은 국가이슈포럼을 응용해 자신들만의 고유한 숙의 민주주의 토론회를 개발하고 개최했다.

강한 민주주의를 지지하는 사람들에게 국가이슈포럼은 관행적 정치 행태에 대한 대안을 보여준다. 사실 민주주의 사회라면 이런 포럼이 모든 마을에서 대중의 흔한 삶의 모습이어야 한다.

국가이슈포럼의 발단

국가이슈포럼은 1970년대 데이비드 매슈스F. David Mathews가 시민 참여 방법을 고민하면서 시작됐다. 그는 미국의 한 행정부처인 교육보건부(현 보건복지부) 장관과 앨라배마대학교 총장을 지냈는데, 학자들, 공동체 운동가들, 공무원들, 그리고 재단 지도자들과 함께 시민 참여 방법을 고민했다. 매슈스가 1981년 찰스 케터링 재단 이사장이 됐을 때, 민주 사회에서 대중의 역할을 증진시키는 것을 재단의 주요 목표로 삼았다. 매슈스는 비정부 운동 단체인 대중 여론 연구소 창립자이자 탁월한 대중 여론 분석가인 대니얼 얀켈로비치Daniel Yankelovich와 긴밀하게 협조했다.

국가이슈포럼은 1981년 여름 '날개를 펼친 총회'에서 처음 발족됐다. 이 총회에서 17개 조직 대표들은 매년 세 가지 주제를 중점적으로 토론하는 전국적 비영리 기구인 '국내 정책 협회'를 설립하기로 결의했다. 여기에서 다룰 토론 주제들을 소개하고, 그 주제들의 토론 방법들을 소개하는 작은 소책자를 만들어내는 일은 주로 대중 여론 연구소가 맡았다. 이런 토론 주제 소개 책자들은 토론의 틀을 짜고 토론을 촉진하는 역할을 했다. 이를 통해 사람들은 아무런 정보 없이 피상적인 이해만으로 갖게 되는 의견을 넘어 드디어 제대로 된 판단을 하게 된다. 대중 여론 연구소의 얀켈로비치 소장은 이런 판단을 '공공적 판단Public Judgement'이라고 부른다. 즉 "사람들이 어떤 문제에 관심을 갖고 토론에 참여하고, 찬반 양측의 주장을 다 고려하고, 어떤 선택이 어떤 결과를 가져올지까지 생각하고, 그들의 선택이 미칠 영향까지 완전히 수용하기로 마음먹은 상태에서 내리는 판단"을 공적 판단이라고 부르는 것이다.

국가이슈포럼의 토론을 구상한 사람들은 처음에, 그 토론을 위한 진행자나 조정자들을 구하기에 대학교가 가장 좋을 것이라고 생각했다. 하지만 이 네트워크는 생겨나자마자 스스로의 생명력에 힘입어 풀뿌리 민주주의 운동으로 발전했다. 공공정책 연구소들이 토론 진행자 양성 과정을 개설하기도 했지만, 이 토론회를 경험한 사람들이 토론회에 대한 찬사를 입에서 입으로 전하면서 국가이슈포럼 네트워크는 전국으로 뻗어나갔다. 몇 년 지나지 않아 토론회 참가자는 나이, 계층, 인종, 학력, 지역 등 여러 가지 면에서 매우 다양해졌다. 또한 국가이슈포럼을 주최하고 협력하는 기관들도 점점 더 다양해졌다.

'숙의'를
구체적으로 정의하다

민주적인 사회의 삶이 어떠해야 하는지에 대한 관점은 국가이슈포럼도 다른 숙의 민주주의 모델들과 동일하다. 즉 우리는 우리가 마주한 공통의 문제를 이야기할 필요가 있고, 공통의 결정을 내려 행동할 필요가 있다. 하지만 그런 합의에 이르고 행동 계획을 결정하기 위해 우리는 '어떻게' 이야기해야 하는가?

민주적 의사결정을 하면서도 제대로 일을 하고 싶어 하는 조직이라면 어느 조직이든 제기하는 이런 질문에 하나의 모델을 제시하는 것이 국가이슈포럼이다. '숙의'라는 말은 흔히 매우 느슨하게 정의되는데, 국가이슈포럼은 숙의를 아주 구체적으로 정의한다. 국가이슈포럼을 창안한 데이비드 매슈스에 따르면 "숙의한다는 것은 단지 어떤 문제들에 대해 이야기하는 것만을 뜻하지는 않는다." 숙의한다는 것은 "여러 가지 행동 대안들과 그것들에 대한 여러 사람들의 견해를 잘 살펴봄으로써 그 행동 대안들을 실행했을 때의 결과까지 세심하게 판단하는 것"을 뜻한다. 숙의를 통해 우리는 건전한 결정을 내릴 수 있고, 그 결정을 바탕으로 함께 행동할 수 있게 된다. 숙의를 통해 사람들은 어떤 정책을 실행할 때의 달갑지 않은 비용과 부작용까지 마주하며, 공공정책을 결정할 때 중요한 요인으로 작용하는 감정적인 문제까지 함께 다룬다.

어떤 면에서는 국가이슈포럼이 무엇이 아닌지를 설명하는 것이, 국가이슈포럼을 설명하는 가장 좋은 방법일 수도 있다. 예를 들어 공청회라는 것은 현재 공공정책을 수립하는 과정에서 대중의 의견을 구하기 위해 공식적으로 활용되는 방법이다. 하지만 공청회는 대부분 일방적 홍보에 그칠 뿐이며, 숙의 민주주의와는 거리가 멀다.

또 다른 예로 선거 기간에 많이 하는 공개토론도 있다. 공개토론을 통해 대중은 서로 다른 견해를 비교하고 대조할 수 있으므로 어떤 상황에선 적합하기도 하다. 하지만 공개토론에선 서로 자기만 옳다고 우기기 때문에 합의점에 이르기가 불가능하며, 양측이 주장하는 대안들이 가져올 수 있는 비용과 부작용에 대해서는 알기 어렵다. 더욱이 공개토론을 아무리 해봐도, 이미 굳어버린 입장이 바뀌어서 합의된 행동으로 나아가는 일은 거의 없다.

이런 관습적 토론에선 언론사들도 거의 제 역할을 하지 못한다. 사설이나 논평 등의 형식에 맞춘 글들은 이미 마음을 굳힌 사람들의 이데올로기적 주장을 실을 뿐이다. 더욱이 이런 논쟁에서 언론 보도는 이슈 자체보다 오히려 이슈와 관련된 사람들의 개인적 사항에 더 중점을 두는 일이 많다.

몇 년 전 하워드 연구소가 시민들에게 '어떤 종류의 공공 대화를 원하는가?'라고 물어본 적이 있다. 시민들은 CNN 방송사가 진행했던 '십자 포화Crossfire' 토론의 반대 모델이 되는 대화를 원한다고 답했다. 시민들은 찬반 양측이 서로 상대방을 공격하는 따위의 토론에 질려버린 것이다. 즉 시민들은 누가 옳은지 승리자를 정하거나 토론자에게 점수를 매기는 따위 말고, 서로 다른 견해들을 비교할 수 있는 토론을 원한다는 것이다. 시민들은 더는 찬반 양측의 전문가들이 말잔치만 무성하게 하는 토론을 원치 않는 것이다.

대중은 이해관계자들의 집합일 뿐이며, 공직자들의 말 한마디에 휩쓸려 다니는 시정잡배일 뿐이라는 신념에 국가이슈포럼은 근본적으로 도전한다. 숙의 대화를 통해 함께 모인 개인들은 서로 간의 관계와 연결을 형성한다. 그들은 그런 숙의 대화를 통해 민주주의를 유지하고 정부에게 권위와 방향을 제공하는 데 필수 요소인 '대중public'이 된다.

숙의 과정에서 '사실'이 중요하긴 하지만, 숙의에 의한 '건강한 판단'이란 것이 꼭 사실에만 근거해야 하는 것은 아니다(이른바 전문가들은 판단도 사실에 근거해야 한다고 흔히 주장하지만). 숙의의 과정에선 토론 주제가 되는 공공문제와 관련해 개인들이 무엇에 가치를 두고 있는지, 무엇을 우선순위로 두고 있는지, 관련된 개인적인 경험이 무엇인지 등을 주로 공유한다. 사람들은 주어진 문제를 자신들의 관점으로 볼 필요가 있는데, 이때의 관점이란 전문가들이나 선출직 공무원들이 문제를 보는 관점과 다르다. 어떤 문제를 두고 토론할 때, 사람들이 가장 중요하게 여기는 관점을 갖고 그 문제의 틀을 정의해야만 사람들은 그 토론에 참가하고 싶어 한다. 그렇게 사람들의 관심사를 반영한 틀을 갖고 문제를 토론해야만, 그 토론에서 나온 사항들이 행동으로 실천될 수 있기 때문이다.

이런 방식의 대화는 전문가들이 그 문제를 분석하는 방식과 전혀 다른 방식으로 이루어지는데, 이런 대화를 통해 참가자들은 공공정책을 만들 수 있는 공통점에 이른다. 가장 중요한 집합적 결정은 '무엇이 이루어져야 하는가?'라는 질문에 대한 것이다. 그런데 이 질문은 사실에 대한 것이 아니라 가치에 대한 것이기 때문에, 이 질문에 답을 하는 데는 전문가와 비전문가의 구분이 애초에 있을 수 없다.

그래서 국가이슈포럼은 여러 다른 종류의 대화가 일어날 수 있는 대중적 공간을 제공하려고 노력한다. 민주주의 원칙에 대한 약속은 민주적 실천에 대한 약속이 없으면 공허한 메아리가 되고 만다. 대중적 토론을 위한 주제를 정의하고 특별한 방식으로 토론의 틀을 짜고 특별한 스타일로 주민 포럼을 진행함으로써, 국가이슈포럼은 숙의 민주주의를 민주주의 실천의 핵심으로 만들고 있다.

주최기관과 진행자의 역할

국가이슈포럼은 몇 개의 주민 그룹과 단체가 공동으로 주최하는 경우가 많다. 결국 포럼은 서로 배경과 견해가 다른 사람들을 함께 모으는 것을 중요시하기 때문이다. 한 개의 조직이나 기관이 전체 지역 주민들에게 연락할 방법은 거의 없기 때문에, 포럼을 한번 열려면 여러 개의 조직들이 함께 일해야 한다.

국가이슈포럼은 형태가 매우 다양하기 때문에 참가자 수도 매우 다양하다. 10여 명의 사람들이 교회 한쪽 방에 모여서 진행하기도 하고, 수백 명의 사람들이 대학 강당에 모여서 진행하기도 한다. 어떤 포럼들은 지역문제를 거론하기 위해 딱 한 번만 만나기도 한다. 하지만 대부분 국가이슈포럼의 주최기관들은 일정 기간을 두고 몇 가지 이슈에 대해 정기적으로 포럼을 개최하기로 합의한다. 플로리다 주의 파나마 시나 미시건 주의 그랜드래피즈 시, 캘리포니아 주의 페어필

드 시 등에서는 지금도 포럼이 정기적으로 열린다. 이런 곳에선 여러 주제들을 놓고 이렇게 정기적으로 모여 이야기하는 것이 시민들의 일상생활의 한 부분이 됐다. 더욱이 이런 곳에선 어떤 새로운 문제가 발생해도 국가이슈포럼에서 모여 그 문제를 숙의하는 것이 자연스러운 일상이 됐다.

국가이슈포럼을 진행하는 사람들은 국가이슈포럼 네트워크에 있는 조직이나 개인들이 제공하는 진행자 교육 프로그램에서 교육을 받은 다음 포럼을 진행하는 경우가 많다. 진행자는 해당 이슈의 전문가일 필요가 전혀 없다. 오히려 전문가가 포럼을 진행해버리면 참가자들이 자꾸 진행자에게 답을 묻게 되기 때문에 포럼에 방해가 된다. 포럼 진행자는 해당 이슈 전문가는 아니더라도, 최소한 이슈 소개 책자에 담긴 내용은 숙지하고 있어야 한다. 또한 진행자는 참가자들이 숙의를 잘할 수 있도록 고안된 포럼 진행 절차를 잘 알고 있어야 한다. 무엇보다도 진행자는 중립을 지키려고 노력해야 한다.

국가이슈포럼 진행자들은 다음의 다섯 가지 역할을 한다.

첫째, 진행자들은 기본적인 토론 규칙을 제시한다. 다른 사람의 말을 존중하면서 듣기, 자신의 관점과 다르더라도 모든 관점을 고려하기, 공통점을 찾아내기 등이 기본 규칙이다. 진행자들은 듣는 것이 말하는 것만큼 중요하다는 사실을 강조하면서, 모든 사람들에게 참여하도록 늘 권고한다. 특히 다른 사람들이 동의하지 못하는 말을 할 때 이 원칙이 강조된다. 진행자들은 참가자들이 서로 대화할 때 상대방의 말을 잘 이해할 수 있도록 경청을 권유한다.

둘째, 진행자들은 해당 이슈와 그 이슈에 대한 여러 의견들을 소개한다. 진행자는 이슈를 요약해서 소개하는 짧은 동영상을 보여줄 수도 있다. 중요한 것은 참가자들에게 충분한 정보를 제공함으로써 참가자들이 정보를 찾아 헤매느라 시간을 낭비하지 않도록 하는 것이다. 이렇게 하는 데는, 참가자들의 교육 수준이나 경험과 무관하게 참가자들이 평등한 의사결정에 참여할 수 있도록 도우려는 의도도 있다.

셋째, 진행자들은 참가자들에게 해당 이슈에 대한 개인적인 경험이나 관심을 물어봄으로써 그들을 토론에 끌어들이는 역할을 한다. 특히 이슈가 다소 모호하거나 사람들의 일상과 거리가 먼 것처럼 보일 때는, 이슈와 관련된 개인적 경험을 이야기하는 것이 토론 참여 욕구를 이끌어내는 데 도움이 된다. 이런 개인적인 이야기는 서로 상대방의 입장에서 이슈를 바라보게 하는 데도 도움이 되며, 개인적인 경험 안에 가치관이 담겨 있음을 깨닫게 해준다.

넷째, 진행자들은 이슈에 대한 서로 다른 입장을 고려해 숙의 토론을 이끌어낸다. 진행자는 참가자들에게 서로 다른 입장들을 공평하게 바라보라고 권유한다. 개인적인 경험으로 각 입장을 바라보되, 그것을 정책으로 옮겼을 때의 비용과 부작용까지 함께 고려해달라고 부탁한다. 가끔 각 입장에 대한 발표자들의 발표가 충분치 않은 경우 진행자는 참가자들이 각 입장을 제대로 이해했는지 자세히 묻기도 한다. 예를 들어 "이 입장에 대해 여러분이 동의하지 않을 수도 있습니다. 하지만 이쪽 편 주장에서 가장 큰 장점은 무엇인가요?"라고 참가자들에게 묻는 것이다.

다섯 째, 한 시간 내지 서너 시간 정도 걸리는 토론이 끝난 직후,

진행자들은 포럼의 마지막 단계를 진행하는데, 이것을 '회고reflection' 라고 부르기도 한다. 이 단계에서 진행자들은 참가자들에게 여러 다른 입장들이 모두 동의할 수 있는 공통의 주제와 공통된 지점을 찾아보라고 권유한다. 무엇이 정말 문제인지, 도저히 받아들일 수 없는 결과는 무엇인지, 그리고 아직도 해결되지 않은 부분은 무엇인지도 찾아보라고 권유한다. 이런 권유를 듣고 참가자들은 이슈들의 공통점을 찾아내려고 노력하면서, 개인으로서가 아니라 하나의 집단으로서 생각하게 된다. 그 결과 그들은 어떻게 앞으로 나아갈 수 있을지를 그려볼 수 있다. 또한 이 과정에서 참가자들은 향후 어떤 행동을 하기로 결의하기도 한다. 만일 공통점을 찾기 쉽지 않더라도 참가자들은 추가적인 숙의가 필요한 부분을 알아낼 수 있다.

기록자가 진행자를 도와주는 경우가 많다. 기록자들은 참가자들이 하는 말을 요약해서 기록하는데, 종이에 두 열을 만들어 최초의 발언을 왼쪽에 적고 그 발언에 대한 지지 혹은 반론을 그 옆 오른쪽 열에 적는 경우가 많다. 이런 방식으로 참가자들은 숙의하는 동안 더 중요한 것이 무엇인지 평가할 수 있게 된다.

결과와 성과

케터링 재단은 국가이슈포럼 네트워크와 함께 국가이슈포럼의 결과를 요약한 결과 보고서들을 작성했다. 이런 보고서들엔 각 포럼의 진행자들이 요약 설명해준 포럼의 결과들이 담겨 있는데, 덕분에 지역 포럼의 결과들이 전국적 포럼에 담길 수 있었다. 또한 요약 보고서들은 매번 포럼 시즌 말미에 열리는 전국적 행사에서도 널리 사용된다. 여러 해 동안 이렇게 지역 포럼 결과들을 요약해서 숙의하는 전국적 행사는 의회에서 열리기도 했고, 포드, 존슨, 케네디, 카터 대통령 도서관에서 열리기도 했다.

최근에는 〈대중의 소리A Public Voice〉라는 한 시간짜리 방송 프로그램에서 어떤 구체적인 주제를 다룬 포럼 결과를 요약해서 보고하기도 했다. 이를 위해 국회의원, 기자, 주제별 전문가들이 워싱턴 시에 있는 국립 언론 클럽에 모여, 국가이슈포럼 네트워크가 전국적으로 개최한 포럼들을 촬영한 동영상을 함께 시청했다. 그런 다음 그들은 〈대중의 소리〉가 선출직 공직자들에게 어떤 의미를 담고 있는지 숙의했다. 국가이슈포럼 창안자인 데이비드 매슈스는 대중의 소리를 "많은 시민들의 생각이 큰 소리로 나타난 것"이라고 정의한다. 대중의 소리란, 대중의 지식이 증가하고 의견이 성숙하고 행동을 위한 공통의 기반이 증가함께 따라 나타나는, 정보에 근거를 둔 깨달음의 일면이다.

이런 보고서들은 무엇을 보여주는가? 숙의 민주주의 주창자들이 예견한 대로, 포럼 결과 참가자들의 눈이 뜨이고 지평이 넓어지는 것과 같은 일이 나타나기도 한다. 예를 들어 후천성면역결핍증AIDS 포럼 결과, 참가자들은 비난보다 공감을 더 많이 하게 됐다는 내용이 보고서에 담겨 있다. 노인을 위한 건강 돌봄 포럼에선 많은 참가자들이 그 문제의 성격과 범위를 새롭게 알게 됐다.

많은 국가이슈포럼의 결과를 보면 숙의는 사람들의 관점을 완전히 바꿔놓는 것이 아니라, 방향만 살짝 바꿔준다는 것을 알 수 있다. 국가이슈포럼은 전형적으로, 사람들이 그 문제를 어떻게 경험했고 그와 관련해 무엇을 걱정하는지 등 개인적 이야기들의 공유에서 시작한다. 데이비드 리프가 지적하는 것처럼 이런 개인적인 이야기들의 공유는 포럼에서 무척 중요하다. 문제가 복잡하고 문제에 대해 아는 것이 별로 없을 때는 포럼이 시작되자마자 중단될 위험이 큰데, 이런 개인적인 이야기들에 대한 공감이 그런 위험을 줄여주는 것이다.

숙의하는 과정에서 많은 참가자들은 개인적 이익에 대한 관심에서 공동체에 대한 관심으로 옮겨간다. 처음엔 '이것이 내 삶에 어떤 영향을 미칠까?'를 고민하다, 나중엔 '우리가 이와 관련해 어떤 행동을 하면 그것이 우리 모두의 삶에 어떤 영향을 미칠까?'를 고민하는 것이다. 하지만 이것은 개인적 관심을 포기하고 그것을 공익으로 대체하는 것이 아니다. 포럼에서 벌어지는 것은 그보다 훨씬 더 미묘한 변화다. 포럼 참가자들은 서로의 개인적인 이야기를 들으며 어떤 '공통의 이야기'들을 창조해내는데, 데이비드 리프는 이것을 '공통감성 Commonsense'이라고 부른다. 그들은 향후 행동 계획을 수립하는 과정에서 합의할 수 있는 지점들을 발견하게 된다. 당초의 입장은 변하지 않는다. 다만 숙의 과정에서 그 입장이 넓어질 뿐이다.

가족의 가치에 대한 포럼 참가자들을 관찰한 스콧 런던은 이렇게 썼다. "포럼에 참가하기 전에 나는 우리 국민들이, 흔히 신문이나 여론조사에서 말하는 것처럼 정치적으로 갈라져 있고, 그런 입장들이 너무나 굳건해서 바뀌지 않을 거라고 생각했다. 하지만 포럼에서 보니 우리 국민들은 내가 생각했던 것보다 훨씬 더 유연했다." 그는 이렇게도 말했다. "나는 중요한 발견을 했다. 어떤 문제에 대한 사람들의 의견 불일치는 출발점일 뿐이다. 사람들이 숙의 포럼에 참가해서 자신들의 생각, 경험, 가치 등을 이야기하고 다른 사람들의 관점에서 살펴보며 어떤 점에서 불일치하는지를 명확히 하고 나면, 참가자들은 이데올로기적 차이에서 공통의 가치 쪽으로 서서히 옮겨간다."

숙의를 한다고 해서 어떤 합의에 이른다거나 개인들의 관점이 크게 달라진다고 주장하는 것이 아니다. 변하는 것은 자신과 의견을 달리하는 사람들에 대한 태도다. 포럼 참가자들이 다른 사람의 입장에 동의하지는 않더라도, 그들은 상대방의 입장을 더 잘 존중하고 이해하게 된다. 숙의라는 과정을 거치면서 사람들의 개인적 관심사는 공공의 가치와 연결된다. 이렇게 다른 사람들과 문제에 대한 참가자들의 인식이 바뀌면서 공통의 가치를 찾아낼 수 있는 공간이 열리며, 함께 행동할 수 있는 수용 가능한 방향도 열린다.

숙의의 목적이 행동 방향을 결정하는 것이긴 하지만, 숙의가 항상 합의로 끝맺어지지는 않는다. 여러 이슈에 대한 요약 보고서에 드러나는 것처럼, 포럼 결과 어떤 것을 해야 한다고 합의하는 경우는 거의 없다. 그 대신 숙의는 동의와 부동 사이의 지점을 명확히 찾아내도록 돕는데, 이 지점은 '공동 행동을 위한 공통 지점common ground'이라고 부를 만하다. 공통의 지점이란 합의가 아니며, 모든 사람들이 같은 것을 원한다는 동의도 아니다. 더욱이 공통 지점은 사람들이 동의하지 않으면서 그 차이에 따라 뭔가를 나눠 갖기로 결정하는 '타협'도 아니다. 공통 지점이란 어떤 그룹이 수용할 만한 행동이나 정책이라고 정의된다. 단, 이 경우에도 그 그룹에 속한 개인들은 여전히 서로 다른 가치와 견해를 유지할 수 있지만, 어떤 행동의 방향이나 문제를 보는 틀은 공유하는 것이다. 조금 실무적으로 얘기하면, 앞으로 나아가기 위해서는 가능한 한 넓은 공통 지점을 확인할 필요가 있다.

어떤 사회적인 문제들을 해결하기 위해서는 힘들더라도 어떤 선택을 해야 한다. 사람들이 국가이슈포럼이라는 숙의 과정에 참가한 결과 '힘든 선택'을 해보려는 의지가 증가하는지 여부는 불분명하다. 하지만 포럼이 끝날 때쯤 참가자들은 이슈의 복잡성을 이해하고, 어떤 선택을 하려면 더 많은 사람들과 작업해야 함을 받아들인다. 숙의 과정을 거치면서 참가자들은 장기적인 관점에서 어떤 선택 때문에 어쩔 수 없이 받아들여야 하는 불편이 존재함을 이해하며, 어떤 불편을 얼마만큼 견딜 수 있는지를 찾아낸다.

국가이슈포럼에 대해 언급할 만한 또 다른 측면이 있다. 사람들은 남들이 자신을 위해 내린 결정보다 자기 스스로 내린 결정에 합의할 가능성이 훨씬 더 높다. 어떤 공동체를 위한 결정이 숙의 포럼을 통해 공개적으로 내려질 경우 사람들은 그 결정을 지지할 가능성이 더 높으며, 그 결정으로 인한 비용과 결과를 받아들일 가능성도 더 높다. 아마도 이런 이유 때문에 수많은 지역에서 정부 관계자들이 국가이슈포럼을 지지한다고 본다.

대중적 숙의에 참여한 사람들의 변화 가능성

2장에서 설명한 것처럼 숙의 민주주의 지지자들은 숙의 민주주의가 개인과 사회에 다양한 영향을 끼쳤다고 주장한다. 이런 주장들은 숙의 민주주의 관련 문헌에서 반복적으로 확인된다.

하지만 그런 주장들은 특정 사례나 증언에 바탕을 두고 있어서, 엄밀한 통계적 증명은 별로 없다. 그래서 숙의 민주주의를 지지하는 학자들과 숙의 민주주의에 회의적인 학자들이 서로 공격하는 방식의 논쟁만 계속된다.

숙의 민주주의를 지지하는 학자들은 개인적인 확신이나 기본적인 정치이론에 바탕을 두는 경우가 많고, 회의적인 학자들은 숙의 민주주의가 비현실적이거나 증명된 바 없다고 무시하는 경우가 많다.

국가이슈포럼은 지금까지 22년이라는 장기간의 경험을 축적했기 때문에, 무엇보다 숙의 민주주의의 장점을 확신할 수 있는 데이터를 제공해준다. 국가이슈포럼은 숙의 민주주의 다른 어떤 방식들보다 더 많이 연구됐다. 케터링 재단은 원래 공공의 삶을 연구하기 위해 설립됐으며, 이런 연구들의 지원에 가장 선도적이었다. 수많은 연구들이, 그 엄밀성의 수준은 다를지라도, 국가이슈포럼이 개인과 공동체에 미친 다양한 영향을 밝혀냈다.

진짜 시민으로 성장하다

숙의 민주주의를 지지하는 사람들은 광범위하게 많은데, 그중 역사가 알렉시 드 토크빌이나 하버드대학교 정치학과 교수인 제인 맨스브리지가 있다. 이렇게 숙의 민주주의 지지자들의 일반적인 주장은 숙의 포럼이 시민성citizenship을 배우는 학교 역할을 한다는 것이다. 이들이 증명한 바에 따르면 숙의 민주주의를 경험하면 개인이 변화한다. 국가이슈포럼 참가자들의 행동을 관찰하고 그들을 인터뷰한 방식으로 진행한 연구에 따르면, 대중적 숙의에 참여한 사람들의 변화 가능성에는 여섯 가지 측면이 있다.

첫째, 국가이슈포럼에 참여하면 구체적인 이슈는 물론 공공정책 문제 일반에 대해 더 많은 관심이 생기고, 공공 행동에 참여도가 훨씬 더 높아진다. 예를 들어 국가이슈포럼에 참가하고 나면 공공 이슈에 대한 정보를 얻고자 하는 동기나 이와 비슷한 공공 토론 행사에 참여하고자 하는 동기가 더 높아진다. 또 다른 연구에 따르면, 참가자들 대부분은 행사 참여 이후 해당 이슈에 관심이 더 커졌다고 대답했다.

국가이슈포럼 가운데 이민자들의 영어 문맹 퇴치 교육과 결합된 프로그램도 있었다. 이 프로그램에 참가한 이민자는 "정책 이슈에 대해 우리가 이해할 수 있는 형태로 정보가 제공된 경우는 이번이 처음이었다. 우리의 눈을 뜨게 해줬다"라고 말했다. 그 결과 이 프로그램에 참가한 학생들은 투표, 공직자에게 질의하기, 포럼에 참가하기 등 정치적 행동이 증가했다.

국가이슈포럼 형식을 빌려 시민단체들이 주도한 '공동체를 여는 열쇠'라는 프로그램도 있었다. 이것은 성인 문맹 퇴치와 포럼을 결합한 프로그램이었는데, 여기에 참가한 성인 학생들은 과거에는 자신들의 목소리가 정치적으로 전혀 중요하게 여겨지지 않는다고 느꼈는데, 이 프로그램을 통해 분명한 변화를 체감했다. 이 프로그램에 참가한 많은 사람들은 참가 이후 다른 사람들과 연결됨을 더 뚜렷하게 느꼈고, 삶이 개선될 수 있음을 더 강하게 확신했다. 프로그램 참가자들의 투표율은 그 지역의 비슷한 연령대 유권자의 두 배에 달할 만큼 높아졌다. 교실에서 국가이슈포럼에 참가한 고등학생들은 지역 공동체와 더 쉽게 연결됨을 느꼈다. 학생들은 국가이슈포럼 참가 이후 자신들이 직접 포럼을 개최하거나 다른 포럼에 참가했으며, 지역 공동체 프로젝트와 단체에 더 많이 참가했고, 신문을 읽고 이슈에 대해 이야기하기 시작했다.

둘째, 국가이슈포럼에 참여하면 참가자들의 시야가 넓어진다. 국가이슈포럼에선 평소 잘 만날 일이 없는 다양한 그룹의 사람들이 한데 모여 가까이서 대화를 하기 때문에 참가자들이 새로운 경험을 할 수 있다. 여러 지역의 사례에서 참가자들이 참가 이전보다 훨씬 다양한 사람들을 만나게 되고 네트워크가 확대됐다는 증거가 많다. 예를 들어 오하이오 주의 데이튼 시에서는 20개의 흑인교회와 백인교회가 함께 국가이슈포럼을 개최해 인종문제를 논했다. 평소라면 거의 만날 일이 없는 흑인과 백인 참가자들이 만나 서로 같은 이슈를 두고 이야기를 나눴을 뿐 아니라, 거기에서 맺어진 인간관계가 그 후로도 지속됐다.

셋째, 국가이슈포럼 참가자들은 자기 자신을 새로운 방식으로 경험하고, 그룹 활동에 참여하는 새로운 방식을 배운다. 포럼 참가자들의 태도나 행동이 변했음을 증명하는 연구들이 있다. 이런 연구들에 따르면, 포럼 참가 뒤 자신들이 말하는 내용을 다른 사람들이 중요하게 여긴다는 믿음이 증가하며, 듣는 능력도 향상된다. 특히 자기가 동의하지 않는 사람들의 이야기를 듣고자 하는 의지도 증가한다. 국가이슈포럼에 참가하면 대화 습관이 변하기도 한다. 참가 이후 사람들은 좀 더 평등주의 입장에서 대화를 하게 됐고, 남보다 우월한 위치에서 말하는 습관을 줄이게 됐다.

넷째, 국가이슈포럼에 참여하고 나면 자신감이 증가한다. 스스로를 공동체에서 어떤 변화를 만들어낼 수 있는 정치적 행위자로 인식하게 되는 것이다. 즉 정치학자들이 말하는 '자기 효능감self-efficacy'이 증가한다. 숙의 민주주의 포럼 참가자들은 시민으로서 중요한 역할을 한다는 생각을 하게 된다. 이것은 단지 참여라는 느낌뿐 아니라 자신을 중요한 존재로 여기는 마음도 증가시킨다.

다섯 째, 숙의 민주주의 대화에 참여하고 나면 사람들은 자신의 개인적인 관심사를 좀 더 넓은 관점에서 바라보게 된다. 과연 사람들은 자신의 협소하고 개인적인 이익을 공익이라는 더 넓은 개념으로 볼 수 있는가? 이것은 매우 중요하지만 아직 정치학이 답하지 못한 질문이다. 존 뮬러John Mueller 같은 회의주의자들은 공익이라는 개념 자체를 부정해버린다. "수많은 한가한 철학자들이 엄청나게 우아하고 길게 칭송해왔지만, 결국 공허한 메아리에 불과한 개념"이 공익이라고 그는 말한다. 하지만 국가이슈포럼의 영향들을 여러 면에서 살펴보건대 개인의 이익은 신성불가침한 것도 아니고 만병통치약도 아니다. 앞부분에서 설명한 것처럼 숙의 포럼에 참가하고 나면 개인적 이익의 개념적 범위가 넓어지며, 다른 사람들의 경험과 상황을 진지하게 받아들이게 된다는 수많은 증거들이 있다.

여섯 째, 국가이슈포럼 같은 숙의 민주주의 대화에 참여하고 나면 참가자들은 별 고민 없이 피상적인 '개인적 선호'를 넘어 얀켈로비치 소장이 말한 '공적 판단'으로 넘어간다는 사실이 몇몇 연구에서 밝혀졌다. 포럼 전후에 설문조사로 국가이슈포럼 참가자들의 시각을 측정한 연구에 따르면, 참가자들의 시각은 포럼 참가 이후 더 분명해지고 좀 더 논리적으로 일관성을 갖게 되며 덜 변덕스러워진다.

어떤 비평가들은 국가이슈포럼에 유용성이 별로 없다고 비판하기도 한다. 국가이슈포럼보다 차라리 일반적인 여론조사가 정형화된 방법으로 대중의 생각을 더 정확하게 파악할 수 있다는 것이다. 하지만 숙의 민주주의 지지자들은 국가이슈포럼의 영향을 다른 방식으로 이야기한다. 숙의 대화를 하면 대화가 그냥 대화로 끝나는 것이 아니라, 제대로 된 공적 판단을 할 수 있는 시민들의 능력이 향상된다는 것이 숙의 대화의 가장 중요한 강점이다. 예를 들어 캘리포니아에서 열린 '사회적 약자 우대 정책Affirmative Action' 관련 포럼은 사람들의 의식을 그다지 변화시키지 못한 것처럼 보였다. 하지만 이 포럼 덕분에 사람들은 정보만 제대로 공개된다면 스스로 통치할 수 있다는 깨달음을 얻었다고, 이 포럼의 주최기관인 〈산호세 머큐리 뉴스〉의 편집자인 롭 엘더는 말했다.

요약하자면 여러 연구들을 통해 볼 때 국가이슈포럼은 개인들에게 여러 영향을 미쳤고, 그 영향은 매우 중대했다. 많은 사람들이 국가이슈포럼에 긍정적인 반응을 보이는데, 보통은 뭔지 잘 알 수 없이 모호한 문제들을 국가이슈포럼에 가면 명확하게 이해할 수 있기 때문이다. 즉 국가이슈포럼은 공익문제를 고민하는 실천적 주체가 되는 경험을 제공한다. 국가이슈포럼에 참여한 사람들이나 이를 관찰한 사람들, 혹은 연구한 사람들은 국가이슈포럼이 참가자들을 진짜 시민으로 성장시킨다는 사실을 확신하게 된다.

지역사회의 문제를 함께 고민하다

국가이슈포럼이 지역사회에 몇 가지 영향을 미쳤다는 증거들이 있다. 특히 국가이슈포럼을 정기적으로 개최한 지역에서는 그 영향이 뚜렷하다. 그런 지역에서 문제들에 대해 숙의 토론을 하는 것은 시민들의 하나의 습관이자 중요한 공공 문화로 자리 잡았다. 미국의 제3대 대통령 토머스 제퍼슨은 이렇게 말했다. "자치를 할 수 있는 시민들의 자질은 타고나는 것이 아닙니다. 그것은 오랜 기간의 습관과 훈련에 의해 길러지는 것입니다." 공공 숙의 토론을 개최하는 전통이 있다면, 어떤 문제가 발생했을 때 지역사회가 효과적으로 대응할 수 있다는 확신과 대응 기술이 형성된다. 이 사실은 국가이슈포럼이 개최됐던 많은 지역에서 분명하게 보인다.

국가이슈포럼이 개최됐던 많은 지역에 미친 가장 중요한 영향은, 숙의 토론을 개최하는 것이 가능하다는 깨달음이 지역사회에 생겼다는 것이다. 세계관도 다르고 자라온 환경도 다른 사람들이 모여서 공통의 문제를 이야기하는 것이 가능해진다. 켄터키 주 오언즈보로 시에서는 인종문제 관련 포럼이 열린 결과, 흑인과 백인 간에 서로에 대한 신뢰가 전보다 훨씬 더 증가했다. 그 결과 초기의 염려에도 포럼은 여러 인종의 사람들이 함께 어울려 그들의 걱정거리를 이야기하는 기회를 제공했고, 결국 그들은 실천 가능한 100여 가지 아이디어 목록을 만들어냈다.

많은 지역사회가 비슷한 경험을 했다. 미시건 주의 그랜드래피즈 시에서는 포럼을 거의 20년 동안이나 꾸준히 개최한 결과 시민들이 지역문제에 대응하는 방법이 바뀌었다. 심지어 지역 공동체가 함께 이야기를 하게 되자 정치인들의 발언 방식도 바뀌었다. 시민들과 공직자들이 함께 이야기하는 여러 방식들을 비교 연구한 어느 학자는 "장기적으로 볼 때, 협력적인 숙의 토론 방식이야말로 가장 성과가 높다"고 결론 내렸다. 숙의 토론을 하다 보면 시민들과 공직자들이 정치를 실천하는 방법 자체가 변환되기 때문이라고 한다. 만일 선출직 공직자들이 포럼에 참여하거나 포럼에서 나온 결과를 포럼 진행자들로부터 듣기만 해도, 전문가들의 자문만 듣고 정책을 결정해버리는 일반적인 방법에 비해 그 정책의 성과가 훨씬 더 크다는 것이 또 다른 연구의 결과다.

여러 다른 주제들에 대해 포럼을 정기적으로 개최했을 때의 영향이 가장 강력하긴 하지만, 한 가지 주제에 대해서만 포럼을 몇 차례 열거나 심지어 포럼을 단 한 차례만 열어도 지역사회를 바꿀 수 있다는 사례들이 있다. 캘리포니아 주의 코로나 시에서는 폭력 청소년 관련 포럼을 단 한 차례 개최한 결과 '유니티UNITY'라는 조직이 만들어졌다. 이 조직은 학생, 학부모, 교사, 공공기관, 청소년 법원 등이 함께 청소년 폭력 문제를 토론하고 개선방안을 찾는 조직이다.

숙의 토론은 시민들의 불참을 한 방에 해결해주거나 공공문제를 해결해주는 만병통치약이 아니다. 일부 숙의 민주주의 지지자들의 주장은 개인적 증언 외에는 증명된 바가 없기도 하다. 하지만 시민들이 공통의 문제를 풀기 위해 모이고 긴 시간 동안 숙의 토론을 계속한다면 관계가 변한다는 사실을 국가이슈포럼은 충분히 증명하고 있다. 예를 들어 미시시피 주의 투펠로 시는 공동체 의식이 매우 강하다. 이곳에선 대중 참여의 수준이 매우 높고, 사람들이 함께 모여 공통의 문제를 이야기할 기회를 제공하는 네트워크가 발달해 있다. 이곳에선 숙의 토론이 시민의 삶의 일부분으로 통합돼 있다.

좀 더 성장하고
발전하려면

국가이슈포럼이 시작된 지 22년이 지난 지금, 국가이슈포럼은 더는 초창기 사업이 아니다. 국가이슈포럼은 이제 수백 개 지역에서 잘 자리 잡았으며, 숙의 민주주의 운동을 위한 튼튼한 기반이 돼주었다. 이제는 이런 거대한 운동의 흐름 속에서 새로운 형태의 숙의 토론이 생겨나면서 풀뿌리 조직을 강화하고 시민의 역할을 증가시키고 있다. 또한 그 덕분에 언론계, 정부 조직, 학술계 등에서도 전문가주의에 대한 반성이 일어나고 있다. 그리하여 정책에서 대중 참여의 질이 점차 향상되고 있다. 이런 변화를 두고 카르멘 시리아니 교수는 다음과 같이 말했다. "시민으로 다시 태어나게 도와주는 이 운동은 국가와 지역에서 일하는 활동가들과 학자들 덕분에 하나의 운동으로 자리 잡았으며, 언론에서도 일반적으로 받아들이는 문턱을 이미 넘어섰다." 수천 명의 사람들과 수십 개의 조직들이 이렇게 "미국 사회의 민주적 기반을 새롭게 다지는 작업"에 함께 해왔으며, 놀라운 진전을 거두었다. "복잡한 공공문제를 파악하게 해주고 다양한 사회계층과 협력하게 해준다는 점에서, 국가이슈포럼은 지금까지 미국 역사에 등장한 그 어떤 방식보다 섬세하다."

카르멘 시리아니 교수는 이렇게 덧붙인다. "그럼에도 국가이슈포럼이 일궈낸 이런 성과를 과대평가해서는 안 되며, 그 이상으로 발전하는 걸 가로막는 장애물들을 과소평가해서도 안 된다." 이것은 국가이슈포럼이 지금까지 이룩한 성과와 앞으로 극복해야 할 과제에 대한 정확한 평가다.

국가이슈포럼의 도전 과제로 다음의 세 가지를 제시한다. 첫 번째는 숙의 토론을 위한 이슈 소개 책자나 안내서 등을 준비하는 개인이나 조직이 극복해야 할 과제다. 두 번째는 지역사회의 다양한 계층들을 초대해서 포럼을 주최하는 기관과, 포럼을 진행하는 진행자들이 극복해야 할 과제다. 세 번째는 언론이나 공직자들이 숙의 민주주의를 바라보는 관점과 관련된 과제다.

첫 번째 과제는 포럼의 중립성을 유지하는 것이다. 국가이슈포럼은 시작할 때부터 이슈에 대한 중립적 태도를 지키겠다고 약속했다. 이슈를 정하고, 토론의 틀을 짜고, 그에 따라 이슈 소개 책자를 만들 때 참여자들이 어느 한쪽 정치적 집단의 주장에 치우치지 않도록 여러 노력을 기울였다.

여러 이슈를 소개하는 책자를 20년 넘게 준비하면서 포럼의 중립성을 지키도록 설계하는 것은 상당히 힘든 일이었다. 그러려면 국가이슈포럼에서 서로 다른 관점을 가진 사람들이 공통의 주제를 이야기할 수 있도록 국가이슈포럼을 중립적으로 유지하는 것이 관건이었다. 심지어 국가이슈포럼이 좌파를 태운 트로이의 목마라고 여기는 사람들도 일부 있었기 때문에, 이슈 소개 책자를 만들 때부터 무의식적으로 한쪽 편을 들지 않도록 주의를 기울여 책자 초안을 검토해야 했다. 만일 어떤 이유에서건 이슈 소개 책자가 한쪽으로 편중되거나 진행자가 한쪽 편을 든다면, 결국 그 책자나 진행자와 같은 편에 있는 사람들만 포럼에 참석하게 될 것이다. 포럼에 비슷한 생각을 가진 사람들만 참석하면 그들 또한 자신들의 가치를 잃게 된다.

두 번째 어려운 점은 지역사회에서 각계각층의 다양한 사람들을 포럼에 초대하고 연속적인 포럼을 유지하는 것이다. 많은 경우 사람들이 포럼에 참여하는 이유는 둘 중 하나다. 그들은 특정 이슈에 관심이 있어서 참여하든지, 아니면 아는 사람이 같이 가자고 해서 참여한다. 포럼 참가자들은 시민활동에 적극적이고 교육수준이 높은 사람들인 경우가 많다. 그런 점에서 국가이슈포럼 참가자들이 지역사회의 인구 구성을 제대로 대표하지 못하는 경우가 종종 있다.

가능한 한 다양한 사람들이 포럼에 참석하고, 포럼이 일회성으로 끝나지 않도록 연속적으로 포럼을 개최하는 것은 포럼 주최자들에게 언제나 도전적인 과제였다. 포럼이 몇 년 동안 계속 열리고 개인들이 계속 참가해야만 포럼은 지역사회의 깊은 변화를 위한 진정한 기폭제가 될 수 있다. 한 지역사회에서 서로 다른 영역의 사람들을 조직해낼 수 있는 몇 개 기관들이 협력해서 포럼을 개최할 때, 국가이슈포럼이 다양한 사람들을 초대할 가능성과 지속가능성을 달성할 확률이 더 높아진다. 하지만 넓은 범위의 지역사회 협력을 만들어내고 유지하는 것 자체가 힘든 일이며, 국가이슈포럼 네트워크 구성원들의 힘만으로는 더더욱 힘든 일이다.

숙의 민주주의가 좀 더 성장하고 발전하기 위한 세 번째 도전 과제는 선출직 공무원들과 언론이 포럼을 보는 관점과 관련된다. 선거 정치라는 게임은 숫자에 달려 있다. 투표율, 특정 정책에 대한 여론조사 지지율, 정치집회 참가자 수, 정치적 지지자들의 대표성 등이 그것이다. 국가이슈포럼엔 그다지 많지 않은 사람들이 참가하며, 그들은 전체 지역사회를 통계적으로 대표한다고 할 수도 없다. 그래서 선출직 공무원들은 지역사회건 국가 차원이건 국가이슈포럼의 결과물들을 진지하게 받아들이지 않으려고 한다.

그럼에도 국가이슈포럼과 숙의 민주주의 운동 전체에서 가장 중요한 과제의 하나는, 바로 선출직 공무원들과 가까운 관계를 맺는 것이다. 그동안 지미 카터 대통령이나 제럴드 포드 대통령, 혹은 몇몇 국회의원들이 국가이슈포럼을 적극 지지해온 것은 사실이다. 그러나 숙의 민주주의 토론을 공공정책에서 늘 있어야 하는 필수적인 요소, 즉 공직자들이 결코 자기 마음 내키는 대로 무시할 수 없는 것으로 만들려면 또 다른 노력이 필요하다. 그러려면 숙의 포럼의 중요성을 넓은 범위의 공직자들에게 설득시킬 수 있는 새로운 형태의 자료가 필요할 것이다.

거의 비슷한 이야기를 언론에 대해서도 할 수 있다. 많은 언론인들은 숙의 토론을 뉴스거리로 여기지 않는다. 기자들이 그런 행사를 어떻게 요약해서 뉴스로 만들지 잘 모르기 때문이기도 하지만, 포럼 주최자들이 그 결과물을 뉴스가 되기 쉬운 형태로 만들지 못하기 때문이기도 하다. 그 결과 포럼 주최자들이 언론을 통해 포럼을 알리고자 한다면 마케팅 용어로, 제품은 물론 브랜드도 팔아야만 하는 처지다. 국가이슈포럼은 물론, 이 책에 담긴 여러 숙의 민주주의 과정들은 대중적 숙의가 왜 필요한지 반복적으로 이야기해야만 하는 상황이다. 지난 수십 년간 여론조사라는 것이 정치적 과정의 필수불가결한 요소가 되고 언론 보도에서도 친숙한 주제가 되기까지, 여론조사 관련자들은 부단한 노력을 기울여왔다. 숙의 민주주의 주창자들도 이것처럼 숙의 토론의 결과물을 대중들이 이해하기 쉽고 친숙하면서도 설득력 있는 언어로 요약해 제시할 필요가 있다.

국가이슈포럼이 해낸 최고의 기여는 개별 이슈들을 밝혔다는 것이 아니라, 민주주의 사회가 이처럼 잘 작동할 수 있음을 증명해낸 것이다. 미국 국민의 능력을 심하게 과소평가해온 사람들에게 국가이슈포럼은 그것이 진실이 아님을 보여주었다. 또한 숙의 민주주의 같은 건 비현실적이고 실현 불가능한 환상의 유토피아일 뿐이라고 무시했던 사람들에게 국가이슈포럼은 숙의 민주주의를 눈앞에 보란 듯이 내놓았다. 수천 번 열린 지역 포럼에서 벌어진 일들은 숙의 민주주의를 지지했던 사람들에게 희망 그 자체였다.

미국인들은 그동안 사람들의 공통적인 운명에 영향을 미치는 중요한 정책을 만들 때 사람들이 시민으로서 적극적으로 참여할 수 있는 민주적인 사회를 갈망해왔다. 국가이슈포럼은 바로 그런 갈망을 현실화해냈다. 몇 년 전, 하워드 그룹은 국가이슈포럼에 대한 연구 결과를 이렇게 요약한 적이 있다. "대중은 공익에 너무나 무관심하고 자기 자신의 이익에만 몰두하기 때문에 정치적인 문제에 신경 쓰기가 어렵다는 주장이 보편적으로 받아들여진다. 하지만 이 연구는 정반대의 진실을 발견했다. 대중은 정치에 무관심한 게 아니라, 정치 시스템에 의해 쫓겨났을 뿐이다." 숙의 민주주의의 방식 중 가장 오래됐으며 가장 광범위하게 실천된 국가이슈포럼은, 정치의 문을 열고 사람들을 들어오라고 초대했을 때 어떤 일이 벌어질 수 있는지를 보여주었다.

4장

선거에서 숙의 토론과
언론의 역할

미셸 찰스 Michelle Charles
해리스 소콜로프 Harris Sokoloff
크리스 새툴로 Chris Satullo

1999년 5월 어느 맑은 토요일, 시민들이 펜실베이니아대학교 캠퍼스의 한 강당으로 들어갔다. 강당에는 TV를 실은 트럭들과 전선들이 어지럽게 널려 있었다. 필라델피아 시장 선거에서 민주당 후보가 되고자 하는 예비 후보 다섯 명이 무대 위에 앉아 있었다. 토론이 시작될 무렵 사람들이 더욱 바빠졌다. 현 시장 에드 렌델의 후임 자리를 놓고 벌어지는 이 경쟁은 엄청난 관심을 불러일으켰다. 렌델 시장은 1990년대 초 필라델피아시를 재정 파산의 위기로부터 구해냈고, 그보다 좀 더 나아갈 수 있다는 시민들의 의식을 회복시켰다. 이제 필라델피아 시민들 사이에 어떤 열망이 부풀어 오르고 있었다.

무대에 오른 다섯 예비 후보들의 출신은 다양했다. 두 명은 시의회 의원이었고, 한 명은 주의회 의원, 한 명은 주정부 장관 출신이었다. 마지막 한 명은 유력한 원외 후보였는데, 1980년까지 시장을 지낸 전설적인 인물 프랭크 리조를 도왔던 변호사였다. 세 명은 흑인, 두 명은 백인이었다. 네 명은 남자, 한 명은 여자였다. 다섯 명 중 어느 누구도 시민들 다수의 지지를 얻지는 못하는 상황이었는데, 그래서 그들은 후보자 토론회에 나오라는 초대에 응할 수밖에 없었다. 생방송으로 진행되는 토론인 이날 저녁의 행사는 누구도 감히 피할 수 없는 자리였다. 게다가 이 지역의 주요 신문인 〈필라델피아 인콰이어러Philadelphia Inquirer〉와 그 신문사가 소유한 WPVI-TV 방송사, 그리고 ABC 방송사가 이 토론회를 생방송했다.

이날 토론에서 질문한 사람은 흔히 보는 TV 앵커나 신문기자가 아니었다. 질문자는 질문 목록 카드를 손에 들고 있는 일반 시민들이었다. 모자이크 무늬처럼 촘촘하게 짜여 있기로 유명한 필라델피아의 골목 구석구석에서 시민들이 보내온 질문들과, 600명이 참여한 숙의 행사에서 나온 질문 등, 그 행사 이전 4개월 동안 모은 시민들의 질문이 바로 그 질문 카드에 들어 있었다.

첫 번째 질문자는 은행 경비원인 시드니 툼즈였다. 그는 이 토론회 전에 열린 숙의 민주주의 행사 '시민들의 목소리' 프로젝트에서 필라델피아가 해결해야 할 가장 중요한 문제로 선정된 공공 학교 문제에 대해 질문했다. 컨설턴트와 전문가들이 작성한 일반적인 정책 우선순위 목록에서 범죄문제가 1위를 했던 것과는 달랐다. 툼즈가 마이크를 쥐고 말했다. "우리 토론 조에서는 학교문제 중에서 어떤 것이 더 중요한지를 두고 의견이 갈렸습니다. 학교를 제대로 운영하는 데 재정 부족이 문제인지, 아니면 재정은 충분한데 학교가 그걸 낭비하고 있는 게 문제인지를 두고 토론했습니다. 후보님들의 생각엔 이 둘 중 어느 게 더 큰 문제인가요? 그리고 구체적으로 어떻게 그 문제를 해결하시겠습니까?"

첫 번째 후보자는 마치 문서에 적힌 걸 읽는 것처럼 학교에 관한 자신의 계획을 말했다. 그 말을 듣고 사회를 맡은 WPVI 방송사 앵커가 툼즈에게 다시 물었다. "선생님 질문에 답이 됐나요?" 툼즈가 잠시 말을 멈추고 침을 삼키더니 말했다. "글쎄요. 답이 잘 안 된 것 같습니다. 아니, 사실은 동문서답처럼 들리네요." 참석자들의 웃음소리가 강당을 메웠다. 답변한 후보자는 얼굴이 빨개졌고, 다른 후보자들은 실망스럽다는 듯 눈살을 찌푸렸다. 일반적인 TV 방송 토론에서는 볼 수 없는 장면이었다.

1999년 필라델피아 시장 선거가 막바지에 다다르자 시의장 출신인 민주당의 존 스트리트 후보와 사업가 출신인 공화당 샘 캐츠 후보 사이의 경쟁이 뜨거워졌다. 결국 1911년 이래 가장 적은 표 차이로 민주당의 존 스트리트 후보가 당선됐다. 물론 이런 승리의 배경에는 여러 가지 화려한 정치 기술이 있었다. TV 광고비로 쓴 돈만 2,750만 달러(약 275억원)였다. 클린턴 대통령이 방문해서 아직까지 해소되지 못하고 있는 흑인과 백인 사이의 인종주의 문제를 해소할 적임자가 스트리트 후보라고 치켜세워준 것도 큰 성공요인이었다. 더욱이 민주당에서 후보를 정할 때 여러 명의 예비 후보를 내세워 공개경쟁을 시켰다는 것도 중요했다. 또한 필라델피아 시민들이 후보자들을 초청해 정책과 공약에 대해 여러 방식으로 이야기를 나누도록 요구했는데, 민주당이 이에 잘 부응했다는 것도 중요했다. 산업계, 시민단체, 주민단체, 언론사 등이 이와 같은 후보자와 유권자들의 대화를 마련했다. '시민들의 목소리' 프로젝트가 바로 그런 노력의 일환이었는데, 그것의 성공을 논하려면 이처럼 좀 더 넓은 맥락에서 이를 바라볼 필요가 있다.

'시민들의 목소리'
프로젝트

'시민들의 목소리'는 선거에 다양한 시민들의 목소리를 반영하려는 한 신문사의 시도에서 시작됐다. 이것은 국가이슈포럼을 모델로 하고 있으며, 시끄럽고 비싼 선거 캠페인 속에서 풀뿌리 민중들의 목소리를 강화하는 데 그 목적이 있었다. 1월부터 10월까지 총 600명의 시민들이 여러 번 개최된 대중 포럼 행사에 참여했다. 이들은 설문조사, 언론 홍보, 시민 지도화civic mapping 작업 등을 통해 선정됐다(참가자 선정 방법은 이 장 후반부에서 자세히 설명했다). 포럼 개최 횟수는 60회가 넘는다. 이 포럼들에는 소규모 세부 지역별 포럼과 전체 지역을 대상으로 하는 포럼들이 있었다. 이를 통해 유권자들은 그들에게 가장 중요한 문제들의 목록을 만들었고, 이것들을 다듬어서 정책적으로 실행 가능한 대안들로 만들었으며, 이 대안들에 대해 숙의 토론을 하고, 그 토론을 바탕으로 후보자들에게 질문을 던졌다.

후보자들이 참가한 방송 토론은 봄과 가을 한 차례씩 개최됐으며, ABC 방송사와 WPVI 방송사가 중계했다. 봄은 정당별 후보자 선정 직전이었고, 가을은 본 선거 직전이었다. 또한 이 프로젝트는 라디오와 TV 채널을 갖고 있는 WHYY 방송사와도 협력했다. WHYY 방송사는 의제 총회에서 다룬 숙의 토론들에서 주요 부분들을 요약해 방송으로 내보냄으로써 더 많은 시민들이 토론 내용을 알 수 있도록 도왔다. WHYY 방송사는 타운미팅을 방송으로 내보내기도 했는데, 이 타운미팅에서 참가자들은 자신들의 관심사에 대한 후보자들의 의견을 들었다. 시민들의 목소리 참가자들이 이 방송사에서 진행하는 〈선거의 밤〉 뉴스 프로그램을 위한 인터뷰에 응했다. 하지만 시민들의 목소리 프로젝트로부터 가장 많은 이익을 얻은 언론사는 바로 〈필라델피아 인콰이어러〉였다.

발단

시민 언론(혹은 민중 언론)은 1990년대에 탄생한 언론 개혁 운동의 산물이었다. 이 운동을 이끌었던 언론기관은 둘이었는데, 하나는 〈필라델피아 인콰이어러〉를 소유한 〈나이트 리더Knight Ridder〉 신문사였고, 또 하나는 사회운동을 지원하는 퓨 자선기금 재단이었다. 시민 언론은 다음과 같은 논리에 바탕을 두고 있었다. 미국에서 민중들의 삶은 파괴됐다. 투표율과 자원봉사 참가율도 점점 낮아지고 있다. 정치에 대한 무관심과 비아냥, 남의 일로 여기기 등이 점점 증가하고 있다(로버트 퍼트넘의《나 홀로 볼링》은 이런 주장을 진전시킨 시민 언론가들에게 성스런 교과서였다). 언론인들도 이런 대중의 삶의 파괴를 불러온 공범이었다. 그들은 해결책을 제시하기보다 갈등에만 초점을 두었으며, 모든 문제를 전문가주의로 접근함으로써 대중이 그에 대해 무관심하게 만들어버렸다. 그러므로 언론인들은 그들의 방식을 수정하고, 이 나라 민중의 삶을 개선하기 위해 노력해야 할 의무가 있다. 만일 이런 의무를 다하기 위해 언론의 숭고한 중립성 원칙 따위를 어기고 사회운동을 주창해야 한다면, 그래야만 한다. 사회 이슈들을 보도할 때 어떻게 틀을 짓고 제시해야 하는지에 대한 오래된 언론의 습관을 바꿔야 한다면, 그러면 된다.

시민 언론은 심지어 산업계에조차 논쟁을 불러일으켰다. 관습적인 언론인들은 시민 언론인들이 얄팍하고 무모하다며 비웃었다. 반대로 시민 언론인들은 관습적인 언론인들이 거만하며, 사람들에 대해 전혀 모르고, 그들이 왜 독자들로부터 존경과 신뢰를 잃었는지 전혀 알지 못한다고 공격했다. 〈필라델피아 인콰이어러〉는 시민 언론을 지지했던 〈나이트 리더〉의 자회사임에도 초기에는 시민 언론을 비판했다. 〈필라델피아 인콰이어러〉는 전문가주의 언론의 요새였으며, 지난 25년간 퓰리처상을 18번이나 받았다. 〈필라델피아 인콰이어러〉에서 일하는 언론인들의 대부분은 시민 언론에 회의적이었으며, 심지어 적대적이기까지 했다. 여기에 더해 〈필라델피아 인콰이어러〉 직원들은 비용을 절감하라는 〈나이트 리더〉의 요구에 맞서 싸울 준비를 하고 있었다. 〈필라델피아 인콰이어러〉 직원들이 보기에 시민 언론을 추진하는 것은 진정한 언론에 자금을 대지 않기 위해 기업주가 사용하는 '오늘의 추천 메뉴' 같은 구실에 불과했다. 그래서 시민 언론은 그 넓은 지면 중 아주 작은 구석(편집자의 말)에서 다뤄질 뿐이었고, 진정한 언론 취급을 받지도 못했다.

하지만 〈필라델피아 인콰이어러〉 편집위원들은 그들이 쓰는 사설의 영향력이 점점 약해지고 있음을 알아차리고 있었다. 그래서 그들은 그들이 설득하고자 하는 시민들을 직접 만나 의견을 들음으로써 사설을 새롭게 쓰고 싶은 마음이 있었다. 편집위원회는 텍사스대학교의 제임스 피시킨 교수가 방송사인 〈맥닐 레러 프로덕션〉과 함께 운영한 국가이슈포럼을 모방해서 '시민들의 목소리' 프로그램을 1996년에 시작했다. 이 장의 저자인 크리스 새툴로는 당시 부편집위원장이었고, 해리스 소콜로프는 펜실베이니아대학교 교육대학원 교수였는데, 이 두 사람이 처음 협력하기 시작한 것이 이때였다. 그 해에 〈필라델피아 인콰이어러〉 편집위원회는 피시킨 교수가 국가이슈포럼을 위해 개발한 자료들을 활용해 '지역 이슈 포럼'을 열었다. 그다음 해에 시민들의 목소리는 뉴저지 주지사 선거에 중점을 맞춘 연간 토론 행사로 확대됐다. 그 당시 숙의 토론을 위해 이미 만들어진 토론 주제나 자료집을 사용하는 대신, 시민들 스스로 핵심 주제의 목록과 그 문제를 바라보는 틀을 만들어내도록 했다.

시장 선거 프로젝트

1999년이 되자 시민들의 목소리는 주민들 사이에서 약간의 주목을 받게 됐고, 신문사 직원들 사이에서도 신뢰를 얻어나갔다. 〈필라델피아 인콰이어러〉의 발행인인 로버트 홀의 부추김에 힘입어 편집위원회는 필라델피아 시장 선거를 주제로 한 시민들의 목소리 프로젝트를 시작했다. 10만 달러가 넘는 예산이 배정됐고, 이 장의 또 다른 저자인 미셸 찰스가 이를 위해 채용됐다. 그는 부편집위원장인 새툴로와 함께 프로젝트를 진행해나가면서 주민들을 만나는 프로그램을 진행했다.

펜실베이니아대학교의 의사소통학 대학원장이었던 캐슬린 홀 제이미슨이 시민들의 목소리 프로젝트와 파트너가 되자 프로젝트는 엄청난 힘을 얻었다. 그녀는 시장 선거와 관련된 숙의 프로젝트인 '필라델피아 여론'을 만들어냈는데, 펜실베이니아대학교와 퓨 자선기금 재단이 후원했으며, 시장 선거를 시민들이 참여하는 정책 중심 선거로 만드는 것이 목적이었다. 그녀는 필라델피아 여론 프로젝트 중 시민들의 참여 부분에 대해 이미 잘 조직된 시민들의 목소리 프로젝트가 도와주면 좋겠다고 제안했다. 시민들의 목소리는 언론사인 〈필라델피아 인콰이어러〉가 진행하고 있기 때문에, 언론사가 재단으로부터 기금을 받지 않도록 업무 영역을 잘 조정한 다음 둘 사이의 파트너십이 맺어졌다.

필라델피아는 인종으로 갈라진 도시다. 그래서 당시 시장 선거도 결국은 백인 공화당 후보와 흑인 민주당 후보 사이의 경쟁이 될 것이 분명했다. 그래서 시민들의 목소리 프로젝트가 공정성에 대한 신뢰를 얻으려면 프로젝트에 참가하는 시민들이 필라델피아의 인구 구성을 정확히 대표해야만 했다. 1999년에 필라델피아는 48퍼센트의 백인, 41.5퍼센트의 흑인, 6.8퍼센트의 히스패닉, 그리고 3.4퍼센트의 아시아계 인종으로 구성돼 있었다. 그 외에 선거와 관련된 인구 구성을 보면 80퍼센트가 민주당, 20퍼센트가 공화당을 지지했으며 대학을 졸업하지 않은 사람들이 졸업한 사람들보다 훨씬 많았다.

참가자 모집은 부편집위원장 새툴로가 〈필라델피아 인콰이어러〉에 칼럼과 함께 모집광고를 내면서 시작됐다. 모집광고에는 참가자 신청 쿠폰도 함께 실렸는데, 400명 이상이 신청했다. 이렇게 신청자 400여 명은 필라델피아 전체 시민 평균에 비해 백인과 나이든 사람, 소득과 학력이 높은 사람이 더 많았다. 〈필라델피아 인콰이어러〉 구독자 구성이 그랬기 때문이다. 이런 대표성의 문제를 보완하기 위해 펜실베이니아대학교에서 시민 2,300명을 대상으로 10분짜리 전화설문을 실시해 다가오는 선거에서 가장 중요한 이슈가 무엇인지 물어봤다. 이 전화설문과 동시에 시민 토론회에 참가하고 싶은지 물었고, 그 결과 300명의 신청자를 모집했다. 이 300명으로 필라델피아 전체 시민들의 평균 인구 구성과 좀 더 비슷해졌다. 하지만 그럼에도 좀 더 다양한 참가자가 필요했다. 그래서 시민 지도화 작업이 시작됐는데, 그것은 일일이 손으로 해야 하는 인고의 작업이었다.

시민 지도화 작업은 여러 다른 삶을 살고 있는 사람들을 하나의 공동체로 만드는 연결 고리가 무엇인지를 찾으려는 노력이었다. 1999년에 이 작업을 하던 사람들은 처음에 자신들이 하는 활동의 이론적 배경을 잘 몰랐지만, 참가자를 다양화하려는 이 작업을 해나가는 과정에서 시나브로 이해하게 됐다. 시민 지도화 작업에 대한 어떤 이론에 따르면, 시민들의 삶은 다섯 가지 공간으로 구성된다. 공식적(정치적) 공간, 반半공식적 공간(잘 조직된 단체), 제3지대(종교 장소, 공원, 놀이시설 등 구체적인 목적을 위해 사람들이 모이는 장소), 우연한 장소(주차장, 가게 앞 등 사람들이 비공식적으로 마주치는 장소), 개인 공간(사람들의 집)이 그것이다.

필라델피아는 작은 공동체들로 가득한 도시다. 공동체들은 모두 자신만의 정체성이 있는데, 종교에 기반한 경우도 많다. 그런데 겨우 한 골목 차이인데도 공동체들이 서로 고립돼 있는 경우가 흔하다. 또 어떤 공동체의 구성원들은 그 공동체 회의가 공동체 영역이 아닌 다른 곳에서 열리면 회의 참석을 거부해버리는 경우도 많다. 그래서 이 프로젝트에서 처음에 가장 힘들었던 부분은 '한번 가보자'라고 공동체 내에서 다른 사람들을 독려해줄 사람들을 찾는 것이었다. 사람들에게 참가 권유를 했을 때 그것을 다른 사람들에게 효과적으로 전해줄 수 있는 중개인과 같은 것이었다. 이들이 프로젝트를 후원해준다면 프로젝트에 대한 사람들의 불신을 줄일 수 있다. 이런 공동체 지도자들과, 22개 지역에서 각각 포럼을 개최할 장소를 찾아내려면 시민지도화 작업이 필수적이었다. 시청의 '인간관계 위원회'가 이 작업과 관련해 중요한 조언을 해주었다. 포럼을 홍보하기 위해 외국어 매체를 사용하려던 것은 실망스러운 결과만 낳았다. 그래서 포럼 조직자들은 개인적으로 아는 사람을 접촉하는 것만이 효과적인 방법임을 깨달았다. 하지만 그렇게 해도 결과는 좋을 때도 있고 나쁠 때도 있었다. 결국 포럼 개최 장소에는 라틴 공동체 센터, 한국계 장로교회, 그리고 몇몇 역사적인 흑인 교회 등이 포함됐다. 지역의 고등학교들과 대학교들을 접촉한 것은 성과가 좋았는데, 여기에서 열정을 가진 참가자들이 나타났기 때문이다.

'오프라 쇼' 식 설계

첫 번째 포럼을 계획하면서 기획자들은 두 가지 함정에 빠질 수 있음을 잘 인식하고 있었다. 하나는 일반적인 것이었고 다른 하나는 지역문화와 관련된 것이었다. 일반적인 함정이란 국가이슈포럼 스타일의 숙의(3장)에 대한 비판이었다. 즉 국가이슈포럼은 너무 많은 지식을 요구했기 때문에 대학을 졸업한 중산층에나 어울리는 것이었다. 지역문화와 관련한 함정이란 필라델피아가 '네가델피아'라는 평판을 듣는다는 것이었다(Philadelphia의 Phila 대신 Nega를 붙인 말. Phila는

Philosophy에서 보듯 '사랑하다'라는 접두어인 반면, Nega는 Negative에서 보듯 '싫어하다, 부정하다'라는 뜻이다. 1970년대 필라델피아의 스포츠 팀이 늘 부진한 성적을 보이자 이것이 정치사회 영역에까지 영향을 미쳐 필라델피아 시민들은 '우린 뭘 해도 안 돼'라는 부정적인 시민의식을 가지게 됐다. - 옮긴이).

이런 함정들을 피하기 위해 포럼 기획자들은 '오프라 쇼'를 고안해냈다. 즉 미국 전역에서 인기를 끌고 있는 TV 토크쇼 〈오프라 윈프리 쇼〉를 모델 삼아, 누구든 참여해서 재미있게 즐길 수 있고, 문제에 초점을 맞추기보다 해결책에 초점을 맞추는 포럼을 열자는 것이었다. 이렇게 포럼을 〈오프라 윈프리 쇼〉처럼 재미있게 만들 수만 있다면 이 도시에 놀라운 르네상스를 불러올 수도 있다고 기획자들은 생각했다. 활기찬 도시가 어떤 모습일지를 그려보고, 앞으로 그것을 위해 무엇을 해야 하는지를 참가자들이 함께 찾아보는 것이다. 그리하여 마지막 포럼에서는 시민 한 명이 오프라 윈프리처럼 사회자를 맡고, 또 다른 시민들은 직접 전문가 패널의 역할을 맡고, 나머지 모든 시민 참가자들은 '오프라 쇼'의 방청객 역할을 맡아서 패널들에게 질문을 하고 답을 얻는 것이다.

1999년 1월쯤 오프라 쇼에서 다뤄질 세부 내용들과 진행에 대한 풍부한 아이디어들이 시민들로부터 나왔다. 가장 명백한 우선순위를 보인 것은 다섯 가지 주제였는데, 교육, 일자리, 이웃 관계, 공공 안전, 시청사 개조 등의 순서였다. 여섯 번째 주제인 인종문제는 앞의 다섯 문제와 혼재돼 있었다. 이들 문제들에 대한 논쟁이 오프라 쇼에서 어떻게 폭발할지 알 수 없었기 때문에, 프로젝트 팀은 이 문제들에 대한 논쟁을 오프라 쇼에서 직접 다루지 않기로 결정했다.

2월과 3월에 프로젝트 팀은 시민들에게 이 다섯 가지 주제를 국가 이슈포럼 스타일로 토론하려면 토론의 틀을 어떻게 설계해야 하는지 물었다. 그리고 5월에는 약 250명의 시민들이 펜실베이니아대학교에 모여 이슈 총회를 열었는데, 각 참가자가 다섯 주제 중 자신이 원하는 주제를 선택해서 숙의 토론에 참여하는 것이었다. 각각의 포럼은 2월과 3월에 결정된 토론의 틀에 따라 운영됐다. 그다음 참가자들은 시장 후보자들이 각 문제에 대한 자신들의 입장을 요약해서 시민들의 목소리 프로젝트에 제출한 보고서를 검토했다. 그리하여 시민들은 자신들의 숙의 토론 결과와 후보자들의 입장을 비교한 다음 5월 8일에 열릴 토론을 위한 질문을 마련했다.

시민들의 목소리는 1년 내내 〈필라델피아 인콰이어러〉의 칼럼에 등장했다. 포럼에서 넘쳐난 시민들의 목소리 참가자들의 의견은 그대로 요약돼 〈필라델피아 인콰이어러〉의 독자 칼럼에 실렸다. 편집위원회는 시민들의 목소리가 뽑은 다섯 주제에 맞춰 기사들을 배치해나갔다(프로젝트가 끝나갈 무렵 인종문제가 추가돼 주제는 여섯 가지가 됐다. 봄에 정당별 후보자를 선출할 때부터 가을에 시장 선거를 할 때까지 연속적으로 열린 포럼의 토론 결과, 추가된 것이다. 특히 다섯 가지 문제를 해결하기 위해서라도 인종문제는 반드시 해결돼야 한다는 것이 토론의 대략적인 합의 사항이었다). 토론의 다섯 주제는 칼럼에 화려하게 배치돼 다뤄졌다. 특히 시장 후보자들은 시민들이 신문의 칼럼을 통해 제시한 질문에 답하라는 요구를 받았다.

"내가 진짜 시민이라고
느낀건 처음이었습니다"

시민 참여 프로젝트에 대해 사람들이 흔히 하는 첫 번째 질문은 그것
이 투표 참여율에 영향을 미치는지 여부다. 우리가 보기에 이것은 질
문 자체가 잘못됐다. 투표율 저하는 지난 수십 년간 벌어진 복잡한 현
상이다. 아무리 잘 기획된 프로젝트라 해도 이런 경향을 단기간에 바
꾸기는 힘들다. 1999년의 시장 선거 투표율은 44.5퍼센트였는데,
1991년과 1995년보다 높았다. 프로젝트가 끝날 때쯤 이 프로젝트는
실제 문제를 다루기 위해 잘 조직된 행사였다는 평가가 대체적인 시
민들 사이의 합의된 의견이었다. 또한 선거 막판에는 인종문제가 조
금 뜨거워지긴 했지만, 대체로 인종 간 의견 차이 문제는 우려했던 것
보다 그다지 심하게 부각되지 않았다. 정책문제에 집중한 덕분이었다.
　〈필라델피아 인콰이어러〉 내부를 보면 시민들의 목소리 프로젝트
는 언론의 역할을 깊이 고민했다. 뉴스룸의 기자들은 1999년 초만 해
도 이 실험을 한 발 떨어져 보고 있었는데, 전통적으로 신문에서 뉴스
룸과 편집위원회 사이에 구분이 있었기에 이런 태도는 이해할 만했
다. 선거를 보도하던 일부 기자들은 끝끝내 시민들의 목소리 프로젝
트를 차갑게 대했지만, 결국 가을쯤 되자 많은 기자들이 이 프로젝트
에 애정과 관심을 갖고 보도하기 시작했다.
　하지만 시민들의 의견을 듣는 것이 전문가의 지식을 대체하는 것

은 아니다. 전문가들의 왜곡된 지혜를 대중들의 왜곡된 지혜로 대체하는 것은 더더욱 아니다. 시민들의 목소리가 결국 추구했던 것은 시민들의 '가치'와 전문가의 지식을 성과가 있는 방향으로 결합하는 것이었다. 시민들은 대체로 전문가와 똑같은 방식으로 이야기하라는 강요를 싫어하며, 전문가들의 담론을 사용하는 것도 싫어한다. 대중의 의견이라는 것에는 통계, 사실, 합리적 분석 등도 중요할 수 있지만, 개인적 무용담과 가치도 그만큼 중요하다. 토론을 하는 데 더 많은 사실들이 확인될 필요가 있다면, 토론 기획자들은 아는 척 강의만 해대는 학자들 말고 다른 방법을 강구해야 한다. '토론을 원활하게 하려면 어떤 사실을 확인할 필요가 있나요?'라고 토론기획자들이 시민들에게 물어야 한다. 그러면 대부분의 시민들은 '그냥 준비팀이 적당하다고 판단하는 사람 아무나 불러주세요'라고 답하면서 동시에, 전에는 아무도 생각하지 못했을 것 같은 흥미로운 정보를 요구하기도 한다.

포럼에 참가한 사람들(특히 저소득층)은 자신들의 정치적 능력을 신뢰하게 되고, 향후에도 정치적 표현 의지가 증가한다는 사실을 필라델피아대학교 연구진이 밝혀냈다. 물론 이 결론이 확정적이진 않지만 매우 고무적인 분석이었다. 산타클로스를 믿지 않을 만큼 부정적으로 악명 높은 이 도시 사람들이 도시의 미래를 긍정적, 생산적으로 생각해보라는 권유를 듣고 열정적으로 참여했다는 것은 정말 놀라웠다. 시민들은 모두 공공의 가치에 관심을 두고 있는 것이다.

이 프로젝트의 최대 단점은 선거 직후에 발생했다. 이 프로젝트의 마지막 단계는 결국 이 프로젝트의 결과물로 나온 시민들의 요구를 정책으로 현실화하는 것이었다. 즉 시민들이 선정한 정책 의제를 새로운 시장과 시의회에 전달하는 것이다. 그런데 이렇게 시민 의제화 작업을 뒷받침해줄 새로운 후원기관을 찾으려고 노력했지만 결국 실패했다. 시민들은 〈필라델피아 인콰이어러〉가 이 프로젝트에서 손을 뗀다는 것에 슬퍼했으며, 이렇게 시민 토론으로 끝나야 하는지 아니면 적극적 시민 행동으로 나아가야 하는지에 합의하지 못했다. 시민들은 숙의 토론에서 행동으로 신속히 나아가기를 원하는 경향이 있지만, 주최기관의 역할은 토론이 행동으로 실현될 수 있는 방법을 찾는 것이다. 가끔 주최기관은 시민들이 조금 속도를 늦추고, 실천 가능한 방안을 찾기 위해 힘을 아껴두도록 도울 필요가 있다. 하지만 이 점을 분명히 하자. 시민들은 토론이 그냥 토론으로 끝나는 것에 만족하지 않는다. 시민들이 신이 나서 토론에 참여하고는 그냥 아무 후속 조치 없이 그만 둬 버리는 상황, 가수 페기 리가 노래한 것처럼 "그게 다예요?" 하고 묻게 되는 상황은 아무도 원치 않는다.

시민들의 목소리 프로젝트는 필라델피아에서 정치를 바꿔내지도 못했고, 심지어 투표율을 크게 높이지도 못했다. 하지만 이 프로젝트는 그 기획자들이 처음 시작할 때는 상상하지도 못할 만큼 큰 영향을 끼쳤다. 일부 언론인들은 이 프로젝트를 통해 도시의 여러 문제들을 이해하는 새로운 방법들을 배웠는데, 그 방법들은 오늘날에도 유용하다. 또한 시민들은 선거에서 신문사가 할 수 있는 일이 클 수 있다는 기대를 하게 됐다. 요즘에도 선거철이 되면, 시민들이나 일부 언론인들이 이 프로젝트 기획자였던 새툴로 부편집위원장에게 전화를 해서 "시민들의 목소리 프로젝트 안 해요?" 하고 묻곤 한다. 가장 중요한 것은 이 프로젝트를 계기로 시민들이 시민과 유권자로서 자신들의 역할을 다시 깨닫고 어떤 책임감 같은 걸 느끼기 시작했다는 것이다. 1999년 프로젝트에 꾸준히 참가했던 다르셀 콜드웰은 이렇게 말했다. "나에게도 정치적 능력이 있다는 걸 조금이라도 느껴본 건 이번이 처음이었습니다. 내가 진짜 시민이라고 느낀 건 내 인생을 통틀어 이번이 처음이었습니다."

5장

공론조사 :
시민의 필수품이 된
정치학자의 발명품

제임스 피시킨 James Fishkin
신시아 패러 Cynthia Farrar

공론조사는 시민의 의견을 체계적으로 수집하는 한 가지 특수한 방법이다. 여기엔 두 가지 중요한 가치가 담겨 있는데, 정치적 평등과 숙의가 그것이다. 여기서 정치적 평등이란, 모든 사람의 선호를 동등하게 고려하는 것을 의미한다. 숙의deliberation라는 단어의 어원은 '무게를 재는 것'이다. 그러므로 숙의란, 서로 대립하는 주장들의 경중을 사람들이 자신의 선호에 따라 평가하는 토론 과정을 뜻한다. 숙의가 얼마나 잘 됐는지를 나타내는 숙의의 질은 다음 네 가지 기준이 얼마나 잘 충족됐는지에 따라 결정된다.

- 완전성Completeness: 어떤 주제에 대해 한쪽에서 제공한 주장에 다른 한쪽이 답변하고, 이에 다시 주장한 쪽이 답변하는 과정이 얼마나 원활한가?
- 정보Information: 사람들이 토론에서 사용한 정보가 얼마나 정확한가?
- 성실성Conscientiousness: 토론 주제에 대한 최선의 해답을 찾기 위해 참가자들이 얼마나 노력했는가?
- 다양성Diversity: 토론 주제와 관련 있는 전체 인구의 다양한 의견들을 참가자들이 얼마나 잘 대표하는가?

공론조사는 이 네 가지 기준을 비교적 높은 정도로 충족하려고 노력한다. 첫째, 먼저 준비하는 자료집이나 발표하는 전문가 패널을 초대할 때 양측 의견이 균형 있게 제시될 수 있도록 하며, 회의 조정자들도 토론의 균형을 잡도록 훈련한다. 둘째, 참가한 시민들에게 정확한 정보를 제공하기 위해 모든 노력을 기울이는데, 제공할 정보 초안을 작성한 뒤 외부 자문 그룹의 검토를 받는다(뉴헤이븐에서도 그렇게 했다). 셋째, 참가자들이 토론 주제에 대한 최선의 답을 결정하는 데 관심을 기울일 수 있도록 주최기관도 상호 존중하는 분위기를 만들어낸다. 넷째, 참가자의 무작위 추출 역시 가능한 한 다양한 의견을 가진 다양한 출신의 사람들을 초대하기 위해서다.

공론조사는 고대 아테네의 민주주의에서 두 가지 특징을 빌려왔다. 의사결정자를 제비뽑기(무작위)로 선정하는 것과, 참가한 시민들에게 참가수당을 주는 것이다. 참가수당을 줘야만 참가자들이 전체 시민을 대표하는 소우주microcosm를 구성할 수 있기 때문이다. 아테네의 공직자들, 예를 들어 의제를 만들어내는 500명의 평의회 의원들은 전체 시민들 가운데 제비뽑기로 선출됐고, 공직 업무에 대해 급여를 받았다. 공론조사가 시민들의 행동과 능력을 바꾸려면 고대 아테네 민주주의의 또 다른 특징들을 갖춘 제도적 맥락 속에 녹아들 필요가 있다. 예를 들어 아테네에서는 시민들이 공직을 순환해서 맡는다는 원칙이 있었는데, 그래서 모든 시민들은 평생 딱 두 번만 공직을 맡을 수 있었다. 결과적으로 모든 시민들이 이 중요한 역할을 맡을 수 있는 동등한 기회를 큰 비율로 가질 수 있었다. 18세 이상 아테네 시민 가운데 평생 한 번 이상 의원직을 맡은 비율은 3분의 1이 넘었다.

뉴헤이븐 인구는 고대 아테네 인구와 비슷한 수준이다. 이 지역에서 공론조사를 연례행사로 개최하면 이것이 하나의 민주적 과정으로 자리 잡을 수도 있다. 그리 되면 더 큰 투명성과 신뢰성을 얻고, 시간이 지남에 따라 시민들이 공론조사에 돌아가면서 참가할 수 있는 기회도 생기며, 서로 다른 의견을 정기적으로 교환할 수 있다.

하지만 공론조사가 과연 더 큰 규모에서도 잘 작동할 수 있을까? 지역적 관심사를 넘어서는 주제에 대해서도 과연 시민들은 열심히 토론에 참여해줄까? PBS 방송사의 뉴스 프로그램 〈맥닐 레러 프로덕션〉은 '민중에 의한 시민 숙의'라는 프로젝트를 후원하기 시작했다. 이 프로젝트는 뉴헤이븐의 연례 포럼과 비슷한 지역 숙의 토론회를 위한 기초를 다지고, 지역의 관심사를 국가적 국제적 맥락과 연결하려는 목적에서 만들어졌다. 또한 PBS의 지역 방송사들을 기본 후원자로 삼고 지역의 시민단체, 공동체 재단, 대학 등과 협력 네트워크를 만들어, 국가적 이슈를 지역적 관점에서 숙의하는 과정을 방송으로 내보낸다.

국가안보와 국제무역에 대한 숙의 민주주의 토론회가 2004년 1월 24일 10개 마을에서 열렸다. 그중 7개 마을은 2004년 10월에 열린 17개 지역 '숙의의 날' 행사에 참가했다. 여러 지역에서 동시에 열린 이 숙의 민주주의 토론회 행사가 있던 날,

뉴헤이븐 시의 네 번째 공론조사도 열렸다. 민중에 의한 시민 숙의 프로젝트는 이들 마을의 상당수 주민들을 2005년과 그 후까지 계속될 지역적·국가적 토론회에 참가시키는 데 목표를 두었다.

뉴헤이븐 시의
공론조사 사례

2002년 3월의 어느 쌀쌀한 금요일 저녁, 미국 코네티컷 주 뉴헤이븐 시의 여러 마을에서 다양한 직업의 종사자들이 예일대학교의 코먼스 Commons 빌딩으로 향하고 있었다. 그들은 나이와 인종 구성이 매우 다양했는데, 그 지역 전체를 대표해 하나의 소우주가 될 수 있도록 각 그룹에서 무작위로 선정했기 때문이다. 그들은 공론조사에 참여하고 있었다. 공론조사란, 시민들이 모여 동료 시민들의 견해와 여러 정보를 들은 뒤 어떤 판단을 하기 전과 후에 실시하는 여론조사를 말한다.

입구에서 배부된 자료집 꾸러미를 챙겨 홀 안으로 들어간 뒤, 서로 처음 보는 이 사람들은 여기저기 기웃거리며 돌아다녔다. 식사가 준비돼 접시에 음식을 담고는 지정된 테이블로 가서 자기가 속한 소그룹의 멤버들과 조정자를 만나고 나서야 이들은 어느 정도 안심했다. 행사 주최기관들은 다소 저조한 참석률을 걱정했다. 주최는 광역 뉴헤이븐 공동체 재단, 코네티컷 여성 유권자 연대였으며, 예일대학교 사회학 정책학 연구소와 텍사스대학교 공론조사 센터가 후원했다. 일간지 〈뉴헤이븐 레지스터New Haven Register〉의 1면에 이 행사를 알리는 광고가 실렸다. 주최기관들은 250명의 지역주민들이 두 가지 토론 주제를 놓고 모이리라 예상했다. 마을별로 사용하던 재산세를 다른 마을까지 사용하게 할지 여부와, 지역공항 확장계획이 두 가지 주제였다. 하지만 행사장에 실제로 나타난 것은 133명뿐이었다.

이 행사를 통해 참가자들은 전혀 들어보지 못했던 정보를 접하게 됐다. 이 행사는 위에서 언급한 행사 소개를 위한 만찬 회의를 시작으로 다음 날인 토요일과 일요일 오전까지 이어졌다. 이 시간 내내 진행된 조별 토론 및 질의응답 등을 통해, 공항 확장으로 직접적인 피해를 볼 수도 있는 공항 인근 거주민들의 견해 등 이런 행사가 아니라면 결코 접하지 못할 이야기들을 들을 수 있었다. "이스트헤이븐에서 온 한 남자는 공항 확장으로 그와 이웃들이 입게 될 피해들을 설명하면서 주어진 토론 시간을 모두 사용했다"고 한 참관인은 보고했다. 일요일이 되자 "그 남자는 자신이 얻은 새로운 정보들 덕분에 공항 확장을 할 수도 있겠다는 가능성을 고려하기 시작했으며, 자기 지역 이외의 사람들이 이 문제를 어떻게 생각하는지 더 알아보기 위해 이스트헤이븐의 타운미팅은 물론 뉴헤이븐 전체를 대상으로 하는 타운미팅에도 참석하겠다고 다짐했다."

이 남자가 소속된 마을의 선출직 공무원들이 참여한 후속 회의에서 어떤 참가자는 이렇게 말했다. "어떤 일이 일어나든 그 일들은 전부 서로 다른 사람들에게 서로 다른 영향을 준다는 것을 배웠습니다. 전에는 공항 문제를 생각해본 적이 없었습니다. 그 뒤 이스트헤이븐에서 온 사람들을 만나게 됐습니다… 이게 바로 지역 이기주의의 문제입니다. 지역 이기주의를 내세우다 보면 여러분은 다른 지역 사람들의 관점을 듣지 못하게 됩니다."

마을별 재산세를 다른 마을과 공동 사용하는 문제를 다룰 때도 참가자들은 여러 다른 지역에서 온 사람들의 견해를 들을 수 있었다. 예를 들어 좀 더 잘사는 마을에서 온 사람들은 학교 건축비용 증가에 대한 대비책으로 상업 개발 확대를 지지하기도 했다. 또는 형편이 별로 좋지 않은 가구를 위한 사회적 서비스 수요에 충당하기 위해 좀 더 높은 세금을 내야만 했던 구도심 지역 사람들의 이야기도 들을 수 있었다. 조별 토론에서 어떤 참가자들은 "재산세 수입을 공유하는 또 다른 방법은 정치적 대표자 없이 바로 과세하는 것"이라는 창의적인 아이디어를 제시하기도 했다. 또 다른 참가자들은 이렇게 말했다. "결국 재산세 공유는 양쪽 마을의 상호 이익을 위한 것이다. 그렇지 않다면 집어치우는 게 낫다."

참가자들은 서로 의견을 교환하고 전문가 패널에게 질문을 한 뒤 이슈에 대한 자신들의 의견과 태도를 상당히 많이 바꾸었다. 처음 설문조사를 했을 때는 마을별 재산세 사용을 유지해야 한다는 의견이 80퍼센트나 됐지만, 숙의 토론이 끝난 뒤에는 이 비율이 42퍼센트로 낮아졌다. 또한 재산세를 누진세로 바꿔 재산액이 높아질수록 세율을 높게 하고 그 증가액만큼만 마을별로 공유하는 방식을 운영하되, 이런 방식을 채택할지 여부는 마을들의 자율적 합의에 따른다는 방안에 찬성하는 비율도 많이 높아졌다.

참가자 수가 주최기관의 예상보다는 적었지만, 대부분의 태도 변화는 통계적으로 유의할 만큼 컸다. 뉴헤이븐 시장 존 데스테파노 주니어는 토론회 참가자들을 만난 뒤 이렇게 말했다. "이분들 가운데 누구도 내가 전에 만난 적 없다는 사실이 놀랍군요. 내가 매주 만나는 사람들과는 전혀 달랐습니다. 이분들은 개인적인 이해관계가 전혀 없는 사안인데도 정보를 열심히 듣고는 토론에 열정적으로 참여하더군요. 흔치 않은 일입니다."

공론조사는 실험을 겸하는 경우가 많은데 이번에도 그랬다. 특히 이번 행사에선 참가자들을 두 그룹으로 나누어 면대면 숙의의 효과를 검토하고자 했다. 오전에는 두 그룹으로 나누어 한 그룹은 공항 문제를, 다른 한 그룹은 재산세 공유 문제를 토론했다. 그런 다음 각 그룹이 두 문제 모두를 토론했는데, 그럼으로써 각 그룹이 통계적으로 비교 그룹의 역할을 하게 되는 것이다. 이런 실험 설계를 통해, 이슈에 대한 태도의 변화가 주로 조별 토론에서 발생한다는 사실이 통계적으로 증명됐다.

2년 뒤인 2004년 5월 8일, 세 번째 '광역 뉴헤이븐 시민 포럼'이 열렸는데 이번에는 이전과 다른 주민들이 참가했다. 이번에는 175명이 참가하리라고 예상했는데, 실제로는 242명이 참여했다. 이번에도 참가자들은 두 가지 주제를 토론했는데, 감옥의 수감자 과밀 문제와 초중등 공립학교의 재정 문제였다. 하지만 지난번 토론회 때 이틀 반나절 동안 토론했던 것과 달리, 이번엔 하루만 토론하되 토론 시간을 늘렸다. 이번에도 광역 뉴헤이븐 공동체 재단과 여성 유권자 연대가 이 연례행사를 후원했고, 지역에서 모든 재정을 지원했다. 전에 비해 행사 비용이 많이 줄었는데, 행사 시간이 짧아졌기 때문이 아니었다. 주정부가 운영하는 연구소에서 자료집을 제작했고, 행사 전에 실시한 전화설문 길이를 줄였기 때문이다.

행사 전후 동일한 설문조사를 실시했는데, 사후 설문조사 항목 중 일부만 사전 설문조사에 들어 있었다. 즉 이번엔 참가자들의 태도 변화를 측정하기보다 무작위 추출된 참가자들이 숙의한 토론 결과에 집중하고자 했다. 이번 포럼 참가자 가운데 직전 년도 포럼 참가자 비율은 12퍼센트였다.

역시 다양한 의견을 들을 수 있다는 것이 이번 행사의 두드러진 특징이었다. 예를 들어 어떤 조별 토론에서는 한 참가자가 집행유예로 가석방된 범죄자가 자신의 어머니를 살해했다고 발언하자, 범죄자들을 자비롭게 대우해야 한다는 동정적인 이야기들이 중단됐다. 토론이 진행된 날 미국 민주당과 공화당 전당대회가 있었음에도 몇몇 주의회 의원들과 일부 선출직 공직자들이 참관했으며, 나중에는 더 많은 정치인들이 와서 만찬을 후원했다.

행사 종료 뒤 몇 주 그리고 몇 달 후에 회의 조정자들이 계속해서 참가자들과 연락을 했으며, 선출직 공직자와 참가자들이 함께하는 후속 회의도 조직했다. 2002년, 2003년, 2004년 행사 참가자들은 물론 이 주제에 관심 있는 시민들이 참여할 수 있는 추가적인 후속 행사들을 지역 주최기관들이 계속 열어나갔다. 일회성 실험에서 연례행사로의 진화, 일관성 있는 토론 방식, 점점 더 많은 선출직 공직자들의 참석, 두 배로 증가한 참가자 수 등 여러 가지 면에서 공론조사는 한 사람의 아이디어에서 출발했지만, 뉴헤이븐 공동체의 민주주의 실천 방식으로 뿌리를 내리고 있는 것 같다.

공론조사의
구조

공론조사는 참가자의 무작위 선출, 양측 주장을 균형 있게 담은 자료집, 공식적 조사 등 두드러진 특징들이 있기 때문에 준비하는 데 많은 노력이 필요하다. 자발적으로 발생하는 토론들에는 서로 잘 알고 있거나, 공통의 관심사를 갖고 있는 사람들이 참여하는 경우가 많다. 그에 반해 공론조사는 구조화된 토론 행사다. 그래서 공론조사 주최기관은 기술적인 전문가들과 지역의 인적 자원을 모두 갖추고 있어야한다.

행사 설계

참가자 모집, 자료집 준비, 여론조사 결과 분석 등에는 전문가들이 필요하다. 토론의 중립성을 유지하고 행사를 준비하며, 언론 홍보를 돕고 결과를 널리 알리고, 참가자들을 후속 행사에 초대하는 등의일을 위해서는 해당 지역의 인적 자원이 필요하다. 더욱이 참가자들에게 수당을 지급하고 식사 등을 제공하려면 재정적 자원도 필요하다. 그래서 지역적 혹은 전국적 재단, 시민 협회, 대학교, 언론사 등이주최자가 되는 경우가 많다. 가끔은 정부기관이 주최기관에 참여하기도 하는데, 대중의 여론을 정책 결정에 활용하기로 스스로 결정하거나 요구 받은 경우에 그렇다. 1996년 이래로 텍사스에선 전기 등 공공시설에 대한 공론조사를 정기적으로 실시하고 있는데, 이 행사도 정부기관이 주최자로 참여한다.

공론조사의 길이나 그 행사의 요소별 순서는 행사마다 다를 수 있지만, 세 가지 과정은 꼭 포함된다. 첫째 소그룹 토론, 둘째 전문가 발표자에게 질문하고 답을 얻기 위한 전체 세션, 셋째 마지막 의견 조사가 그것이다. 참가자들은 사후 설문조사를 완료하기 전에 전체 세션에서 전문가들로부터 정보를 들은 다음 그 정보를 소화할 기회를 갖는다.

토론 주제는 일반적으로 주최기관이 선정한다. 예를 들어 뉴헤이븐 행사에선 광역 뉴헤이븐 공동체 재단이 지방정부 공무원들과 관련된 시민단체들의 의견을 듣고 결정했다. 2004년 10월 〈맥닐 레러 프로덕션〉이 주최한 '민중에 의한 시민 숙의' 프로젝트는 두 개의 주제를 선정했는데, 첫째는 국가안보, 둘째는 세계경제에서 미국인의 일자리였다. 이런 주제 아래 구체적인 국가안보 이슈는 〈맥닐 레러 프로덕션〉이 선정했고, 구체적인 경제 이슈는 지역별 파트너들이 선정했다. 행사 과정과 결과 등을 언론이 자세히 보도했기 때문에 정부 정책으로 반영되는 데 도움이 됐다. 지역적 수준에선, 2004년 뉴헤이븐에서 했던 것처럼 참가자들이 자신들의 견해를 직접 정책 결정자들에게 표현할 기회를 얻기도 하며, 주최기관이 행사의 결과를 배포하고 확산하기도 한다.

행사를 하기 전에 잠재적 참가자들에겐 토론 주제에 대한 정보와 관점 등을 담은 자료집이 발송된다. 민중에 의한 시민 숙의 프로젝트에서처럼 언론사가 핵심 파트너인 경우, 숙의 토론회는 영상자료 시청으로 시작하기도 한다. 그 영상자료에는 해당 주제에 대한 간략한 정보나 그에 대한 양측 견해가 담기기도 한다. 2004년 뉴헤이븐 행사에선 자료집에도 없고 소그룹 토론으로도 결정되기 힘든 질문에 대해 당시 현장에 있던 어떤 참가자가 정보를 제공해 답을 낸 경우도 있다. 하지만 모든 소그룹들이 모든 질문에 충분한 답을 얻도록 보장하기가 쉽지 않다.

대부분의 공론조사는 얼굴을 직접 보고 하는 대화 방식이다. 온라인 토론 방식으로 진행해서 성공한 경우가 두 번 있었지만, 그때도 대화가 실시간으로 진행됐고 참가자들이 잘 들을 수 있도록 모든 참가자들은 마이크를 사용했다. 이 행사는 대학교, 고등학교, 마을 회관, TV 스튜디오 등 아주 다양한 장소에서 열렸다. 물론 이 모든 경우 행사 장소에는 전체 세션을 위한 공간과 소그룹 토론을 위한 공간이 있었다. 전체 세션 진행 시 모든 사람이 잘 들을 수 있도록 마이크와 앰프 시설 외에 필요한 장비는 거의 없다.

진행 방식

숙의 행사는 항상 회의 조정 경험자가 진행한다. 회의 조정자 moderator는 다양한 배경의 사람들이 할 수 있다. 예를 들어 여성 유권자 연대 자원봉사자들, 학자들, 국가이슈포럼(3장) 운영 경험자, 중재 프로그램, 또는 스터디서클(11장) 경험자들이 할 수 있다. 행사 여건에 따라 회의 조정자들이 수당을 받는 경우도 있고 그렇지 않은 경우도 있는데, 이들은 전문적인 회의 조정자가 아니다. 회의 조정자들은 구체적인 행사를 위해 구체적인 훈련을 받는다. 중립을 유지하기, 정보를 균형 있게 제공하기, 참가자들의 적극적인 참여를 권장하기, 참가자들끼리의 합의를 강요하지 않기 등이 중요하다.

시민 패널 참가자들은 무작위로 초대된다. 보통은 무작위 전화 걸기RDD, Random Digit Dialing로 선정하고, 가끔은 전화번호 목록에서 무작위로 뽑은 다음 전화로 초대하기도 한다. 연락이 잘 되는 사람만 선정되는 오류를 막기 위해서 선정된 전화번호에 대해서는 서너 번 이상 전화 연결을 시도한다. 일단 한 가구가 연락이 되면, 다시 한 번 참가자의 편향을 막기 위해 생일법 등을 사용하기도 한다. 즉 보통 주부나 노인들이 집에 있는 경우가 많기 때문에, 전화번호를 무작위로 돌린다고 해도 주부나 노인들만 참가하게 될 위험이 있다. 그래서 전화를 건 다음 '가족 구성원 중 가장 최근에 생일이 지난 사람'이 누구인지 물어보고, 다음에 다시 전화할 때는 그 사람과 통화해서 그 사람을 참가자로 모집하는 방식이 생일법이다. 또한 타깃형 전화 걸기를 추가적으로 시도하기도 한다. 즉 만일 저소득층 등에서 모집이 잘 안 되면 저소득층을 대상으로 전화를 추가로 거는 방법이다. 2004년 뉴헤이븐 행사에서도 이 방법이 사용됐다.

시민 참가자들은 참가수당을 지급받는다. 2002년 뉴헤이븐 행사에서는 이틀과 오전 동안의 행사에 200달러, 2004년에는 100달러, 민중에 의한 시민 숙의 행사에선 75달러를 받았다. 이 또한 참가자들의 다양성을 높이기 위한 수단이다.

대부분 참가자들은 다행히 전체 인구 구성 및 표본집단의 구성을 잘 반영한다. 즉 인구 특성이나 주제에 대한 태도 등이 골고루 분포했다. 하지만 시민 참가자 모집은 주로 전화로 하기 때문에 연령대가 높은 사람들을 다소 더 많이 모집하게 되는 경향이 있다. 노인들이 집전화를 갖고 있을 가능성이 높고, 집에 있으면서 전화를 받을 가능성이 높으며, 전화설문 요원들과 이야기하기를 더 즐기는 경향이 있기 때문이다. 또한 참가하기로 결정한 사람들은 전체 시민 평균에 비해 정치적으로 좀 더 적극적이고 교육 수준이 높은 경향이 있다. 또한 대부분의 참가자는 영어를 말할 수 있는 사람들로 제한됐는데, 통역비를 줄이려는 실무적인 이유 때문이었다.

공론조사 행사의 참가자 수는 130명에서 450명으로 행사마다 다를 수 있다. 소그룹 토론의 참가자는 반드시 18명 이내여야 하며, 전체 참가자는 전체 세션을 진행하는 한 공간에 다 들어갈 수 있는 숫자 이내여야 한다는 조건 말고는 전체 참가자 수 제한은 없다. 하지만 경험적으로 볼 때 450명이야말로 모든 사람들이 적극적으로 참여할 수 있는 최대치다. 또한 소그룹 토론은 12명 내지 15명이 가장 좋다.

참가자들은 전체 시민들을 대표해서 무작위로 선정됐다는 말을 듣는다. 참가자들이 발언할 수 있는 내용에는 제한이 없으며, 그들이 말하는 방식에도 제한이 없다. 반드시 논리적인 말만 해야 한다거나 개인적인 이야기를 하지 말라는 지시를 받지 않는다. 더욱이 공공선에 기여하는 말만 하라는 권고도 받지 않는다. 오히려 매우 개인적이고 구체적인 이유로 특정한 정책을 지지하는 것은 정당한 일이다. 참가자 가운데 특정 개인이 발언하는 시간에 대한 형식적 제한은 없다. 하지만 회의 조정자들은 자료집에서 제시된 다양한 관점과 관심들은 물론 실제 참가자들의 다양한 의견들을 이야기해달라고 요청한다. 그럼으로써 참가자들은 자신들에게 주어진 과제, 즉 주어진 주제에 대한 숙의 토론을 더 잘 수행할 수 있다.

공론조사가 처음 실시될 때는 주로 전국적 범위에서 개최됐기 때문에, 참가자들을 위한 후속 토론에 대한 아이디어가 별로 없었다. 공론조사 결과를 시민사회로 확산하기 위해서 처음엔 주로 언론 보도가 활용됐다. 이후에는 뉴헤이븐에서처럼 공론조사를 연례행사로 반복하면서 전년도와 다른 참가자들을 초청했다. 가끔은 전 국민을 대상으로 한 국민투표를 하기 전에 공론조사 행사를 개최하고 그 내용을 전국적 TV 방송으로 내보냄으로써 국민들에게 공론조사 토론회 내용을 알리기도 했다. 호주에서 공화국이 될지 여부를 묻는 국민투표를 하기 전과, 덴마크에서 유로화 화폐를 받아들일지 여부를 묻는 국민투표를 하기 전 그런 방식을 택했다. 1997년 영국 총선 직전과 2004년 미국 대통령 선거 직전에도 공론조사를 하고 그 내용을 TV로 알린 바 있다.

뉴헤이븐에서 열린 첫 번째 시민 포럼 이후, 참가자들의 이름이 그들의 동의하에 다른 기관에 제공됐다. 특히 선출직 공직자들과 여러 지역 조직들이 그 토론 주제에 관심이 있어서 참가자 명단을 받았다. 당시 회의 조정자로 일했던 사람들도 최근 다시 고용돼 후속 행사들을 열고 참가자들의 조직화를 독려하고 있다. 또한 토론 주제와 관련된 기관들이 그들에게 계속해서 토론의 기회를 만들어주고 있다. 민중에 의한 숙의 행사와 관련된 시민단체들도 참가자들을 계속해서 후속 토론에 참가시키려고 노력 중이다. 예를 들어 WXXI 공익 TV는 '유권자의 목소리'라는 숙의 민주주의 토론회를 1월과 10월에 계속 개최하고 있다.

공론조사의
장점과 단점

지금까지 전 세계적으로 50회 이상의 공론조사 행사가 열렸다. 그중 11개의 면대면 행사는 전국적 의제를 다뤘다. 그중 5개는 범죄, 유럽에서 영국의 미래, 군주제, 1997년 총선, 국가 의료 서비스의 미래 등을 주제로 영국에서 열렸다. 덴마크에선 유로화를 받아들일지 여부를 묻는 국민투표와 관련해 2000년에 열렸다. 불가리아에선 범죄문제에 대해 한 차례 열렸다. 호주에선 1999년 호주가 공화국이 돼야 하는지를 묻는 국민투표와 관련해 한 차례, 2001년에는 호주 원주민과의 화해에 대해 열렸다. 미국에선 대외 정책, 가족문제, 경제문제라는 세 가지 주제로 1996년 대선 기간 무렵에 열렸고, 2003년에는 이라크 전쟁이 발발할 즈음 대외 정책을 주제로 열렸다. 나머지 39개 행사는 지역적 관심사를 다뤘고, 모두 미국에서 열렸다.

이 중 27개는 민중에 의한 시민 숙의 프로젝트로서 열렸다. TV 프로그램 〈맥닐 레러 프로덕션〉이 후원했고, '세계 속의 미국'이라는 큰 주제 아래 다양한 주제를 다뤘다. 8개의 행사는 텍사스에서 전력을 위한 통합 관리를 주제로 열렸고, 하나는 네브라스카에서 전력문제로 열렸다. 뉴헤이븐에서는 지역문제로 3개의 행사가 열렸다. 면대면 행사가 아닌 온라인 행사는 미국 전역에서 전국적 주제로 2회 열렸는데, 세계 속 미국의 역할과 미국 대통령 선거 과정을 다뤘다.

공론조사 결과 매우 중요한 몇 가지 사실이 발견됐다. 첫째, 숙의 토론은 차이를 만들어낸다. 공론조사에선 행사 직전과 직후에 토론 주제에 대한 태도 등을 묻는 설문조사를 실시하는데, 행사 직후의 응답 결과가 행사 직전의 응답 결과와 확연히 다르다. 또한 공론조사에선 가능한 경우 시민 전체를 대상으로 일반 설문조사를 실시하기도 하고, 토론에 참여하지 않은 다른 시민들을 대상으로 설문조사를 하기도 하는데, 이들의 응답과 토론 직후 응답을 비교해도 큰 차이가 있다.

둘째, 공론조사 참가자들은 그렇지 않은 사람들보다 훨씬 더 나은 정보를 얻게 된다. 공론조사 직전과 직후에 토론 주제에 대한 사실관계를 묻는 설문을 해보면 이런 변화가 확연히 드러난다. 셋째, 의견의 변화는 학습과 관련돼 있음이 분명히 드러난다. 즉, 토론 전후에 태도를 바꾼 사람들을 보면 토론에서 정보를 얻은 사람들이다. 넷째, 토론회에 참여한 사람들이 매우 높은 수준의 정책 효능감과 정치 참여의 기쁨을 느낀다는 점에서 숙의는 민주주의를 위해 아주 유익하다. 참여자들은 토론회가 끝나고 몇 달 후에도 학습과 참여를 이어가기도 한다.

마지막으로, 공론조사는 집합적으로 좀 더 일관된 경향이 있다. 정책들의 우선순위를 정해야 할 때 그동안 정부는 우선순위가 낮은 정책을 먼저 집행하는 실수를 범하는 경우가 종종 있었지만, 공론조사를 활용하면 그런 실수가 줄어든다. 예를 들어 공론조사를 하지 않고 단순히 정책들의 우선순위만 평가하면, 사람들은 A가 B보다 더 중요하고 B는 C보다 더 중요한데, 도리어 C가 A보다 더 중요하다는 모순된 응답을 하는 경우가 많다. 평가하는 정책들의 자세한 내용을 모르면서 대충 답을 하기 때문이다. 시민들이 이렇게 평가하면 정부 정책도 엉망이 되는 경우가 많다. 공론조사를 하면 사람들은 각 정책을 자세히 배운 다음 평가하기 때문에, 정책들의 우선순위에 대한 평가의 일관성이 훨씬 더 높아진다. 공론조사에 의한 시민들의 의견은 정확한 정보와 상호 이해를 바탕에 두고 있다. 그래서 일반적인 여론조사보다 공론조사의 결과는 일관성과 안정성이 훨씬 더 높게 나온다.

이 책에 나오는 다른 여러 가지 숙의 민주주의 방식들처럼, 공론조사도 대중적 자문의 초기 발달 과정에 있을 뿐이다. 공론조사는 여러 다른 방식으로 실시됐으며, 각각의 방식에는 분명한 장점과 단점이 있다. 전국적인 공론조사는 전체 국가를 대표하는 소우주를 만들 수 있다는 장점이 있다. 그래서 전국적 공론조사는 매우 힘든 이슈들을 다룰 수도 있으며, 제대로 된 정보에 기반한 대중적 여론을 파악하는 데 도움이 된다. 공론조사가 방송과 결합되면 정책 결정자는 물론 대중에게도 그 과정과 결과를 널리 알릴 수 있어서 큰 도움이 된다. 국민투표에 앞서서 공론조사가 실시되거나(호주나 덴마크에서처럼) 국회의원 선거에 앞서 공론조사가 실시된다면(영국에서처럼), 공론조사에서 밝혀진 중요한 사항들이 다른 유권자 대중에게도 도움이 된다.

다른 한편 전체 국민을 대변하는 시민 대표단이 한자리에 모이기 위해 이동하고, 또 그들이 토론에 사용한 시간을 보상하려면 비용이 많이 든다. 그러므로 한 지역에 한정해 실시하는 공론조사에는 장점이 있다. 첫째, 지역에서 열리는 공론조사는 비용이 덜 든다. 교통비가 거의 들지 않으며 숙박비도 필요 없다. 둘째, 지역 차원에서 시민들이 참여하는 과정에서 사회적 자본이 창조된다. 참가했던 시민들은 서로 다시 만날 수도 있다. 또한 공론조사나 혹은 다른 형태의 포럼을 정기적으로 서로 돌아가면서 실시하면 일반적인 시민들도 정보에 기반한 토론을 할 수 있다는 기대를 만들어낼 수 있다. 이런 방식으로 지역에서 공론조사를 정기적으로 실시한다면, 민주적 공동체를 형성하는 데 기여할 수 있다.

전국적 범위에서 온라인으로 공론조사를 실시하는 것은 교통비 등을 줄이면서 시민 대표들을 한자리에 모을 수 있다는 장점이 있다. 교통비, 숙박비, 식사비 등이 전혀 필요 없고, 그냥 각자 컴퓨터만 있으면 된다. 컴퓨터가 시민들에게 보급되면 될수록 인터넷 공론조사에는 비용이 거의 들지 않게 될 것이다. 하지만 온라인 공론조사는 단점도 많다. TV 방송을 통해 감동적인 순간이 보도되기 힘들고, 정치적 대화가 진전되는 역사적 흐름을 보기도 힘들다. 공론조사는 단순히 정보만 주고 여론조사를 하는 것이 아니다. 공론조사에선 사람들이 얼굴을 마주보면서 대화를 하며, TV 방송은 그런 면대면 대화의 위대한 순간들을 잘 포착해낸다. 기술이 더 발전하면 온라인 토론보다 더 발전된 형태가 나올 수도 있다. 하지만 현재까지의 인터넷 기술은 숙의 토론을 확산하는 데 TV보다는 낫지 않은 것 같다. 사람들은 어떤 문제를 생각할 때 여러 측면을 고려하고 여러 모습들을 보여주는데, 이런 다양한 면모를 보여주기에는 TV가 인터넷보다 낫기 때문이다.

공론조사가 앞으로 더 발전하기 위해서는 풀어야 할 세 가지 가장 중요한 과제가 있다. 첫째는 상황에 맞게 적응하는 것, 둘째는 제도화하는 것이다. 세 번째 과제는 시민 대표단을 무작위로 선정하고 다양한 의견을 체계적으로 듣는다는 핵심적인 요소들을 유지하면서 동시에 공론조사의 규모를 확대하는 것이다. 이 세 과제를 풀기 위해서는 지역 토론과 전국 토론을 동시에 개최한 민중에 의한 시민 숙의 프로젝트의 경험이 많은 도움이 될 수 있다. 이 프로젝트를 개최한 협력 기관들은 이 모델을 지역 이슈들과 전국 이슈들에 적용하기 위해 노력하고 있다. 고대 아테네에서 실시한 직접민주주의 원칙들을 뉴헤이븐의 공론조사와 결합한다면 미국의 민주주의를 넓고 깊게 만드는 데 도움이 될 것이라는 희망을 가져본다.

6장

합의회의와 플래닝 셀:
일반 시민들의 숙의 민주주의

캐럴린 M. 헨드릭스 Carolyn M. Hendricks

신사 숙녀 여러분! 민주주의는 너무나 중요하기 때문에 대중에게 맡기면 안 된다고 말하는 일부 정치인들도 있습니다. 하지만 여러분은 그것이 틀렸음을 지금 보여주었습니다. 여러분 모두를 보십시오. 여러분은 사는 곳도 다르고, 생김새도 다르고, 말투도 다릅니다. 다른 사람들 앞에 서서 질문하는 것을 끔찍하게 무서워하는 분도 여러분 중에 있습니다. 그럼에도 여러분은 이곳에 당당히 참가하려는 용기와 실천력과 주인의식을 가졌습니다. 누군가 세상을 변화시켜주기를 기대하는 대신, 여러분은 스스로 그 변화를 만들어냈습니다. 오늘 이 포럼과 앞으로 있을 포럼들은 시민 누구나 정책 결정에 직접 참여할 수 있는 방법입니다. 여기 계신 모든 분들께, 그리고 우리가 사는 이 멋진 나라의 모든 분들께 고마움을 전합니다.

1999년 호주의 합의회의에서
가톨릭 신부 데 코테의 발언

이 발언은 호주에서 처음 열린 합의회의의 마지막을 장식했다. 당시 식품 유전자 조작 기술 문제를 숙의하기 위해 호주 전역에서 14명의 시민들이 모였다. 1999년 3월은 그렇게 숙의 민주주의로 바쁜 때였다. 지구 반대편 캐나다와 덴마크에서도 시민들은 식품 관련 바이오 기술 합의회의에 참여하고 있었다.

호주 합의회의에 참가한 시민들은 예술가, 증권 거래인, 기술자, 타로카드 점술사, 가구 제작자 등 출신이 다양했다. 그들은 정보 부족, 이해하기 힘들고 불완전한 과학, 극단적 견해 등 여러 가지 어려움을 겪었다. 그들은 주말에 두 번을 모여 준비 워크숍을 하고 사흘간 본 회의를 한 다음 보고서를 작성했는데, 그 보고서를 읽고서 정치인들과 관료들은 물론 그 자신들도 놀라고 말았다. "우리가 이걸 해냈다는 게 믿어지지 않아요. 처음에 우리가 하기로 했던 일을 결국 우리는 해내고 말았어요. 온 삶을 통틀어 지금이 가장 감격스러운 순간입니다." 한 참가자는 이렇게 소감을 밝혔다.

합의회의와 플래닝셀,
두 개의 숙의 민주주의 모델

흔히 정책 결정이나 토론에는 한 사회에서 가장 적극적이고 전문적인 소수의 구성원만 참여하는 경우가 많지만, 훨씬 더 넓은 범위의 대중이 토론에 참여할 수도 있다. 이 장에서는 서로 비슷한 숙의 민주주의의 두 모델인 합의회의와 플래닝셀을 검토할 것이다. 이 두 모델은 모두 '일반' 시민을 정책 숙의에 포함하고자 하는 구체적인 목적을 갖고 있다. 또한 두 모델 모두 기존의 민주적 의사결정 형태를 대체하기보다 보완하려는 의도가 있다. 정치적으로 조직되지 않은 사람들도 함께 모여 어떤 사회적 문제에 대해 정보에 기반한 체계적인 의견을 만들어낼 수 있는 회의 공간을 제공한다는 점에서도 두 모델은 비슷하다.

이를 위해 합의회의와 플래닝셀은 고도로 체계화된 숙의 과정을 지킨다. 이런 목적을 달성하기 위해 두 모델에선 일반 시민들을 무작위로 선정한 다음, 해당 문제에 대해 사나흘 동안 모여서 토론하도록 한다. 참가한 시민 패널들은 해당 문제에 대해 여러 가지 형태로 정보를 얻는데, 요약 문서를 읽거나 현장을 방문하고, 관련된 정부 관료, 학자, 이해관계자 그룹의 대표, 혹은 운동가들로부터 발표를 듣기도 한다. 시민 패널들은 중립적인 운영진의 도움을 받아 제공받은 정보들을 검토하고 발표자들에게 질문을 하기도 한다. 그 후 시민 패널들이 직접 정책 제안들을 만들어낸다. 최종 단계에서 시민 패널들은 그들이 발견한 사실들을 보고서 형태로 만들어 정책 결정자들에게 제출한다. 그러면 정책 결정자들이 그 보고서를 돌려본 다음 다른 정책 권고들과 함께 정책 결정 시 참고 자료로 활용한다.

지금 이 장에서 검토하려는 두 개의 숙의 민주주의 모델은 모두 유럽의 실제 정책 수립 과정에서 개발됐다. 1970년대 초부터 피터 디넬Peter Dienel은 일반 시민들이 도시계획 정책 토론에 참여할 수 있는 방법을 모색하는 과정에서 플래닝셀Planning Cell, Planungszelleⓡ 모델을 개발해냈다. 디넬의 모델에선 약 25명의 참가자들이 사흘간 숙의 토론을 하게 되는데, 이 25명의 그룹을 플래닝셀이라고 부른다. 그러므로 참가하는 시민의 총 숫자는 플래닝셀의 숫자에 따라 달라지며, 지금까지 경험을 보면 100~500명이다. 오늘날 플래닝셀은 주로 정책 이슈들에 대한 시민들의 선호를 파악하기 위해 활용되고 있는데, 다뤄지는 정책 이슈의 종류가 매우 다양하다. 또한 사회문제에 대한 대중의 태도나 믿음의 원인을 이해하거나, 어떤 정책 대안들에 대한 대중의 반응을 평가하는 목적으로 사용될 수도 있다.

1980년대 말, 덴마크 기술위원회Teknologiradet는 참여적 기술 평가를 위해 새로운 숙의 모델을 개발해냈다. 그것은 1977년 미국에서 전문가들이 의료 기술을 평가하기 위해 만든 '합의 형성 회의consensus development conference'를 응용한 것이었다. 하지만 덴마크인들은 미국 모델을 응용해 전문가 자리에 일반 시민을 넣음으로써 근본적으로 다른 모델을 만들게 된다. 그렇게 한 데는 두 가지 목적이 있었다. 새로 나타난 기술이 사회적으로 어떻게 받아들여지는지를 정책 결정자들이 좀 더 잘 이해할 수 있도록 숙의의 결과물을 제공하려는 것이 그 첫 번째 목적이었다. 또한 기술문제에 대해 대중이 토론할 때 정보를 제공하려는 것이 두 번째 목적이었다.

플래닝셀과 합의회의가 너무나 이상하게 보이고 수많은 논쟁을 불러일으킨 이유는 참가자들의 성격 때문이었다. 해당 문제에 대한 전문성이나 특별한 지식이 전혀 없는 일반 시민들이 정책 테이블에 초대된다. 또한 시민 배심원들은 해당 문제에 대한 이해관계자 그룹과도 아무런 관계가 없는 사람들이다. 이것은 어떤 문제를 잘 아는 엘리트들이나 전문가들, 기술자들이 그 문제에 대한 국가정책을 수립해야 한다는 견해와 대척점에 있다. 합의회의나 플래닝셀은, 그 문제를 잘 아는 전문가들이나 그 문제에 대해 잘 조직된 이해관계자 그룹 대신, 일반 시민들이 정책을 결정하도록 한다.

그 문제에 아무런 이해관계가 없는 시민들이 어떻게 그 행사에 참여하는가? 이 두 모델 모두 참가자를 결정하기 위해 무작위 선출 방법을 사용한다. 참가자들은 그들이 무엇을 알고 있는지 혹은 누구를 대표하는지 대신 우연이라는 기준으로 선정된다. 합의회의처럼 참가자 수가 적을 때는 그 문제와 관련 있는 인구 전체를 참가자들이 제대로 대표할 수 있도록 '무작위 층화 추출stratified random sampling'이라는 표본 추출 방법을 사용한다. 예를 들어 남성 참가자와 여성 참가자의 수를 같게 만든다. 전체 모집단을 부문별로 나누면, 각 부문에 있는 사람들은 동일한 선발 기회를 가지게 된다. 플래닝셀처럼 참가자 수가 좀 더 많은 경우엔 단순한 무작위 추출 방법이 사용되며, 사전에 결정된 부문별 참가자 수를 맞추기 위해 참가자를 조정할 필요는 없게 된다.

　오늘날 관점으로 보기엔 정치적 대표자를 무작위로 선출하는 것이 낯설게 보일 수도 있다. 하지만 고대 그리스나 중세 로마 공화국에선 무작위 선출이야말로 민주주의를 실현하기 위한 가장 중요한 원칙이었다. 정치적 대표자를 무작위로 선출함으로써 "첫째 정치적 평등이 신장되고, 둘째 시민들은 정책을 좀 더 심사숙고해서 만들게 되며, 셋째 결정된 정책은 유권자들의 요구에 좀 더 부응하고 공익에 좀 더 부합하게 되기" 때문이다. 무작위 선출은 모든 사람에게 참가자로 선출될 수 있는 동등한 기회를 부여하기 때문에 좀 더 공평하다. 더욱이 시민들 가운데 원하는 사람들이 자발적으로 정책 결정 과정에 참여할 경우, 그 문제에 이해관계가 있는 사람들이 더 많이 참가할 가능성이 있다. 그러므로 무작위 추출을 해야 중립적인 참가자를 선발할 수 있고, 해당 문제에 대해 공익의 관점에서 진정한 숙의 토론을 할 수 있다.

　이 장에서는 합의회의와 플래닝셀의 기본 특징을 살펴보고 그 영향력과 한계를 논할 것이다. 이 논의는 질문에 답하기보다 질문을 만들어낼 것이다. 논의의 목적은 더 많은 탐구를 위한 출발 지점을 제공하는 것이다. 덴마크의 합의회의 모델과 디넬의 플래닝셀 모델은 오랫동안 진화해왔고, 여러 다른 이슈와 정치적 상황 속에 적응하며 변형돼왔다. 여기선 가능한 한 그 두 모델이 현재 갖고 있는 핵심 특징을 주로 묘사할 것이다. '표준 모델'의 변형이 실제 넘쳐나기 때문이다.

덴마크식 합의회의와
독일식 플래닝셀

합의회의 절차는 기록이 잘 돼 있기 때문에 여기서는 간략한 소개만
으로 충분할 것 같다.

덴마크 모델

덴마크 모델은 10~25명의 시민이 3개월에 걸쳐 8일 동안 숙의 토
론을 하는 2단계 과정으로 구성된다. 첫 번째 단계에서 시민들은 두
번에 걸쳐 주말마다 모여 토론할 주제, 토론 절차, 그리고 함께할 사
람들에 대해 익힌다. 또한 이 두 번의 준비 과정에서 시민 패널들은
본회의에서 물어볼 질문들의 목록을 만들고, 해당 문제와 관련된 전
문가 및 이해관계자 가운데 본회의에서 발표할 사람들을 선정한다.

두 번째 단계에서는 나흘간 본회의가 열린다. 전반부 이틀 동안은
여러 발표자들이 연단에 나서, 전체 시민 패널들이 예비 단계에서 선
정한 질문에 답한다. 이 기간에 시민 패널들은 비공개 회의를 열어 발
표자들에 대한 추가 질문을 준비하기도 하고, 발표 내용에서 이해되
지 않는 사항들을 명확히 짚어보기도 한다. 후반부 이틀 동안 시민 패
널들은 자신들의 핵심 정책 권고사항을 요약한 보고서를 함께 작성
하는데, 그 후 그들은 이 보고서를 관련된 정책 결정자들에게 제출하
고 나서 대중에게 공개한다. 어떤 경우엔 발표자들이 보고서 초안을

본 이후 다시 대답할 기회를 갖기도 하는데, 그러면 시민 패널들은 그 대답을 반영해 보고서를 수정할 수도 있다.

회의 운영facilitation은 합의회의에서 중심적인 요소다. 회의 운영진은 반드시 공평해야 하며, 가능한 한 전문적인 훈련을 받는 것이 좋고, 대화 기술을 갖추는 것이 바람직하다. 또한 회의 운영진도 일반 시민들처럼 해당 문제에 대한 전문가가 아니어야 한다는 점이 중요하다. 운영진이 해야 하는 최우선 과제는 시민 패널들이 그 임무를 해내기 위해 함께 숙의하는 것을 돕는 것이다. 또한 운영진들은 회의 절차를 관리할 필요가 있다. 예를 들어 발표자들이 절차 규칙을 따르고 시민들의 질문에 답하도록 안내하는 것이다. 어떤 합의회의에서는 이 두 기능을 분리하기도 한다. 즉 운영진들은 시민 패널들을 담당하고, 의장이 절차를 관리한다.

합의회의의 또 다른 중요한 특징은 외부 자문위원회다. 회의 절차 관리와는 별개로, 외부 자문위원회는 그 절차의 법적 권위를 더해준다. 참가할 시민의 선출, 발표할 후보자 명단 작성, 발표할 자료집 검토, 운영위원 선정, 언론 및 대중 홍보 등을 외부 자문위원회가 담당한다. 외부 자문위원회에는 주로 학자들과 시민 참여 행사 전문가들, 그리고 해당 이슈에 대한 중립적인 전문가 등이 포함된다. 어떤 경우에는 해당 이슈와 관련된 이해관계자 그룹에서 외부 자문위원회에 참여하기도 한다. 이렇게 이해관계자가 자문위원회에 참여하는 경우 일방적 이해관계의 영향을 받을 가능성도 있다. 하지만 이해관계자 그룹과 해당 이슈 전문가들이 합의회의의 기획 단계에 적극적으로 참여하는 것이 오히려 합의회의의 결과에 대한 사회적 수용을 높여

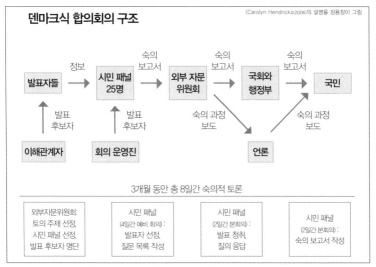

덴마크식 합의회의 구조

발표자들 → (정보) → 시민 패널 25명 → (숙의 보고서) → 외부 자문 위원회 → (숙의 보고서) → 국회와 행정부 → (숙의 보고서) → 국민

이해관계자 → (발표 후보자) → 발표자들

회의 운영진 → (발표 후보자) → 시민 패널 25명

외부 자문 위원회 → (숙의 과정 보도) → 언론

국회와 행정부 ← 언론 → (숙의 과정 보도) → 국민

3개월 동안 총 8일간 숙의적 토론

| 외부자문위원회: 토의 주제 선정 시민 패널 선정 발표 후보자 명단 | 시민 패널 (4일간 예비 회의): 발표자 선정 질문 목록 작성 | 시민 패널 (2일간 본회의): 발표 청취 질의 응답 | 시민 패널 (2일간 본회의): 숙의 보고서 작성 |

〈그림 1〉 덴마크식 합의회의 구조

주는 경우가 많았다.

독일식 플래닝셀

여기서 소개하는 플래닝셀에 대해서는 좀 더 주의를 기울여가며 읽을 필요가 있는데, 영어로 플래닝셀을 소개하는 자료가 많지 않기 때문이다. 일반적으로 플래닝셀은 이 책에서 소개하는 다른 숙의 민주주의 절차들보다 규모가 더 크다. 플래닝셀의 참가자 수나 진행 기간 등은 상황에 따라 적절하게 조절할 수 있지만, 수백 명의 시민들이 참가하는 경우도 있다. 평균적으로 한 프로젝트에는 6~10개의 플래닝셀들이 운영되고, 각각의 셀에는 25명의 시민들이 참여한다. 행사를 쉽게 진행하기 위해 각 셀 행사는 한 시간 간격을 두고 같은 장소

에서 진행된다. 그러면 같은 발표자들이 같은 날 여러 셀에서 발표할
수 있기 때문에 시간과 비용을 절약할 수 있다. 〈그림 2〉는 2001년부
터 2002년까지 독일에서 소비자 권리 보호를 주제로 열린 플래닝셀
의 구조를 보여준다. 당시 독일에서 광우병이 발생해 식품 안전에 대
한 우려가 깊어지자 바이에른 주정부 부처인 '보건영양 소비자 보호
부'가 이 행사를 준비했다. 18개의 셀이 운영됐으며, 425명의 시민들
이 바이에른 주 내 5개 지역에서 참가했다.

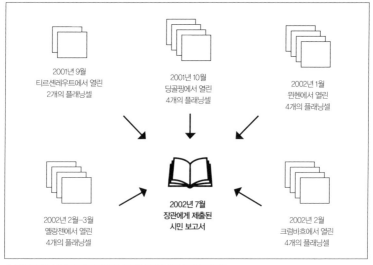

<그림 2> 독일 바이에른 주에서 열린 소비자 보호에 대한 18개 플래닝셀

　　나흘간 진행되는 플래닝셀 프로젝트엔 16개 프로그램이 포함된
다. 정보 세션, 발표, 현장 방문, 소그룹 토론 등이 그것인데, 소그룹
토론이 가장 중요하다. 일관성을 유지하기 위해 한 프로젝트에 포함
된 각 셀의 프로그램은 동일하다. 〈표 2〉는 앞서 언급한 프로젝트에

서 진행됐던 프로그램들을 보여준다.

어떤 면에서 각 플래닝셀은 합의회의와 비슷하다. 나흘간 각 셀에 포함된 25명의 시민들은 해당 이슈에 대해 정보를 얻고, 다양한 전문가와 이해관계자로부터 발표를 듣는다. 합의회의에선 발표자와 질문 목록을 시민 패널들이 결정하는 데 반해, 플래닝셀에선 그것을 운영진과 주최기관이 결정한다. 최근 열린 플래닝셀 프로젝트에선 세부 주제를 선정하기 위한 라운드테이블 회의에 전문가와 이해관계자 그룹이 참여하기도 했다.

회의 운영 방식에서도 플래닝셀과 합의회의는 다소 다르다. 각각의 플래닝셀에는 남성 1명과 여성 1명으로 구성된 '절차 감독관process steward'이 있다. 이들의 역할은 회의 운영을 돕는다기보다 의장으로서 절차를 관리하고 회의를 주재하는 것이다. 그들의 주요 업무 중 하나는 소그룹 토론의 결과를 취합하는 것인데, 그런 이유로 절차 감독관들은 해당 이슈에 대한 사전 이해가 높은 것이 좋다. 하나의 프로젝트에는 최대 40명의 절차 감독관이 배치될 수 있고, 이는 공론조사(5장 참조)에 있는 그룹 조정자의 수와 비슷하다. 플래닝셀 주창자인 피터 디넬은 다수의 절차 감독관을 활용함으로써 감독관에 의해 결론이 편향되는 것을 방지할 수 있다고 주장한다. 도시계획을 위한 플래닝셀 프로젝트에선 도시계획 담당 관료들과 기술직 전문가들이 시민들의 숙의 과정을 돕기도 했다.

모든 플래닝셀이 완료되고 나면 주최기관이 시민들의 결과물을 모아 〈시민 보고서〉라는 프로젝트 보고서를 작성한다. 보고서 초안은 각 플래닝셀에서 뽑힌 시민 대표단이 검토한 뒤 승인한다. 마지막 플

1일차	2일차	3일차	4일차
소주제 1 : 소비자 보호에 대한 소개	소주제 5와 6 : 식량 생산, 식품 첨가물, 성분 표시제	소주제 9 : 제품 안전(휴대전화 등)	소주제 13 : 소비자 책임
소주제 2 : 건강과 환경		소주제 10 : 특별 집단의 필요성	소주제 14 : 소비자 정보와 권고
소주제 3 : 건강 관련 소비자 보호	소주제 7 : 식품 관리와 식품 안전	소주제 11 : 광고	소주제 15 : 소비의 의미
소주제 4 : 영양과 농업	소주제 8 : 제품 안전(의류 등)	소주제 12 : 정치인들의 발표	소주제 16 : 요약 및 우선순위 설정

〈표 2〉 독일 바이에른 주의 소비자 보호에 관한 플래닝셀 프로젝트에서 다룬 16개 소주제와 토론 일정표

래닝셀이 완료되고 나서 보고서가 작성되고 승인되기까지는 몇 주 정도가 걸리는데, 이때 참가한 시민들이나 그들의 대표단이 보고서를 정책 결정자에게 전달하는 행사를 다시 개최한다. 보고서는 모든 대중이 볼 수 있도록 공개되며, 플래닝셀 관련 발표자, 정치인, 그리고 다른 이해관계자 집단들에 직접 제공된다.

플래닝셀 모델만이 가지는 여러 특징들이 있는데, 여기서는 네 가지 특징을 조명하고자 한다. 첫째, 공론조사와 시민 배심원 회의와 마찬가지로 참가한 시민들에게는 일당이 지급된다. 예를 들어 독일 바이에른 주에서 열린 프로젝트에서 시민들은 각각 165달러를 받았다. 이런 참가수당은 디넬의 플래닝셀 모델에서 필수적인 부분인데, 시민들의 참여를 촉진하기 위한 의도로 도입됐다. 하지만 수년간의 경험에 비

추어 보면, 참가자들은 금액 자체보다 자신의 참여를 감사히 여겨준다는 상징적인 의미에 가치를 둔다. 디넬에 따르면 참가 시민들은 참가수당을 받음으로써 자신의 참여가 가치 있는 일이며, 그 프로젝트가 중요한 정치적 과정임을 인정받는다고 느낀다.

플래닝셀 모델의 두 번째 특징은 소그룹 활동을 매우 중요시한다는 것이다. 참가 시민들이 문제를 깊이 숙의하는 과정은 대부분 5명씩 소그룹으로 토론할 때 이루어진다. 시민들이 소그룹 토론에 참여할 때 자신들의 의견을 표현하고 다른 사람의 의견을 듣는 상호작용의 기회를 얻게 되기 때문이다. 또한 많은 사람들 앞에서 발언하기를 두려워하는 소극적 시민들이라도 소그룹 활동에선 자유롭게 말할 수 있다는 장점도 있다. 나흘간의 토론 기간 중 참가자들은 수시로 소그룹으로 나뉘어, 첫째 여러 다른 정책 대안들에 대한 선호도를 평가하고, 둘째 의견에 합의를 하고, 셋째 보고서를 공동으로 작성한다. 25명의 셀 멤버를 어떻게 5명씩 묶을지는 매번 소그룹 회의를 할 때마다 바뀐다. 그래야 혹시라도 특정 소그룹 내에서 대화가 잘 이뤄지지 않거나, 특정 인물이 소그룹 내에서 과도한 주도권을 갖게 되는 문제를 막을 수 있기 때문이다.

플래닝셀 모델의 세 번째 특징은 운영진의 개입을 최소화한다는 것이다. 그룹 내에서 어떻게 진행할지에 관해 플래닝셀은 놀랄 만큼 유연하다. 합의회의와 달리 절차 감독관은 그룹 활동 훈련이나 예비적인 능력 강화를 위해 시간을 거의 배분하지 않는다. 이 문제를 명확히 설명한 문서가 많지 않은데, 플래닝셀을 실행해본 사람들에게 물어보면 이런 식의 회의 운영을 참가자들이 그다지 좋아하지 않는다고 한다. 플래닝셀의 주창자인 디넬에 따르면 회의 운영이나 참가자들의 친교 절차 등은 일부러 최소화했다고 한다. 디넬은 그런 '게임들'이 시민들을 조작하는 데 이용될 수 있다고 주장한다. 시민들은 예비적인 능력 강화 활동 없어도, 당초에 주어진 과제를 해내기 위해 함께 숙의하면서 스스로 배우게 된다고 플래닝셀 실무자들은 말한다.

마지막 네 번째 특징은 참가한 시민들의 결과물을 '운영진이' 취합한다는 것이다. 합의회의 등 다른 숙의 민주주의 절차에선 '시민들이' 하나의 그룹으로 숙의하고, 종합적 보고서를 함께 작성한다. 이렇게 시민들이 하나의 그룹으로 보고서를 작성하는 방식은 플래닝셀과 잘 맞지 않는다. 여러 셀들이 별도로 열리기 때문에 한 셀의 참가자들이 다른 셀 참가자들의 의견을 잘 모르기 때문이다. 물론 각 셀이 별도의 보고서를 쓸 수도 있다. 하지만 한 프로젝트가 하나의 주제를 다루기 때문에 그 주제에 대한 참가 시민들의 권고, 제안, 선호 등은 하나로 종합될 필요가 있다. 디넬이 인정하는 것처럼, 여러 셀들과 수많은 소그룹을 운영하는 방식의 단점은 거기에서 너무 많은 양의 자료가 만들어지기 때문에 어떻게든 그 자료들을 분석하고 종합할 필요가 있다는 것이다. 합의회의처럼 숙의 보고서를 시민들이 직접 작성하는 방식에 비해 플래닝셀 보고서는 운영진이 작성하기 때문에, 그 보고서는 질적인 정보보다 계량적인 정보를 좀 더 많이 담는다. 결과물을 통계적으로 분석한다는 점에서 플래닝셀 모델은 공론조사와 공통점을 가진다.

어떻게
발전되어 왔는가

합의회의나 플래닝셀이 절차상 다소 다르긴 하지만 주최기관의 역할은 비슷하다. 둘 모두 일회성 행사이지만 준비하는 데는 최소 6개월에서, 복잡한 사안인 경우 최대 18개월까지 걸릴 만큼 준비에 많은 작업이 소요된다. 회의 장소를 예약하고 회의를 조직하며 시민 패널과 발표자들을 선출하고 정치계와 언론의 협조를 얻는 등 주최기관의 역할은 막중하다. 그래서 주최기관은 이런 일들을 수행할 만큼 충분한 인적, 재정적 자원과 행정 능력을 갖춘 중립적 기구라야 한다. 주로 연구기관이나 컨설팅 그룹이 주최하는데, 가끔은 국가의 재정 지원을 받는 박물관이나 자문위원회 같은 기관이 주최하기도 한다. 덴마크 기술위원회도 국가의 재정 지원을 받는 법적 기구다. 합의회의와 플래닝셀을 주최하기 위해 필요한 단계들에 대해서는 문서로 잘 설명돼 있다. 그러므로 이 글에서는 그런 프로젝트가 어떻게 촉발되는지, 그리고 어디에서 주로 수행되는지에 중점을 두고자 한다.

합의회의를 촉발한 계기는 사안마다 다르다. 덴마크에서 합의회의는 덴마크 기술위원회가 채택한 여러 시민 참여 방법의 하나에 불과하다. 일반적으로 합의회의의 주제는 국가나 비정부단체, 또는 이해관계가 있는 개인들이 제안하는 연례적인 자문 과정을 거쳐 선정된다. 어떤 경우 합의회의는 국회의원 개인이나 국회 상임위원회 등이 직접 제기한 주제로 열리기도 한다. 덴마크 이외의 다른 나라들에선 국회나 중앙정부가 합의회의를 주최하는 경우보다, 대학교 등 해당 문제를 다루는 기관들이 주최하는 경우가 훨씬 많다. 이럴 때는 주최기관 혹은 후원기관이 자신들의 업무와 관련한 사안을 직접 주제로 선정한다.

플래닝셀은 해결하고자 하는 분명한 정책적 문제를 가진 조직, 즉 정부기관이 준비하고 후원한다. 플래닝셀을 기획하는 기관은 언제나 시장, 장관, 혹은 고위 관료 등 정부 공직자들이다. 이들은 자기가 맡은 행정적 업무에 대해 대중의 의견을 듣고 싶어 한다. 플래닝셀의 장점은 실제 정책문제에 시민들을 참여시킬 수 있는 것이라고 옹호자들은 말한다. 하지만 여기서 딜레마가 생긴다. 플래닝셀은 한편으로 국가와 긴밀하게 연결돼서 정책에 직접 영향을 줄 수 있지만, 또 한편으로 국가가 불가피하게 해야 하는 일들에 대해서는 몹시 취약하다.

합의회의와 플래닝셀에는 모두 전체 토론과 소그룹 작업을 위해 충분한 공간이 필요하지만, 요구하는 공간이 조금 다르다. 합의회의의 한 가지 목적은 대중적인 토론을 촉진하는 것이기 때문에, 합의회의는 전형적인 공공 행사로서 대중적으로 엄청나게 중요한 국회나 지방의회 본관 등에서 열린다. 더욱이 합의회의에는 50~100명 정도의 방청객도 있어서, 이들이 전체 토론을 참관할 수도 있다.

그에 반해 플래닝셀을 위한 공간은 상대적으로 수수하고 주로 지역에 기반을 둔다. 플래닝셀은 주로 시청이나 도서관, 학교 등 공공건물에서 열린다. 또한 그 장소는 최소한 두 개 이상의 플래닝셀이 동시에 열릴 수 있을 만큼 충분한 공간을 갖추고 있어야 한다. 주최기관은 플래닝셀이 열릴 지역에서 흔히 프로젝트를 위해 임시 사무실을 내기도 한다. 이런 지역 사무실이 있으면 그 프로젝트가 그 지역에서 열린다는 것을 알릴 수 있고, 관심 있는 시민들이 쉽게 연락을 할 수도 있다. 또한 식사 준비나 어린이 돌봄 시설, 교통, 혹은 현장 방문 등에 필요한 여러 가지 지역 정보도 쉽게 얻을 수 있다.

역사적 사례

합의회의와 플래닝셀은 각각 특정한 이슈를 해결하기 위해 구체적인 정치적 맥락 속에서 개발됐다. 하지만 20~30년 전 처음 만들어진 이후 그 사용 범위는 크게 확대됐다. 이 모델들이 당초 만들어진 나라 밖으로 전해진 경우 그 영향은 상황마다 달랐다.

합의회의가 덴마크에서 진화한 것은 우연이 아니다. 지난 150년 간 이 나라에선 민주적인 전통이 발전했는데, 그 특징은 대중이 적극적으로 참여하며 정보 공유를 중요시했다는 것이다. 원자력 에너지 같은 기술들이 사회에 미칠 영향에 대한 대중의 우려가 커짐에 따라, 덴마크 국회는 1985년에 기술 검토 위원회를 설립했는데, 대중적 논쟁을 촉발하는 것이 구체적인 목표였다. 많은 나라에서 기술 평가를 과학자들의 영역에 한정하는 데 반해, 덴마크 사람들은 기술적 발전이 사회에서 가지는 맥락을 중요시 여긴다. 즉 합의회의는 대중이 기술을 평가하게 하려는 덴마크 사람들의 의지와 덴마크의 공화국 전통이 만들어낸 산물이다.

이 모델이 1987년에 시범적으로 사용된 이후, 이것은 덴마크에서 최소 22개의 논쟁적인 기술 이슈에 적용돼왔다. 예를 들어 산업과 농업의 유전자 기술(1987), 대기오염(1990), 불임과 입양(1993), 자택근무(1997), 온라인 감시(2000), 유료 도로(2002) 등이 그것이었다. 지난 10년간 이 모델은 국제적인 관심을 끌었다. 오늘날까지 최소 50회의 합의 회의가 16개 국가에서 개최됐는데, 아르헨티나, 뉴질랜드, 한국, 이스라엘, 일본, 캐나다, 미국 등도 포함된다. 합의회의 모델은 여러 다양한 정치적 상황에도 잘 적용될 수 있음을 증명했다. 서구 사회는 물론 그 외 지역에서도 적용됐고, 국가적인 문제나 국가 내 지역적인 문제에도 적용됐다. 전 세계적으로 가장 많이 다루어진 합의회의의 주제는 식품 및 의약품 관련 유전자 조작 기술이다.

플래닝셀은 합의회의보다 좀 더 역사가 오래됐다. 디넬이 1970년대 초에 이 모델을 처음 제안한 이후 대부분의 플래닝셀 프로젝트들은 지방정부 기관이 개최했고, 주로 도시 기반시설 문제에 집중됐다. 좀 더 범위가 넓은 정치 이슈에 대해 국가 또는 연방정부가 회의를 개최한 경우는 몇 차례밖에 안 되는데, 정보기술, 에너지, 폐기물 관리, 유전자 조작 기술, 건강 등이 그 주제였다. 디넬에 따르면 플래닝셀이 진정으로 힘을 얻은 건 15년 전부터다. 독일 이외 다른 나라에서도 플래닝셀에 대한 관심이 커지고 있는데, 오스트리아, 스위스, 스페인, 미국 등에서 열린 적이 있다. 현재까지 전 세계적으로 개최된 플래닝셀 프로젝트는 50개가 넘는데, 그 대부분은 독일에서 열렸다. 이 플래닝셀 프로젝트에서 열린 셀의 숫자는 총합 300여 개, 참가한 전체 인원수는 7,000여 명, 숙의 토론을 한 날은 1,200일 정도다.

플래닝셀은 매번 열릴 때마다 진화를 거듭한다. 특히 이 모델의 역동적인 요소는 시민들의 숙의 기간이다. 디넬이 최초에 제안했던 모델에서 숙의 기간은 12주였다. 그랬던 것이 3주로 줄어들었고, 이제는 4일을 표준 모델로 삼는다. 지금까지의 경험으로 볼 때, 시민들은 플래닝셀에 오랜 기간 참여하기가 어렵다. 하지만 시민들이 새로운 것을 아주 빨리 배운다는 것도 보여주었다. 최근 몇 년 동안 독일에서 있었던 변화 중 한 가지 더 주목할 만한 것은, 플래닝셀이라는 이름 대신 '시민 보고서citizens' report'라는 용어가 사용되는 경우도 있다는 것이다. 왜냐하면 플래닝planning(계획하기)이라는 용어 때문에 플래닝셀의 주제가 어떤 계획에만 한정되는 것으로 오해를 살 수 있으며, 셀cell이라는 용어는 감옥을 연상시키기 때문이다. 특히 시민 보고서라는 용어는 이 작업의 중점이 다양한 영향에 있음을 보여준다는 점에서 유용하다.

실제 정책과 대중 여론에
미치는 영향

숙의 민주주의 토론들이 미치는 영향은 다차원에 걸쳐 있다. 우선 숙의 민주주의 토론은 정책을 실질적으로 바꾸거나 참가한 시민들의 의식을 바꾸는 등 직접적인 효과도 있다. 또한 숙의 민주주의 토론을 하고 나면 그 주제에 대한 대중적 담론이나 정치 지도자들에게 영향을 끼치기도 한다. 이런 영향들과 함께 합의회의와 플래닝셀의 성과들을 자세히 설명하기에는 지면이 부족해 불가능하다. 대신 여기서는 여러 평가를 통해 보고된 직간접적인 영향 중 일부를 맛보기로 소개하고자 한다. 본론에 앞서, 몇몇 구체적 사례의 영향에 대한 평가는 진행된 바 있으나 여러 사례들을 종합해 비교한 연구는 거의 없다는 사실을 미리 말해두고자 한다.

먼저 이 숙의 민주주의 모델들이 시민 참여에 미친 직접적인 영향을 살펴보려고 한다. 여러 프로젝트 보고서들을 보면 무작위로 추출된 시민들은 해당 프로젝트에 참가할지 여부를 스스로 선택할 수 있는데, 대부분 참가를 선택한다고 한다. 이런 시민들은 광범위한 사회적 그룹에서 추출되는데, 성별, 나이, 학력, 직업, 가족 크기 등을 반영해 그룹을 나눈다. 보고서에 기록된 코멘트에 따르면, 이런 숙의 민주주의 포럼에 참가한 시민들은 그들의 역할을 진지하게 수행하려고 하고 주어진 문제에 대해 토론하고 배우려는 의지가 높다. 또한 숙의 토론 결과 시민들은 해당 정책 이슈를 넓은 차원에서 배우고, 그에 따라 그 이슈에 대한 태도나 선호를 바꾼다. 그리고 합의회의와 플래닝셀은 결과적으로 참여자들에게 깊은 영향을 미쳤다.

비록 숙의 토론이 4일로 길지는 않았지만, 대부분의 참가자들은 그 과정이 매우 만족스러운 경험이었으며, 자신에 대한 긍정, 정책 이슈에 대한 지식, 정치적 의식 수준을 높여주었다고 한다. 어떤 참가자들은 참여를 통해 자신의 능력을 깨닫고는 사회단체 등에 새로 가입하기도 했고, 또 어떤 참가자들은 정부위원회 등에 시민 대표로 초대받기도 했다. 또한 참가자들이 자신의 경험을 가족, 친구, 직장 동료들과 나눔에 따라 사회에 즉각적인 영향을 끼치게 됐음을 밝힌 연구도 있다. 전반적으로 이런 연구에 응답한 숙의 민주주의 참가 경험자들은 이런 숙의 과정이 사회에서 더 많이 활용되는 것에 찬성한다고 응답했다. 또한 그들은 이런 숙의 과정을 개선할 방안에 건설적인 의견도 제시했다.

하지만 모든 합의회의와 플래닝셀이 실질적으로 정책과 대중 여론에 영향을 미쳤는지 확인하기는 어렵다. 시민들이 작성한 보고서들은 정책을 결정하는 것이 아니라 단지 자문하는 역할만 하기 때문에, 이런 자문은 정당이나 전문가 위원회, 이해관계자 그룹 등의 정책 자문과 경쟁해야 한다. 더욱이 이런 전문가 자문 등이 숙의 토론에서 나온 시민들의 자문 내용과 같을 때는 둘 중 어떤 것이 정책 결정에 더 큰 영향을 미쳤는지 평가하기가 매우 어렵다.

어떤 경우든 시민 보고서가 실제 정책과 대중 여론에 미치는 영향은 정치적 상황에 따라 다르다. 즉, 숙의 토론 절차의 영향력은 여러 맥락의 요인에 의해 결정되는데, 정책 결정자가 일반 시민의 의견을 얼마나 잘 들으려 하는지, 혹은 평소 대중의 담론이 어떻게 형성되는지 등이 중요한 요인이다. 특히 정책을 결정할 때 시민의 의견보다 전문가의 의견이 중요하다는 분위기가 강하다면 숙의 절차의 영향력은 낮을 것이다. 이렇게 상황적 요인이 중요하기 때문에, 우선 합의회의와 플래닝셀이 처음 시작된 나라들에서 그 영향을 검토하고, 그다음 다른 정치적 상황에서는 어떠했는지를 살펴보고자 한다.

합의회의

덴마크의 경우 합의회의가 실제 정책 결정에 미친 영향은 사안에 따라 다양하다. 흔히 덴마크 국회는 반드시 시민들의 권고를 따라야 한다고들 오해한다. 물론 이것은 사실이 아니다. 하지만 합의회의를 운영하는 '기술위원회'의 정치적 지위 덕분에 기술위원회는 국회의원이나 국회 내 여러 위원회와 정기적으로 가까이 만날 수 있다. 몇몇 합의회의 프로젝트에선 국회와의 이런 관계 덕분에 그와 관련된 새로운 법이 제정되거나 기존 법이 개정되기도 했다. 하지만 덴마크에서 열린 다른 합의회의에선 정책에 대한 영향이 거의 없거나 전무한 경우도 있었다. 실제 조사한 바에 따르면 합의회의가 대중의 토론을 촉발했다고 하는데, 주로 언론의 도움을 얻었다고 한다. 즉 덴마크라는 상황에선 합의회의가 참여적 기술 평가를 위한 실용적인 메커니즘을 제공했다고 할 수 있다. 합의회의가 정책 결정자에게 시민 여론이라는 정보를 줄 뿐 아니라 대중의 토론도 촉발하기 때문이다.

하지만 덴마크 이외 국가에서 열린 사례들에서 합의회의가 실질적으로 정책에 영향을 미쳤다는 증거는 거의 없다. 그렇게 된 이유에는 덴마크와는 다른 제도적인 상태와 정치문화가 주요한 요인으로 작용한 것 같다. 다른 나라들에서 전통적으로 어떤 주장의 과학적 진위 여부를 결정하는 것은 이른바 과학 전문가 또는 관료 집단이 있는 정부의 역할이다. 그러므로 시민들의 토론을 통해 과학의 진위 여부를 가리는 것은 엄청난 변혁이다.

특히 다른 나라에는 덴마크의 기술위원회 같은 제도적 구심점 역할을 하는 기관이 대부분 없다. 덴마크처럼 법으로 설립된 기구에 의해 합의회의가 열린 경우도 간혹 있었지만(예를 들어 네덜란드와 프랑스), 대부분 다른 나라에선 법적 기구나 중앙정부가 아닌 기관들이 합의회의를 주최했다. 예를 들어 캐나다에선 연구기관이, 영국과 독일에선 공공 박물관이 열었으며, 미국에선 재단, 한국에선 국제개발기구, 호주에선 운동 단체가 개최했다. 이렇게 정부기관이 아닌 기관이 합의회의를 개최하면 합의회의가 정책에 미치는 힘은 약할 수밖에 없으며, 특히 정책 결정 기관이 참여하지 않을 땐 더더욱 그렇다. 개최 시기가 적절치 않은 것도 많은 경우 문제였다. 어떤 나라에선 어떤 문제에 대한 정책이 결정된 이후, 혹은 언론과 여론이 그 문제에 거의 합의한 뒤에야 합의회의가 열리는 바람에 영향력이 별로 없었던 일도 있었다.

직접적인 정책적 영향이 적더라도 일반 시민들이 목소리를 낼 때 정책에 대한 담론이나 정책 지도자들에게 미친 간접적인 영향은 클 수 있다는 사실을 국제적인 경험들은 잘 보여준다. 어떤 합의회의 프로젝트들은 미묘한 정치적 영향을 낳기도 했다. 가령 몇몇 합의회의들은 그 주제에 대한 대중의 토론을 촉발했고, 검토 중에 있던 정책적 개혁안에 대한 지지를 끌어내기도 했다. 합의회의에 대한 언론 보도의 수준은 매우 다양하지만 대부분 긍정적이었고, 덴마크와 동등할 정도로 자세히 보도되기도 했다. 몇몇 경우에 언론 보도는 합의회의의 토론 주제보다 오히려 합의회의라는 새로운 토론 방식에 중점을 두기도 했다. 비슷한 맥락에서 합의회의는 정치 엘리트들이 일반 시민과 대중적 토론을 보는 태도를 바꾸기도 했다. 하지만 정책 지도자들이 일반 시민들의 숙의 토론의 결과로 그 주제에 대한 자신들의 입장을 바꾸는 일은 거의 없었던 것으로 보인다.

플래닝셀

독일의 플래닝셀이 미친 영향에 대한 객관적 평가는 드물지만, 대체로 긍정적이다. 참가한 시민들은 대부분 공동선에 기여하는 결과물을 내기 위해 노력한다는 것이 초기 플래닝셀에 대한 평가의 결론이었다. 디넬에 따르면, 플래닝셀 프로젝트를 통해 플래닝셀이 다양한 범위의 도시계획 문제를 해결할 수 있는 효율적인 수단이라는 사실이 증명됐다. 즉 도시계획을 위한 초안을 만들고 법정 계획을 수립하기까지 모든 과정에 소요되는 총비용이 플래닝셀 토론 덕분에 현저히 줄어들었다. 플래닝셀을 실행해본 사람들에 따르면 정부, 특히 지방정부는 시민들의 권고안이 기술적으로 실행 가능하고 경제적으로 효율적인 한에서 가능한 한 권고안을 받아들이려고 한다.

플래닝셀 모델에 대한 평가는 1982년부터 1985년까지 3년간 가장 광범위하게 진행됐다. 당시 서독 의회 자문기구는 네 가지 에너지

시나리오를 개발한 다음, 그에 대한 시민들의 선호를 평가하는 프로젝트를 실행했다. 과학자, 이해관계자, 정부 공무원 등으로 구성된 평가 팀은, 시민들이 해당 주제와 직접적 연관성이나 지역적 경험을 갖고 있는 경우, 플래닝셀이 시민들의 선호를 평가하는 적합한 모델이 된다고 결론 내렸다.

하지만 플래닝셀을 지역적 이슈와 국가적 이슈에 사용할 때의 효능에 대해서는 의견이 갈렸다. 플래닝셀이 국가적 차원 등 좀 더 넓은 범위의 이슈를 다룰 때는 좁은 범위의 지역적 이슈를 다룰 때보다 더 활발하게 논쟁을 촉발하는 경향이 있다. 주정부나 중앙정부는 시정부보다 더 넓은 범위의 이슈를 다룰 때가 많은데, 그때는 정치적 행위자들을 더 자극하게 된다. 이런 상황에서 시민 보고서의 힘은 다른 이해관계자 그룹이나 자문기구들의 경쟁적인 주장에 의해 약화되기 쉽다. 하지만 최근의 경험에 따르면, 정치인들과 정부 관료들이 플래닝셀 프로젝트를 제대로 지원하기만 한다면, 국가 차원 등 넓은 범위의 문제에 대해서도 플래닝셀이 좋은 정책적 결과물을 만들어낼 수 있다고 한다.

플래닝셀은 합의회의에 비해 국제적으로 덜 확산된 편이다. 미국에서는 하수 슬러지 관리 문제에 대해 1988년과 1989년에 뉴저지에서 열린 플래닝셀 프로젝트가 유일하다. 정치적 논란이 있는 상황에서 플래닝셀이 열리면 플래닝셀이 의도하지 않은 영향을 미칠 수 있다는 점이 이 사례를 통해 밝혀졌다. 이때 선정된 시민 대표들은 당시 외부 제3자 기관이 운영하던 과정을 불신하기 시작했다. 그들은 주최 기관과 회의 운영진을 전면 거부하고 자기들 스스로 보고서를 만들었으며, 그 보고서를 외부 자문위원회에 건네주었다. 이 프로젝트는 시민들의 선호가 무엇인지를 정부 관료들이 명확하게 이해할 수 있도록 도왔다는 점에서 목표를 달성했다. 하지만 패널들의 반응을 통해, 모든 사람들이 숙의 과정을 외부 기관에 맡기고 싶어 하지는 않음을 알 수 있었다.

미국 외 다른 곳의 플래닝셀 경험은 좀 더 긍정적이다. 예를 들어 스페인의 바스크 지방에선 고속도로 요금 무료화 논쟁이 매우 심각했는데, 플래닝셀이 이를 해결하는 데 크게 기여했다. 합의회의처럼 플래닝셀도 다양한 유형의 정치적 상황에 잘 적응하는 것으로 보인다. 가령 스위스의 한 프로젝트에서 운영 기관은 시민 대표단을 무작위 추출하는 것이 적법하지 않게 보일 것을 걱정했다. 그래서 운영 기관은 무작위 추출을 하는 대신 여러 도시에서 타운홀미팅을 개최한 다음 거기에서 플래닝셀에 참여할 마을별 대표자를 선출했다.

고려해야 할 사항

합의회의와 플래닝셀의 목표는 복잡한 정치적 이슈에 대한 일반 시민들의 의견을 체계적으로 이끌어내는 것이다. 많은 사람들은 이런 숙의 민주주의 절차의 목표에 대해 박수를 치며 환호하지만, 현실적으로 일반 시민의 참여를 이끌어내는 것은 여전히 힘든 일임을 인정하는 것이 중요하다.

합의회의와 플래닝셀은 개최하기 쉬운 행사가 아니다. 물론 이런 행사들이 보람과 성과는 있지만, 이 행사를 주최해본 사람들은 동시에 많은 재정적 자원을 요구하며 행정적인 처리도 힘들다고 입을 모아 답한다. 이 방법들이 혁신적인 만큼 앞으로도 지속적으로 발전하기 위해서는 이를 촉진하고 강화할 수 있는 운동가들이 필요하다. 더 중요한 것은 주최기관이 더욱 강력하게 재정적으로 지원해야 한다는 것이다. 하나의 합의회의를 주최하는 데는 참가자들을 위한 교통비와 숙박비에 따라 달라지긴 하지만, 사전 주말 워크숍을 포함해 약 7만~20만 달러가 소요된다. 공론조사나 타운홀미팅, 이해관계자 원탁회의 등에 비해 이 금액은 커 보이지만 합의회의의 성과는 질적으로 다르다. 따라서 전문가 자문위원회나 의회 조사단 등을 운영하는 비용과 성과 등을 함께 비교하는 추가 연구가 필요하다.

합의회의와 플래닝셀이 모든 이슈에 대한 참여적 해결책은 아니며, 모든 상황에 적용할 수도 없다. 이 두 방법은 일반 시민들의 삶에 관련되고 공공의 관점에서 중요한 이슈를 다루는 데 가장 적합하다. 문제가 상대적으로 위급하고, 실행 가능한 다른 대안들이 있으며, 이 대안들이 서로 다른 장단점을 갖고 있을 때는 플래닝셀이 적합하다. 단순히 찬성과 반대 중 선택하는 문제라든가, 문제에 대한 의견이 양쪽으로 첨예하게 갈릴 때, 혹은 사회집단 간에 큰 불공평을 초래할 수도 있는 정책들에는 플래닝셀이 적합하지 않다. 합의회의는 어떤 문제가 사회적, 윤리적, 기술적인 면 등 여러 측면에서 복잡한 사회적 영향을 끼칠 수 있는 경우에 가장 적합하다. 어떤 이슈에 대한 사람들의 태도, 이슈의 적용, 이슈에 대한 규제 등이 잘 해결되지 않을 때는 합의회의가 적합하다고 덴마크 기술위원회는 말한다. 이슈가 현재 대중의 관심사이고 현재로선 전문가들에게만 알려져 있으며, 이슈의 범위가 명확하고 이슈가 논쟁적일 때는 합의회의가 잘 맞는다.

사회적 맥락도 매우 중요한 고려 요소일 수 있는데, 특히 일반 시민들의 참여가 흔치 않거나 그 자체로 논쟁적일 때 그렇다. 어떤 사회에선 일반 시민들의 숙의를 적대시하기도 한다. 대중이 정책문제에 체계적으로 참여할 수 있음을 불신하거나, 이익집단이 정치권력을 쥐고 있는 경우 등이 그렇다. 정책 결정자나 정치 지도자들이 숙의 민주주의적 정책 결정을 충분히 지원하지 않아도 플래닝셀은 성공하기 어렵다. 합의회의는 이 점에서 다소 유연한데, 합의회의가 정부 지원 없이 개최돼 대중의 토론을 촉진하고 정책 개혁을 촉발하는 데 성공한 경우도 있기 때문이다.

합의회의나 플래닝셀은 사전에 정교하게 계획한 뒤 실시하는데, 이런 계획적 절차가 항상 환영받는 것도 아니다. 이 방법들은 그 과정의 각본이 사전에 잘 짜여 있기 때문에, 좀 더 즉각적으로 대응해야 하거나 유연한 접근이 필요한 때는 적합하지 않을 수도 있다. 이 점에서 고려해야 할 몇 가지 사항이 있다.

첫째, 합의회의나 플래닝셀은 일회성 행사로, 이 행사 이후 시민들을 더 만나는 일은 거의 없다. 둘째, 합의회의나 플래닝셀은 원래 치밀한 계획에 따라 진행되기 때문에, 주최기관이 결론을 조작할 수 있다. 특히 그 과정이 투명하지 않고, 대중을 계획 과정에 포함하지 않을 때 그렇다. 유연성과 투명성 측면에선 합의회의가 플래닝셀보다 더 우수하다. 합의회의에 참여하는 시민 대표들은 문제에서 어떤 내용을 다룰지, 그 문제와 관련해서 누구를 발표자로 부를지를 결정할 수 있기 때문이다. 외부 자문위원회도 이런 과정들이 좀 더 투명하고 대중에게 열려 있도록 보장하는 데 도움을 줄 수 있다. 셋째, 합의회의와 플래닝셀은 그 구조가 잘 짜여 있어서 대중 영역에서 비공식적인 숙의가 필요한 때는 잘 맞지 않을 수 있다. 이는 합의회의를 좋아하는 사람들도 이미 잘 아는 한계점이다. 예를 들어 합의회의는 형식이 다소 고정돼 있다 보니 좀 더 넓은 범위의 대중적 토론에는 적합하지 않으며, 대중은 이것을 또 하나의 행정적 절차로 오해할 여지가 있다고 비판하기도 한다.

'무엇을 성취할 수 있는가' 라는 질문

합의회의와 플래닝셀은 성과를 잘 낼 수 있는 숙의 토론을 만들기 위해 시민 참여를 무작위 추출된 일반 시민들로 한정해버린다. 참여하고 싶어도 그럴 수 없는 시민들이 많은데, 어떻게 그 결론이 정당성을 얻을 수 있을까? 이것은 비단 이 두 방식뿐 아니라 모든 숙의 민주주의 과정에 제기되는 의문이다. 합의회의와 플래닝셀의 정당성은 처음부터 주어지는 것이 아니므로, 이 과정의 주최자들은 이 행사가 공평하고 엄격하게 진행되도록 많은 노력을 기울여왔다. 이런 노력에도 합의회의는 관료주의와 전문가주의에 물든 일부 관료들과 정치인들에게 눈엣가시 같은 존재다. 정책 이슈를 대중에게 공개하기 꺼려하는 정치인들이 반드시 있게 마련이다. 일반 시민들의 능력을 의심하는 전문가들도 항상 있다. 더욱이 자기가 정책 결정 과정에서 배제됐다고 오해하고 불만을 품는 이해관계자들과 일부 '전문가적 활동가들'도 있게 마련이다.

시민 참여가 낯선 곳에서 또는 전문가들과 이해관계자 그룹들이 이슈를 오랫동안 독점하고 있는 곳에서는 합의회의나 플래닝셀에 거부감이 매우 높다. 정치적 행위자 70명과 인터뷰한 결과를 비교한 연구에 따르면, 이 두 가지 숙의 민주주의 모델은 최소한 세 가지 특징이 있다.

첫째, 관료주의와 전문가주의에 빠진 일부 정치 지도자들은 비전문가와 일반 시민들이 공공정책 형성에 적절한 기여를 할 수 있다는 사고 자체를 거부한다. 그들은 일반 시민들이 복잡한 문제를 이해할 수도 없다고 말하며, 일반 시민들이 전체 공동체를 대표하는 소우주로서 갖는 책임성, 권위, 대표성 등을 부정한다.

둘째, 이런 모델들의 숙의 과정에서 전문가나 관료들은 결정자가 아닌 '발표자'의 역할을 하며, 그런 점에서 그들의 권력을 새로운 방식으로 활용하게 된다. 즉, 이 모델들은 이들 전문가와 관료들에게 대화와 협력이라는 새로운 방식을 통해 권력을 유지하고 행사하도록 권장한다. 하지만 이런 새로운 정치 모델 속에서 전문가와 관료들은 예전처럼 정책을 마음대로 결정할 수 없기 때문에 이런 모델을 받아들이지 않으려 한다.

셋째, 숙의적 모델들은 대화의 형태를 경쟁적 대화에서 '근거에 기반한 공감적 대화'로 전환하기를 추구한다. 숙의 모델을 의심하는 자들은 대중 여론이 경제학에서 말하는 것처럼 개인들의 선호를 단순 집계한 것이라고 착각하기 때문에, 숙의 모델을 통해 대중의 '집합적 의지'가 만들어질 수 있음을 이해하지 못한다. 더욱이 숙의가 사회적 학습을 일으키고 집합적 성과를 낼 수 있는 사회적 과정이라는 사실도 그들에겐 도저히 받아들일 수 없는 진실이다.

이런 오해와 편견들 때문에 합의회의와 플래닝셀이 이미 이루어 낸 성과들이 퇴색됨은 물론 그 절차적 정당성도 제대로 빛을 발하지 못하고 있다. 심지어 이런 오해와 편견들 때문에 이런 숙의 행사들 자체가 제대로 기능을 못 하게 되기도 한다. 역설적이게도 이런 행사들을 잘 하려면 정치 지도자들이 이를 지지해줘야 하는데, 이런 행사를 하면 할수록 정치 지도자들의 권력은 더 작아질 수도 있다. 바로 이런 역설 때문에 정치 지도자들이 이런 숙의 모델들을 대놓고 환영하지 못하게 되는 것이다.

물론 그렇다고 해서 일반 시민들이 숙의 정책 토론에 참여하는 것을 정치 지도자들이 항상 방해하는 것은 아니다. 전문가들, 정치 지도자들, 이해관계자 그룹들도 이런 행사를 통해 얻는 인센티브가 있다면 이를 지지한다는 증거들이 많다. 예를 들어 어떤 이해관계자 그룹들은 그들의 주장을 공개적으로 펼칠 수 있는 기회를 환영한다. 일부 상공업계는 소비자들의 피드백을 감사히 여기기도 하고, 일부 과학자들은 그들이 개발한 기술을 공개적으로 방어하기를 좋아한다. 정치 지도자들이 이런 숙의 모델들을 감사히 여기고 지지하도록 만들려면, 전체 과정의 초기에서부터 이들을 자문위원 등으로 초대해 참여시키는 것이 효과적이다. 또한 이런 모델들이 무엇을 추구하는지, 그리고 그 한계가 무엇인지를 그들에게 정확히 알려주는 것도 중요하다.

합의회의와 플래닝셀 모델에서 자주 오해를 사는 점은 시민 참가자들의 대표성이다. 합의회의 참가 시민들의 수는 다소 적은데, 이는 통계적 대표성을 확보하기 위해서가 아니라 다양한 사람들의 의견을 듣기 위해 설계됐기 때문이다. 플래닝셀에 참여하는 시민의 표본 수는 합의회의보다 훨씬 크기 때문에, 대표성을 띤다고 좀 더 강하게 주장할 수는 있다. 하지만 그 경우에도 플래닝셀 참가 시민들이 통계적으로 대표성을 띤다는 것은 과장된 주장이다. 이렇게 시민 참가자들이 전체 시민을 대표하는지 논쟁을 하다 보면, 그들이 하는 진짜 역할인 숙의 토론에 대한 관심에서 멀어질 수 있다. 그래서 숙의 모델 설계자들은 시민 대표단이 전체 시민을 대표한다는 주장을 삼간다. 결국 이런 과정들에서 정말 중요하게 떠오르는 문제는 다양성이다. 숙의에 참여하는 사람들이 이질적일수록, 그들이 자기 견해만 고집하면서 합의를 방해할 가능성은 낮아진다.

확장 가능한 영역

이 장에서 다룬 합의회의와 플래닝셀 모델은 대중의 목소리가 정책 결정 과정에 반영될 수 있는 여러 가지 방법들을 보완할 수 있다. 이 모델들은 어떤 문제에 직접적 이해관계가 없는 일반 시민들이 그들의 생각을 표현할 수 있는 길을 열어준다. 그동안 정책에 대해 전문가 자문이나 대중적 여론조사를 통해서만 의견을 구했던 것에서 벗어나 새로운 차원을 열 수 있다. 정책 결정자나 숙의 토론 실행자들에게 힘든 점은, 이런 다양한 유형의 정책적 의견들을 통합하는 것이다. 특히 이런 의견들이 서로 경쟁할 땐 더더욱 힘들다.

아마도 이를 해소하기 위한 첫 번째 단계는 시민 참여를 다른 대중적 숙의 형식과 더 결합하는 것이다. 예를 들어 오트윈 렌Ortwin Renn이 개발한 '3단계 협력 대화 모델'이 좋은 시작점이 될 수 있다. 이 모델에선 이해관계자, 전문가, 일반 시민이 정책 숙의를 위해 단계적으로 대화를 진행한다. 처음에는 이해관계자 그룹들이 만나 그들이 중요하게 여기는 가치와 기준들에 합의한다. 다음으로는 전문가들이 모여서 여러 다른 정책 대안들을 만들고 그 대안들의 장단점을 평가한다. 세 번째 단계에선 무작위로 선정된 일반 시민 대표단이 이런 정책 대안들을 평가하고 세부적으로 설계한다.

이에 더해 린 카슨은 정책 대안의 책임성을 높이고 시민들의 학습을 위해 더 폭넓은 시민들이 참여해 피드백을 주는, 네 번째 단계를 제안했다. 이와 같은 3, 4단계 대화 모델은 무작위로 선정된 소수의 시민과 더 많은 대중 참여 사이의 간극을 메울 수 있는 정치 지도자들의 능력 향상을 목표로 한다.

합의회의와 플래닝셀은 다른 숙의 모델과도 쉽게 결합한다. 인터넷 기술을 활용하면 여러 다른 지역에서 동시에 대화를 진행하는 방식이 가능할 수도 있다. 현재 플래닝셀은 각각 별도로 열리지만, 이렇게 네트워크를 짠다면 그런 고립의 문제를 극복할 수도 있을 것이다. 또한 그런 기술 덕분에 합의회의 행사에 참여하는 사람 수를 늘릴 수도 있을 것이다. 또한 언론과 인터넷을 결합한다면 숙의 포럼의 결과를 대중과 훨씬 쉽게 공유할 수 있을 것이다.

물론 이미 일부 숙의 민주주의 프로젝트들이 인터넷 토론을 성공적으로 활용했지만, 일반 시민들의 숙의 의견을 인터넷으로 수집하고 종합하는 기술을 활용한다면 훨씬 더 향상될 수 있다. 노스캐롤라이나 주립대학교 연구진은 이런 방향으로 진화하기 위한 방법을 검토했다. 그들은 유전자 조작 식품을 주제 삼아 직접 참여해 얼굴을 보면서 대화하는 합의회의에 참가한 사람들과, 온라인 합의회의에 참가한 사람들 사이의 차이를 비교했다.

어디로 갈 것인가?

합의회의와 플래닝셀은 시민 참여의 만병통치약이 아니다. 다른 모든 대중 참여 프로그램과 마찬가지로 이 두 방식도 결론 조작, 온정주의, 시민을 핑계 삼기 등으로 악용될 위험이 있다. 즉, 정치 지도자들이 어떤 정책에 결론을 미리 내려놓고, 그 결론을 정당화하기 위해 이런 시민 참여 방식을 개최할 수도 있는 것이다. 특정한 정치적, 문화적 상황 속에선 조금 다를 수도 있지만 덴마크, 독일, 그리고 일부 이 방법을 활용한 나라들에서의 경험에 따르면, 일반 시민들은 능력과 의지, 가치를 갖춘 숙의 토론자임이 증명됐다.

이런 면에선 플래닝셀이 좀 더 나아 보이는데, 셀이라는 방식을 통해 소그룹을 유지하면서도 참가자 수를 늘릴 수 있기 때문이다. 특히 한 이슈에 관련된 시민들이 전국에 걸쳐 흩어져 있을 때 매우 유용한 방법이다. 그에 반해 합의회의는 숙의의 질을 높임으로써 참가자 수가 적다는 단점을 보완한다. 본회의 전에 준비 워크숍을 두기 때문에 시민들은 주어진 이슈를 비판적으로 생각하는 능력이 생긴다. 또한 본회의 발표자를 스스로 정하고 그 발표자에게 던질 질문도 스스로 정하게 된다. 합의회의는 정책 권고안을 만들어내는 것은 물론, 언론을 적절히 활용함으로써 회의에 참가하지 않은 시민들의 토론을 촉발할 수도 있다.

회의론자들은 일반 시민에 의한 숙의 토론이 과연 가능하겠냐고 계속 의구심을 가지겠지만, 절대 그럴 수 없을 것 같은 공간에서도 숙의가 가능하다는 전망도 있다. 예를 들어 2003년 12월 미국 의회는 '21세기 나노기술 연구개발에 관한 법률'을 통과시켰다. 이 법안에 따르면 새로 실행될 국가 나노기술 프로그램에 따라 '시민 패널, 합의회의, 교육 행사 등 적절한 메커니즘을 통해 정기적인 대중 토론'이 실시될 예정이다. 대중의 우려 사항들이 반드시 정책에 반영돼야 한다고 이 법률안이 강제하는 것은 아니지만, 적어도 이 법률은 시민들이 만나서 자신들의 목소리를 낼 수 있는 공간을 정책 결정자들이 제공해야 한다고 명시적으로 요구한다.

합의회의와 플래닝셀이라는 실험이 이미 오래전에 시작됐기에, 이것들이 무엇을 성취할 수 있는가라는 질문에 대한 답은 이미 명확하다. 지금 더 중요한 질문은, 어떻게 이 커다란 민주주의 시스템 안에서 이런 작업들을 해나갈 수 있는 적합한 공간을 찾아낼 것인가, 그 결과의 정당성을 어떻게 확보할 것인가, 그리고 장기적으로 이것들을 위한 재정을 어떻게 마련할 것인가 하는 데 있다.

7장

여러 숙의 모델의 결합:
호주의 사례들

린 카슨 Lyn Carson
재닛 허츠카프 Janette Hartz-Karp

웨스턴오스트레일리아 주의 도시인 퍼스에서 2003년 9월 대중의 의견을 구하기 위해 '시민과의 대화Dialogue with the City' 행사가 열렸을 때, 나는 회의 진행요원이었습니다. 그 행사는 전에 경험했던 다른 행사들과 전혀 달랐습니다. 1999년 캔버라의 옛 의회 건물에서 열린 호주 최초의 공론조사 행사에 참여한 적도 있습니다. 그때는 350명이 참석했는데, 그만큼 많은 사람들에게 자문을 구하는 것이 참 인상적이라고 생각했습니다.

하지만 이번 퍼스 행사엔 1,100명이나 되는 사람들이 한곳에 모였습니다. 프리맨틀 항구에 있는 여객선 터미널 대합실이었습니다. 웨스턴오스트레일리아 주의 도시계획부 장관은 행사가 진행되는 내내 함께 있으면서 시민들의 의견을 직접 들었습니다. 그는 이 행사의 결과에 따라 퍼스 시의 미래계획이 결정될 것이며, 그것은 실제 행동으로 옮겨질 것이라고 여러 번 반복해서 약속했습니다.

각 조별로 노트북 컴퓨터가 배정됐고, 그 컴퓨터에 입력한 내용들은 중앙 컴퓨터로 바로 연결됐습니다. 제가 진행을 도왔던 조에는 여덟 사람이 있었는데 각자 출신도 다르고, 직업도 다르며, 자기 의견이 강한 사람들이었습니다. 이들은 토론을 하면 할수록 함께 좌절하고 함께 기뻐하기를 반복했습니다.

그들은 가로 2미터, 세로 1미터짜리 퍼스 시 지도를 가운데 놓고 토론했습니다. 각자의 손에는 다른 색깔의 삼각형과 사각

형 스티커들이 있었는데, 색깔과 모양에 따라 스티커들은 주택
가, 상업 지구, 공장 지구, 공원 등 퍼스 시에 필요한 여러 다른
시설을 반영하고 있었습니다. 향후 20년간 퍼스 시에는 75만 명
의 인구가 새로 유입되고, 37만 호의 새 주택과 새 일자리도 필
요했습니다. 그런데 이들이 살아갈 주택, 일할 상업 지구 등을
퍼스 시 안에서 새로 찾아내는 것은 정말 힘든 일이었습니다.

예를 들어 한 조가 주택 지구 후보지를 한곳 정하고 나면
다른 조가 또 한곳을 정합니다. 그래서 다른 적절한 주택 지구
를 찾아내지 못하면 자기들이 선택한 주택 지구의 인구밀도
가 어쩔 수 없이 치솟았습니다. 즉 그들은 도시계획에 실제로
참여함으로써 모든 정책 결정이 긍정적, 부정적 효과를 둘 다
갖게 됨을 이해하게 됐습니다. 어떤 결정 때문에 녹색 공간이
줄어들기도 하고 교통체증이 심해질 수도 있기 때문에, 참가
자들은 이런 영향들을 감안해서 결정해야 했습니다. 이것은
정말 흥미로운 현실 퍼즐 게임이었습니다.

스튜어트 화이트

이 소감문은 퍼스 시에서 열린 '시민과의 대화'에 자원봉사
자로 참여했던 회의 진행요원이 작성한 것인데, 이 행사를 짧게
잘 묘사하고 있다. 이 장을 집필한 우리 두 사람은 오랫동안 두
가지 열망을 가지고 일해왔다. 하나는 지금까지 정책에 반영되
지 않던 시민의 목소리를 반영하고, 시민들의 의사소통 능력을

향상시킴으로써 민주주의를 강화하는 것이고, 또 하나는 그들이 만들어낸 제안에 영향력을 실어주는 것이다. 지난 15년간 우리는 숙의 민주주의의 여러 모델들을 각각 실험하면서 실수도 많이 하고 성공도 많이 경험했다. 지난 몇 년 동안은 여러 모델들을 서로 결합해 실험하면서 모델들의 장단점을 배우기도 했다. 이 장을 같이 쓰면서 우리 두 저자는 서로의 경험을 비교하고 서로 배울 기회를 가지게 됐다.

지금부터는 호주에서 있었던 숙의 민주주의 경험들을 탐구할 것이다. 그다음에는 세 가지 사례를 통해 우리의 경험을 묘사할 것이다. 호주의 경험들을 종합함으로써 여러 실험들에 대해 한 나라가 어떻게 반응하는지를 알게 될 텐데, 다른 나라들도 그런 반응을 겪으리라 믿는다. 호주는 그동안 여러 숙의 민주주의 모델들을 다른 나라로부터 도입해왔는데, 동시에 이런 여러 방법들을 우리의 문제에 맞도록 변형하는 것이 가능함을 알게 됐다. 우리는 숙의 민주주의의 이론적 토대와 우리의 경험에 비추어 이런 방법의 적용이나 변형들이 얼마나 효과적이었는지 평가하고자 한다. 마지막 결론으로 '대표성, 숙의의 질, 정책 영향력'이라는 숙의 민주주의 원칙을 현실에서 실현하기는 어렵지만, 끝까지 추구해야 함을 강조하고자 한다.

숙의 민주주의의
평가 기준

이 글의 저자인 린 카슨은 1991년 시의원으로 당선되면서부터 숙의 민주주의를 연구하고 실험했다. 그녀는 시의원으로서 민주주의 정치라는 원대한 이상을 품고 있었지만, 여러 제약을 만나 좌절했다. 그녀는 자신이 마주친 모순된 현실을 극복하고, 대안적 의사결정 모델을 연구하기 위해 박사학위 과정을 완료하기로 마음먹었다. 그녀는 민주주의의 결점들을 여러 방법으로 메꾸려고 노력하던 존 번하임John Burnheim과 프레드 에머리Fred Emery의 책을 읽고 영향을 받았다. 그녀는 나중에 브라이언 마틴과 함께 번하임과 에머리의 사상을 종합해냈다. 또한 테드 맥(호주의 정치인), 네드 크로스비(시민 배심원 회의 주창자), 피터 디넬(6장에 설명된 플래닝셀의 주창자) 등 여러 사람들의 경험도 종합해냈다.

카슨은 지방정부들이 흔히 시민을 배제한 채 의사결정을 한다는 것을 알고 변화를 갈망했다. 그녀는 목소리를 내지 못했던 사람들도 자신들의 목소리를 낼 수 있도록 모든 시민 계층을 포함해 숙의하는 과정을 실험했다. 그렇게 함으로써 그들의 견해도 효과적으로 청취될 수 있을 것이라 희망했다. 그녀는 공청회에 참여하는 다혈질의 시민들과 자문위원회에 참여하는 차분한 사람들 모두를 고려했다. 또한 카슨은 한 방법의 약점이 다른 방법의 강점으로 보완될 수 있도록 여러 숙의 모델들의 결합을 시도했다. 시의원 복무를 끝낸 뒤 2001년, 그녀는 시민 배심원 회의와 전화투표televote를 결합한 새로운 모델을 만들어냈다.

이 글의 공동 저자인 재닛 허츠카프의 숙의 민주주의 여정은 처음엔 학자로서 시작했지만 나중엔 컨설턴트로 바뀌었다. 그녀는 실제로 변화가 일어나려면 관련된 모든 사람들이 어떤 방식으로든 참여할 필요가 있음을 명확히 인식했다. 사람들의 숙의 능력을 배양하고, 그들에게 영향을 미치는 결정에 그들의 목소리가 반영되도록 만드는 것이 가장 중요했다. 2001년 호주 노동당이 웨스턴오스트레일리아주(호주의 5개 주의 하나. 호주도 미국처럼 지방정부마다 장관을 두며 주도州都는 퍼스다.-옮긴이)에서 집권했을 때, 도시계획부 장관인 알라나 맥티어난Alannah MacTiernan은 허츠카프에게, 시민들이 정부와 함께 의사결정에 참여할 수 있는 혁신적인 방법들을 컨설팅 해달라고 요청했다. 오직 비판을 위한 비판에만 몰두하는 사람들의 경향과, 흥밋거리만을 찾는 언론의 태도 등 여러 가지 이유로 호주 정부의 역량이 점점 더 약화되고 있다는 것이 알라나 장관의 견해였다. 이런 경향을 역전시킬 때가 도래한 것이다.

컨설턴트 허츠카프와 정치인 맥티어난은 2001년부터 시민들을 정부 정책 결정에 참여시키기 위해 파트너십을 맺었다. 그들은 시민 배심원 회의, 합의회의, 합의포럼, 다기준 분석회의, 공론조사, 21세기 타운미팅 등 여러 가지 숙의 민주주의 방법들을 결합해 복잡하고 논쟁적인 사안들을 다룬다. 시민들은 전문가, 산업계, 정부 관료 등과 함께 각 과정의 시작부터 끝까지 참여했는데, 한 가지 사안에 몇 년이 걸리기도 했다. 이런 과정들의 일부는 웨스턴오스트레일리아 주의 주도인 퍼스 시의 얼굴을 바꿔놓기도 했다.

우리 두 저자의 공통점은 이 책의 다른 장에 묘사된 여러 다른 숙의 민주주의 과정들을 적용하고 결합하거나 창조한 경험이 있다는 것이다. 이렇게 여러 숙의 과정들을 경험하고 설계하면서, 숙의 민주주의 과정의 핵심적 요소들을 명확히 이해하게 됐다. 아마도 이 요소들이 숙의 민주주의 과정을 평가하는 기준이 될 수도 있을 것이다.

- 대표성Inclusion: 숙의 민주주의 과정은 모든 인구를 대표해야 하고, 다양한 견해와 가치를 포함해야 하며, 모든 사람에게 참여할 수 있는 동등한 기회를 제공해야 한다.
- 숙의Deliberation: 숙의 민주주의 과정은 열린 대화, 정보 접근, 존중, 문제를 재구성하고 이해할 수 있는 여유, 합의를 향한 움직임을 제공해야 한다.
- 영향력Influence: 숙의 민주주의 과정은 정책과 의사결정에 영향을 미칠 수 있는 능력이 있어야 한다.

정부가 활용하는 모든 자문 방법들도 그 정도는 다를지언정 이런 기준들을 충족하려고 한다. 그러므로 정부의 자문 방법들이 민주적 절차로서 얼마나 성공적인지는 이 기준을 얼마나 잘 충족했는지에 따라 판단할 수 있다. 이 세 기준은 모두 필요하기 때문에 어떤 행사가 진정으로 민주적이라고 말할 수 있으려면 이를 모두 충족해야 한다. 예를 들어 한 나라의 헌법에 근거해 국민투표를 시행했거나 어떤 정책 결정권자가 공론조사를 시행한 경우, 영향력에서는 극단적으로 높은 점수를 받을 수 있고, 국민투표 참여가 의무적이거나 공론조사에서 참가자의 무작위 추출이 이루어졌다면 대표성에서 높은 점수를 받을 수 있다. 하지만 국민투표나 공론조사를 통해 시민들이 참여해 깊이 있게 대화하고 숙고함으로써 복잡한 문제와 씨름할 기회는 제한적이다. 그러므로 국민투표나 공론조사는 대화 가능성, 즉 숙의라는 기준에서는 점수가 낮을 수 있다.

비슷한 이유로, 주민들이 주최하는 시민 배심원 회의에서 인구 특성을 반영해 무작위 층화 추출로 배심원들을 선출했다면 매우 높은 대표성 점수를 받을 수 있다. 또한 시민 배심원 회의는 숙련된 회의 진행요원들이 시민 배심원들의 조별 토론을 지원해주기 때문에 아주 높은 '숙의' 점수를 받을 수 있다. 하지만 시민 배심원 회의의 결정사항이 정책 결정권자에게 끼치는 영향을 기준으로 판단해보면 심각한 결점이 있다.

더욱이 이 세 개의 기준은 상호 의존적이며 상호 관련돼 있다. 예를 들어 시민들로부터 정책 자문을 얻고자 할 때, 그 자문이 정책에 결정적인 영향을 미친다는 보장이 없다면 대표성 있는 시민들을 모집하기도 힘들고 그들의 숙의를 이끌어내기 힘들다. 또한 시민들 전체를 대표할 수 있는 참가자가 없다면, 정책 결정자들에게 영향을 주기가 어렵다. 이 세 가지 기준 중 하나라도 충족하지 못한다면 숙의 과정은 무너질 가능성 있으며, 그러면 다른 두 기준에도 부정적인 영향을 미친다.

물론 세 기준을 다 충족시키지 못한 숙의 민주주의 과정들이 시간

낭비라는 뜻은 아니다. 사실 문제의 성격에 따라서는 공론조사에 이틀 이상의 더 깊은 숙의가 필요하지 않을 수도 있으며, 정책 결정자에 대한 영향력이 별로 없던 시민 배심원 회의가 참가한 시민 배심원들의 삶을 바꿔놓을 수도 있다. 숙의 민주주의의 여러 절차들을 바꾸고 개선하는 것은 여전히 가능하다. 숙의 민주주의를 실천하려는 우리에게 중요한 것은, 이런 기준들에 대한 인식을 유지하면서 상황에 맞게 현실적인 기준에 따라 성과를 평가하는 것이다.

이제, 우리가 숙의 민주주의 토론을 평가하는 세 기준을 명확히 했기 때문에 지금부터는 최선의 숙의 민주주의 과정을 만들기 위해 노력했던 세 가지 사례를 설명할 것이다. 각각의 사례에서 우리는 토론의 목적과 그 목적을 달성하기 위해 사용한 방법들을 묘사할 것이다. 모든 사례에서 한 가지 숙의 민주주의 방법의 약점을 보완하기 위해 다른 방법이 결합됐다. 이 장의 마지막 부분에서는 세 사례에서 대표성, 숙의, 정책 영향력이라는 세 기준이 얼마나 잘 달성됐는지를 평가할 것이다.

사례 1:
공병 보증금 관련 법률 개정

2000년에 린 카슨은 '지속가능한 미래를 위한 연구소'와 함께 전화투표와 시민 배심원 회의가 결합된 숙의 민주주의 프로그램을 호주에서 최초로 설계했다. 뉴사우스웨일스 주 환경부 장관은 지속가능한 미래를 위한 연구소에서 일하는 스튜어트 화이트 박사에게 공병 보증금 관련 법률 검토를 의뢰했다. 이것은 뉴사우스웨일스 주의 폐기물 관련 법령을 검토해야 하는 법적인 작업의 일환이었다. 뉴사우스웨일스 주에는 공병 보증금을 의무화한 법률 규정이 당시까지 없었기 때문에 포장재 및 음료수 업계에서 지방정부와 환경 단체를 상대로 강한 반발이 일었고, 공병 보증금 제도를 위한 정책 분위기는 매우 험악했다. 공병 보증금 제도를 법으로 제정하면 생산자인 음료수 업계와 포장재 업계가 공병 수집 의무를 부담하게 될 것이 분명했다.

시민 배심원 회의는 두 명의 전문적인 회의 진행자가 진행했다. 한 명은 전체 의장으로 지명됐고, 다른 한 명은 시민 배심원단을 위한 진행요원으로 지명됐다. 이런 구별이 나중에는 무의미해져버렸는데, 배심원 회의가 시작된 지 11시간이 지났을 때 음료 업계와 포장재 업계에서 나온 발표자들이 발표를 거부했기 때문이다. 주최기관은 이런 행위가 행사 방해를 위한 조직적 시도라고 간주했다. 결국 시민 배심원 회의는 공정성을 유지하기 위해 다른 쪽 이해관계자인 지방정부와 환경단체도 발표를 하지 않았다. 대신 중앙정부 공무원과 학자들이 발표를 했는데, 행사가 편향되게 운영된다는 비판을 방지하기 위해서였다. 한편 시민 배심원에 대한 독립적인 평가도 있었는데, 오히려 이 평가로 인해 편향성이 발생할 수 있다는 비판도 있었다.

숙의 민주주의 토론회 설계

연구소는 공병 보증금을 광범위하게 분석했는데, 특히 사회적 영향을 많이 연구했다. 전화투표와 시민 배심원 회의는 그와 같은 사회적 연구의 일환이었다. 이것은 '이해관계자 의견 수집 및 대중적 참여를 위한 질적 연구와 양적 연구의 결합' 차원에서 이루어졌으며, 여기에는 대중의 의견을 기록으로 문서화하는 것과 이해관계자 그룹과의 인터뷰도 포함돼 있었다. 연구 책임을 맡은 화이트 박사는 시민들이 의견을 낼 때 그냥 내는 것이 아니라 충분한 정보에 기반해서 의견을 낼 수 있도록 숙의적 방법을 활용하고자 했다. 이전까지 실시된 모든 여론조사에서는 공병 보증금 입법에 강한 지지를 나타냈는데, 심지어 산업계가 실시한 여론조사에서도 그러했다. 하지만 이와 같은 소비자 여론조사에선 충분한 정보를 제공하지 않는다는 이유로 그 결과가 무시되곤 했었다.

만일 시민 배심원 회의만 실시됐다면 참가자 수가 너무 적다는 이유로 그 결과 또한 무시됐을 것이다. 전화투표는 일반적인 여론조사의 약점을 다소 극복했지만, 만일 전화투표만 수행됐다면 투표 참여자들이 정보를 제공받지 못했다는 이유로 그 결과 또한 무시됐을 것

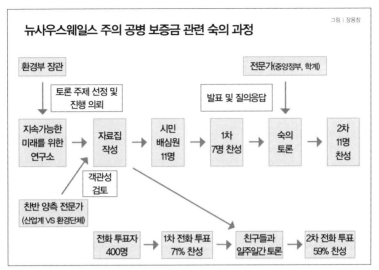

〈그림 3〉 뉴사우스웨일스의 공병 보증금 관련 숙의 과정

이다. 배심원이 겨우 11명밖에 안 된다는 시민 배심원 회의의 약점이, 시민들을 대표하는 참가자가 400명이나 되는 전화투표에 의해 보완되리라는 희망이 있었다. 또한 사흘간 집중적으로 토론하는 시민 배심원 회의의 깊은 숙의적 성격이 전화투표의 단점을 보완하리라는 희망도 있었다(〈표 3〉 참고).

공병 보증금 제도라는 주제는 독립적인 법률 검토라는 요구 사항에 의해 사전에 이미 결정됐다. 그래서 이 일을 맡은 지속가능한 미래를 위한 연구소는 이에 따라 시민 배심원 회의에서 논의할 사항과 전화투표에서 질문할 설문 항목을 정했다. 찬반 양측 이해관계자 그룹들이 요약 자료집을 면밀히 검토했고, 내용의 정확성과 공정성에 합의한 뒤 동일한 자료가 전화투표와 시민 배심원 회의 참가자 전원에게 배포됐다.

	전화 투표	시민 배심원 회의
참가자 선정 방법	무작위 선출	무작위 선출 (하지만 선출 기간이 짧았기에 전화투표에 비해 스스로 참가를 결정한 사람이 많았을 가능성 높음)
연락 방법	전화	편지
대표성	대표성 높음	뉴사우스웨일스 주의 여러 분야들을 대표하는 다양한 그룹들
참가자	뉴사우스웨일스 주 도심과 농촌 지역 시민 400명	뉴사우스웨일스 주 도심과 농촌 지역 시민 11명
인식 증진 가능성	많은 사람들이 참가했으므로 이 문제에 대한 주민들의 인식을 높일 가능성 있음	소수의 사람들이 참가했지만, 언론 보도를 통해 다른 주민들의 인식이 높아질 수 있음
비용	15,500~39,000미국달러	8,000~12,000미국달러
결과물의 형식	계량적 결과물: 통계적으로 유의미한 결과를 산출하기에 참가자 수가 충분함	질적 결과물: 정책 권고안을 담은 보고서를 시민 배심원들이 직접 작성함
절차의 정당성	참가자 수가 많아 절차의 정당성이 높다고 간주됨	참가자 수가 적고 결과물이 계량적이지 않아 정책 결정권자들이 보기에 절차가 정당하지 않을 수 있음
정보 제공	일반적인 여론조사보다 더 많은 정보가 제공됨	매우 높은 수준의 정보가 제공됨
숙의의 질	개인적 숙의: 참가자들에게 해당 주제를 친구들과 토론하라고 격려하긴 하나, 기본적으로 개인적인 숙의에 그침	집단 숙의: 전문가에 대한 질의응답, 체계적인 토론, 다양한 의견에 대한 청취, 사회적 학습의 기회, 현장 방문을 할 수도 있음
정보의 형태	요약된 정보가 인쇄물 형태로 제공되며, 전문가와의 질의응답은 없으나 친구들의 의견은 조금씩 들을 수 있고, 컴퓨터를 활용할 경우 상호 의견 교환이 더 활발할 수 있음	처음엔 요약된 정보가 인쇄물로 제공되고 이후 토론 과정에서 좀 더 자세한 정보가 인쇄물 또는 동영상 등의 형태로 제공돼 토론 주도자들의 동기 등을 알게 되며, '사실' 이면에 내재된 가치를 파악하게 되므로 이를 통해 참가자 스스로 사실과 수식어를 구별할 수 있게 됨

| 의사결정의 근거 | 다른 사람과의 토론에 영향을 받을 수는 있지만, 기본적으로 개인의 관심과 이익에 따라 결정함. | 다른 사람과의 면대면 토론을 통해, 개인의 이익이 아닌 공동체 전체의 이익을 위한 결정을 하게 되며, 입장이 다른 사람들과의 대화를 통해 사회적 학습이 이루어지고 합의가 형성됨. |

〈표 3〉 공병 보증금 입법화 문제에 대한 전화투표와 시민 배심원 회의의 상호 보완적 성격

참가자

전화투표 참가자는 무작위 전화 걸기를 통해 전화 사용자 중에서 선정됐다. 시민 배심원의 경우, 뉴사우스웨일스 주의 전자 전화번호부에서 2,000가구를 무작위로 추출해 이들에게 초청 편지를 보냈는데, 이때는 토론 주제를 알려주지 않았다. 이렇게 토론 주제를 모른 채 참가 의사를 밝힌 사람은 143명이었고 주 전체에 분포했다. 시민 배심원 회의는 시드니대학교 여성대학에서 2001년 2월 9일부터 11일까지 열렸다. 전화투표는 2001년 1월에 실시됐다.

무작위 선출 덕분에 전화투표와 시민 배심원 모두 참가자 구성은 극히 다양했다. 전화투표는 참가자가 400명으로 상당히 많은 편이기 때문에 층화 추출을 할 필요도 없었는데, 그런데도 뉴사우스웨일스 주의 인구 구성과 잘 부합했다. 이와는 반대로 시민 배심원단은 아주 세밀하게 층화 추출을 했다. 음료수 소비, 폐기물 처리 행태 등 사회 인구적 특성을 반영할 수 있도록 나이, 지역, 가구 구조 등에 따라 선정했다.

정보와 활동들

전화투표의 응답자들에겐 먼저 1차 설문에 응답해달라고 부탁했다. 그들이 1차 설문에 응답한 다음엔, 공병 보증금에 대한 정보를 받고 그것을 친구나 가족과 토론한 다음, 2차 설문에 응답하길 원하는지 물어봤다. 그러겠다고 응답한 사람들에겐 자료를 준 다음 일주일 뒤에 2차 설문을 실시했다. 공병 보증금이 법률로 제정돼야 하는지를 묻는 핵심 질문에 1차 설문에서는 71퍼센트의 응답자가 긍정적으로 답변했다.

하지만 2차 설문에선 59퍼센트의 응답자만 긍정적으로 답변했다. 하지만 이것은 12퍼센트(=71-59)의 사람들만 태도를 바꿨음을 뜻하지 않는다. 전화투표를 분석한 바에 따르면 훨씬 더 많은 사람들이 긍정에서 부정으로 바꾸기도 하고, 부정에서 긍정으로 바꾸기도 했다. 긍정에서 부정으로 바꾼 사람과 모르겠음에서 부정으로 바꾼 사람들의 비율이 가장 컸다.

시민 배심원단 11명은 먼저 전화투표 참가자들과 동일한 정보를 제공받았다. 그 후 주말에 열린 행사에 참여하면서 발표를 들었고, 공병 보증금에 대해 상당히 많은 정보를 도서관과 웹사이트에서 제공받았다. 대부분의 시간 동안 11명은 한 개 그룹으로 활동했으며, 여러 가지 그룹 활동들을 통해 그 주제를 탐구하고 토론했다. 가끔은 11명보다 더 작은 소그룹으로 나누어 활동하기도 했다. 숙의 토론이 진행됨에 따라 처음엔 3명이 적극적 지지, 4명이 소극적 지지였다가 나중엔 11명 만장일치 지지로 변했다.

우리는 사람들이 이 주제에 대해 더 배우면 배울수록 사람들은 공병 보증금 제도를 더 지지하게 된다고 결론 내렸다. 전화투표의 결과는 이를 더 확실히 증명해준다. 1차 설문 이후 친구나 가족과 실제로 토론을 한 사람들 중 부정에서 긍정으로 바뀐 사람 수는, 토론을 하지 않고 설문을 한 사람들 중 부정에서 긍정으로 바뀐 사람의 수보다 두 배나 많았다. 친구들과 토론을 하지 않은 사람들은 1차 설문 시 전체 응답자와 거의 비슷하게 이 제도에 낮은 지지를 보였다.

지속가능성

이 사업의 목적은 중간 정도로 복잡한 사안에 충분한 정보를 제공한 다음 그에 대한 시민들의 생각을 알아보는 것이었기 때문에, 사업이 끝난 다음 숙의를 지속해야 할 필요는 거의 없었다. 시민 배심원단에게는 그들이 만든 권고안을 도시계획부 장관에게 직접 전달할 것이며, 그 권고안을 주최기관인 지속가능한 미래를 위한 연구소가 변경하지 않겠다고 약속했고, 그 약속은 지켜졌다.

우리는 시민 배심원 회의의 힘이 합의에 이를 수 있을 정도의 심도 깊은 토론에 있다고 믿는다. 그에 반해 전화투표는 그런 숙의는 비록 없지만, 공병 보증금 제도를 반대하는 사람보다 찬성하는 사람이 더 많다는 사실을 통계적으로 보여줄 수 있다는 장점이 있다. 전화투표는 시민 배심원 회의에는 없는 또 다른 장점이 있는데, 예를 들어 통계적으로 대표성을 가진 참가자 집단 등이 그것이다. 시민 배심원 회의에선 이해관계자가 참가를 거부해버리는 단점이 있는 반면(이 사실은 배심원들에게 알려지지 않았다), 전화투표는 찬반 양측이 동의할 수 있는 요약 자료를 만들 수 있었다는 장점이 있었다.

이외의 다른 비교는 〈표 3〉에서 볼 수 있다. 전반적으로 이 두 방법을 결합함으로써 결과의 신뢰성을 향상시킬 수 있었다고 믿는다.

사례 2:
화물 네트워크 검토

다른 여러 도시들과 마찬가지로, 퍼스 광역시를 중심으로 한 화물 운송은 경제뿐 아니라 삶의 질을 위해서도 매우 중요해졌다. 재닛 허츠카프가 설계하고 진행한 '화물 네트워크 검토' 사업의 목적은 주민, 산업계, 중앙정부, 지방정부 등과 함께 화물 관련 정책을 기획하는 것이었다. 도로, 철도, 해상, 항공 등을 모두 포함하는 화물 네트워크 계획을 서로 수용할 수 있고 지속가능하게 만들기 위해서는 이런 과정이 매우 중요했다.

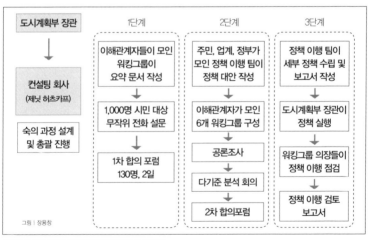

〈그림 4〉 퍼스 광역시 화물 네트워크 관련 숙의 과정

주최기관과 회의 진행

'화물 네트워크 검토' 행사는 웨스턴오스트레일리아 주의 도시계획부 장관이 주최했고, 그 부처 산하 기관장들이 지원했다. 대표성, 숙의의 질, 영향력이라는 숙의 민주주의의 세 가지 핵심 성격을 극대화하기 위해 여러 가지 기술들이 활용됐다.

대표성을 최대화하기 위해 모든 분야의 목소리가 반영될 수 있도록 많은 노력을 기울였는데, 구체적 이해관계가 없는 사람들도 고려됐다. 합의포럼을 열 때마다 전문가, 공무원, 이해관계자 집단, 그리고 무작위로 선정된 시민들이 함께 테이블에 앉아 숙의하면서 공동선을 모색했다. 넓은 범위의 주민 의견을 듣기 위해 무작위 설문조사와 공론조사가 함께 시행됐다. 투명성을 높이기 위해 주민 자문 그룹이 전체 과정을 처음부터 끝까지 감시했다.

효과적인 숙의가 이루어지려면 완전한 정보에 접근할 수 있어야 하고 대화를 할 수 있어야 한다. 이 사업의 첫 번째 단계에서 '이해관계자 워킹그룹들'은 포럼을 위한 요약 문서를 만들었다. 다음으로는 무작위로 추출된 시민 1,000명을 대상으로 전화설문을 실시했다. 이 중 500명은 광역시 거주자, 나머지 500명은 시외 거주자였는데, 시외 지역에 화물 운송 경로가 있어서 민원이 발생했기 때문이다. 이 전화설문을 통해 대중의 전반적인 의견과 세부 주제가 조사됐고, 그것들이 숙의 과정에 반영됐다. 그 후 이틀짜리 합의포럼이 처음 열렸는데, 여기에는 130명이 참가했다. 화물 운송 경로 설계 방법 및 이와 관련된 넓은 범위의 정책 방향에 대한 숙의 기회를 제공하는 것이 이 첫 포럼의 목적이었다.

이 사업의 두 번째 단계는 합의포럼의 결과물들을 실행 가능한 해결방안으로 만들어내는 것이 목표였다. 첫 번째 합의포럼의 결과물을 가지고 주민, 산업계, 중앙 및 지방정부를 대표하는 사람들이 '정책 이행 팀'으로 모여 화물 계획을 위한 포괄적 정책 대안을 만들어냈다. 이를 통해 정책의 틀이 만들어진 다음, 이 정책들을 실행 가능하게 다듬기 위한 '6개 워킹그룹'이 만들어졌다. 이 워킹그룹에는 모든 이해관계자들이 참여했는데, 각 워킹그룹의 의장은 도시계획부 산하 기관장들이 맡았다. 이 중 두 개의 워킹그룹은 각각 별도의 주민 참여 행사를 맡았다. 행사의 하나는 공론조사였는데, 이는 프리맨틀 항구의 성장 한계를 결정하기 위한 것이었다. 또 하나는 다기준 분석 회의였는데, 서부와 동부를 잇는 최선의 화물 경로를 결정하기 위한 것이었다. 최종적으로는 제1차 합의포럼에 참여했던 130명이 다시 참여해 제2차 합의포럼을 열었다. 이 합의포럼을 통해 각 워킹그룹들의 결과물들을 검토하고, 여전히 풀리지 않는 격차를 분석했으며, 우선순위를 평가했다.

이 사업의 세 번째 국면에서는 제2차 합의포럼에서 평가된 정책 우선순위에 근거해 정책 이행 팀이 포괄적인 6개 분야 정책을 개발해냈다. 지금은 6개 워킹그룹 의장들(산하 기관장들)이 각 분야를 하나씩 맡아서 이행 상황을 검토하며, 사업의 이행 실적을 담은 보고서가 모든 참가자들에게 분기별로 배부된다. 워킹그룹 의장들은 장관과 정기적인 회의를 하면서 이 정책이 계획한 대로 이행되는지 검토한다. 이런 검토 과정은 합의포럼이 정책에 반영되는 영향력을 극대화하기 위한 것이다.

회의 진행은 한 명의 의장이 두 차례의 합의포럼을 맡았다. 각 테이블에 앉은 조별 토론은 의회 의원 또는 정부의 담당 공무원이 진행 요원으로서 이끌었다. 모든 회의 진행자들은 2시간 동안 사전 훈련을 받았으며, 포럼이 끝난 후에도 2시간 동안 결과 요약을 위한 세션에 참가했다. 각 테이블에선 토론 결과를 큰 종이에 요약해 적었다. 정책 이행 팀 회의와 6개 워킹그룹 회의의 목적은 상호작용을 최대화하는 것이었다. 그래서 그들의 회의는 도시계획부의 산하 기관장들(즉 6개 워킹그룹 의장들)이 그 진행을 맡았다.

참가자

제1차 포럼의 참가 시민 수는 약 130명이었다. 지역주민, 산업계, 중앙정부, 지방정부 등 넓은 의미의 이해관계자 그룹에서 온 사람들이 1/3을 차지했다. 전국 단위 신문과 지역신문, 그리고 이 분야 잡지에 낸 참가자 모집광고를 보고 신청한 사람들이 또 1/3이었다. 나머지 1/3은 지역 인구에 따라 할당해 무작위 추출한 주민이었다. 무작위 추출 후 초대에 응답한 비율은 약 12퍼센트였다.

제1차 포럼과 제2차 포럼은 두 번 모두 커다란 여객 터미널에서 열렸다. 참가자들은 10명씩 조를 이루어 한 테이블에 앉았다. 다른 모든 행사에서도 무작위 선출된 시민, 산업계, 주민, 정부 관료 등 모든 참가자들이 의도적으로 섞여 앉도록 했다.

포럼에 참여한 이들 130명이 이후 정책 이행 팀과 6개의 워킹그룹에 그대로 참여했다. 또한 동일한 130명이 이후 이틀간의 다기준 분석 회의에 초대됐는데, 이 중 80명이 참석했다. 또한 최종적인 1일간의 포럼에도 또다시 이들 130명을 초대했는데, 120명이 참석했다.

정보와 활동들

제1차 합의포럼이 열리기 일주일 전 요약 자료집이 모든 참가자들에게 배포됐으며, 거기에는 행사 전에 잘 읽어보라는 안내문도 들어 있었다. 안내문에는 서로 다른 견해가 담겨 있고 포괄적이며 읽기 쉬웠다. 정부 관료, 산업계, 주민단체 등으로 구성된 워킹그룹이 이 자료집을 함께 개발했다. 행사 직전에 진행된 설문조사 결과도 참가자들에게 사전 배포됐는데, 참가자들은 포럼에서 이 결과를 놓고 토론하기도 했다. 또한 제1차 합의포럼이 끝나고 2주가 지나기 전에 포럼 결과도 참가자들에게 배포됐다.

제2차 포럼 전에도 워킹그룹이 작성한 보고서가 참가자들에게 배포됐으며, 포럼에선 그 내용도 함께 토론했다. 제2차 포럼 직후에도 그 결과는 자료집으로 만들어져 모든 참가자들에게 배포됐다. 포럼이 끝난 뒤 분기별 정책 실행 진도 보고서가 작성돼 장관에게 보고된 후 참가자들에게 배포됐다.

제1차 합의포럼은 이틀간 열렸다. 반나절 동안은 전문가들이 발표하면 참가자들이 질문하고 또 전문가들이 답을 하면서 주어진 문제를 탐구해나갔다. 첫날의 두 번째 반나절 동안엔 주로 조별 토론을 했다. 합의포럼 참가자들엔 일반 시민도 있었지만 이해관계자 그룹들도 있었기 때문에, 조별 토론은 주로 참가자들이 합의점을 찾는 데 주력했다. 즉 가장 이상적인 화물 운송 시스템과 그 요소들, 이를 추진하도록 해주는 힘들, 이를 실현할 수 있는 핵심 전략들을 찾으려고 했다. 정책의 비전과 전략을 찾기 위해 공감하며 듣기, 한 사람의 관점을 다른 모든 사람들이 이해하도록 권장하기, 생각지도 그리기mind mapping 등의 기술들이 활용됐다. 또한 모든 사람들의 아이디어가 파악되고 포함될 수 있도록 친화도 다이어그램 기법이 활용됐다. 이는 참가자들의 아이디어를 비슷한 것끼리 모아 표로 그려내는 방법이다. 이렇게 파악된 아이디어들에서 우선순위를 찾기 위해 다기준 우선순위 매트릭스 분석 방법이 활용됐다.

6개 워킹그룹은 주민, 산업계, 정부 등을 포함해서 만들어졌다. 이 그룹은 6개의 분야별로 정책 이행 계획을 개발하는 것이 목적이었다. 여기서 한 그룹이 프리맨틀 항구의 성장 한계에 대한 대중의 생각을 알아보기 위해 공론조사(이런 설문조사는 비록 정보를 제공했더라도 참가자가 만나서 토론하는 과정이 없기 때문에 공론조사라 할 수 없다. 하지만 원저자의 의견을 존중해 공론조사로 번역했다. - 옮긴이)를 실시했다. 프리맨틀 항구를 물류창구로 이용하는 전 지역의 주민들 중 1,600명을 무작위로 선정한 다음 이들에게 설문지를 보냈다. 이때 찬반 양측 이해관계자 그룹이 함께 만든 자료집을 설문지와 함께 보냈다. 자료집을 읽어보고 혹시 추가적인 정보가 필요하면 무료전화로 문의하고, 이에 대해 친구들과 토론한 다음 설문을 하고 돌려달라고 부탁했다. 회수율은 31퍼센트(약 480부 회수)였다. 이 공론조사의 결과물은 워킹그룹들이 정책 제안을 만들 때 활용했다.

동서를 횡단하는 화물 운송 경로 중 최선의 경로를 찾기 위해 다기준 분석 회의가 개최됐다. 지역주민 80명이 참가한 회의에서 대안들이 만들어졌고, 그 대안들을 평가할 사회적, 경제적, 환경적 기준도 만들어졌다. 그다음 10명의 전문가가 양적, 질적 자료를 활용해 그 대안들을 그 기준들로 평가했다. 평가 결과는 컴퓨터에 입력됐다. 주민 그룹이 다시 모여서 각 기준들의 가중치를 결정했다. 이 결과값도 컴퓨터에 입력됐다. 그런 다음 각 대안들의 기준별 점수와 기준들의 가중치 점수를 곱해 대안들의 우선순위를 결정했다. 이 우선순위에 기반해 워킹그룹이 정책 제안서를 작성했다.

최종적인 화물 네트워크 검토 포럼은 2002년에 열렸는데 최초 포럼 참가자 130명 중 120명이 참가했다. 6개 워킹그룹이 작성한 보고서들이 포럼 이전 참가자들에게 배포됐으며, 포럼 당일 다시 요약 발표됐다. 각 워킹그룹을 대표하는 사람들이 하나의 패널을 구성해 여러 관련 이슈들을 검토했다. 상호 토론 시간에는 그룹별로 현실과 이상의 격차를 토론했으며, 워킹그룹이 작성한 보고서들이 최초 포럼의 결과를 얼마나 잘 반영하고 있는지 토론했다. 그다음 여러 정책 대안들의 우선순위와 실행 시기를 집중 토론했다.

이 포럼의 결과로 나온 제안을 취합해 장관에게 제출하는 일은 정책 이행 팀이 맡았다. 이 제안들은 전체적으로 수용됐고, 이행 상황을 감시하기 위해 이후 새로운 팀들이 꾸려지기도 했다.

지속가능성

'화물 네트워크 검토' 프로젝트는 그 내용과 과정 두 측면 모두에서 지속가능성을 추구했다. 내용 면에서 합의포럼의 결과로 나온 6개 분야 계획은 정부가 채택했는데, 그 계획은 현재의 화물 네트워크 시스템을 좀 더 지속가능하게 만드는 것을 목표로 한다. 과정이라는 측면에서 지역주민들을 의사결정 과정에 참여시키겠다는 목표는 달성됐다. 숙의 민주주의가 추구하는 대표성, 숙의의 질, 정책 영향력이라는 세 가지 목표를 달성하는 데 집중함으로써, 지역주민의 참여와 신뢰가 향상됐다. 참여 주민들 대부분은 이런 주민 참여 행사에 다시 참여하고 싶다고 응답했다. '화물 네트워크 검토' 행사는 기존에 열린 '도로 및 철도 정상회의'에서 배웠으며, 이후 좀 더 범위가 넓은 '시민과의 대화Dialogue with the City'라는 행사에 길을 터주었다. 지금부터는 '시민과의 대화'를 소개한다.

사례 3:
퍼스 광역시의 도시 계획

1990년대부터 퍼스 광역시는 지속 불가능할 만큼 확장하고 있었다. 일부 소수 주민들이 도시계획 과정에 참여했고 로비 그룹들이 번성하고 있었지만, 더 넓은 관점에서 이 문제를 대중과 함께 이해하려는 노력은 거의 없었다. 언론들이 이 문제를 보도하긴 했지만, 대안을 제시하기보다 흥미 위주의 보도를 함으로써 대중의 오해를 더 심화시킬 뿐이었다.

주최기관

시민과의 대화 행사는 웨스턴오스트레일리아 주의 도시계획부 장관이 주최했다. 또한 도로, 철도, 항구, 토지 개발, 도시 재생, 기초시설 등을 담당한 도시계획부 산하 기관장들과, '웨스턴오스트레일리아 주 계획 관계부처 위원회'가 도시계획부 장관을 도와 공동으로 주최했다. 또한 행사의 책임성을 넓히고 국가의 재정 부담을 줄이기 위해 방송사, 신문사, 컴퓨터 회사, 토목 회사 등과 전략적 파트너십을 맺었다.

설계 및 준비

화물 네트워크 검토와 마찬가지로 시민과의 대화도 하나의 행사라기보다 하나의 과정이었다. 재닛 허츠카프가 설계, 진행, 조정을 맡은 시민과의 대화는 화물 네트워크 검토에서 무엇을 배웠는지 살펴보는 것에서 시작했다. 그 결과 숙의 민주주의의 주요 요건인 대표성, 숙의의 질, 정책 영향력을 좀 더 강화하기 위한 노력을 기울여나갔다. 그래서 이번에는 가능한 한 전체 시민들을 참가시키려고 시도했고, 여러 계층의 시민들이 참가할 수 있는 다양한 프로그램들을 진행했다. 8,000명이 참가하는 설문조사를 실시했고, 상호작용하는 웹사이트를 운영했으며, 한 시간짜리 방송을 했고, 주요 신문에 도시계획과 관련해 전면 기사를 여러 번 냈다. 또한 학생들이 도시의 미래에 대한 그림을 그리고 글을 쓰는 대회를 열기도 했다. 특히 청년, 소수민족, 영어를 못하는 시민 등 일반적으로 목소리를 잘 내지 못하는 계층들만을 따로 불러 공청회를 열었다.

시민과의 대화는 2003년 9월 1,100명의 시민이 참석한 타운미팅으로 절정에 달했다. 참가자 중 1/3은 이해관계자 그룹이었고, 1/3은 광고를 보고 자발적으로 찾아온 사람들이었으며, 나머지 1/3은 인구 비례에 따라 무작위 추출로 보낸 편지 초대에 응한 사람들이었다. 숙의를 위한 기회들도 혁신적인 방법으로 제공됐는데, 특히 두 가지 방법이 결합됐다. 하나는 컴퓨터 기술을 활용해 상호작용을 돕는 것이었는데, 이를 통해 핵심 주제들이 선정됐다. 또 하나는 '계획 게임'이었는데, 도시의 성장이 어디에서 어떻게 이루어져야 하는가에 대한 답을 각각의 참가자들이 찾아내서 계획가의 역할을 하는 것이었다.

한 테이블에 10명씩 앉아 조별 토론을 했는데, 가능한 한 다양한 경험과 견해를 들을 수 있도록 출신별로 섞어 앉았다. 각 테이블에는 주진행자와 부진행자, 기록자가 있었다. 총 250명의 자원봉사 진행요원들이 있었는데, 그 행사 전에 하루 종일 훈련을 받았다. 포럼이 끝날 때쯤, 모든 참가자들은 이 행사를 통해 발견된 핵심 사항들을 담은 예비 보고서를 받았다. 이 포럼의 결과물에는 참가자들이 계발한 핵심 주제들과 참가자들이 설문으로 평가한 우선순위 결과가 담겨 있었다. 미래에 대한 희망, 참가자들이 지키고 싶은 것과 바꾸고 싶은 것, 참가자들이 바라는 도시 모델, 그리고 그 모델의 구체적 현실화 방법 등이 바로 그런 주제들이었다.

그 후 8개월 동안 시민과의 대화 참가자 중 100명이 퍼스 광역시 계획에 참여했다. 그 과정에서 중요한 지점마다 시민과의 대화에 참여한 참가자 1,100명이 계획 초안을 검토했다. 그 외에 추가로 주민들이 그에 대한 의견을 개진하도록 초대됐다. 그 결과로 작성된 '퍼스 광역시를 위한 새로운 전략 계획'을 웨스턴오스트레일리아 주 정부가 채택했다.

지속가능성

시민과의 대화의 목적은 2030년까지 퍼스를 세계에서 가장 활기찬 도시로 만드는 것이었다. 새로운 방향의 정책을 성공적으로 집행하려면 광범위한 주민들의 지지가 필요하다는 것이 명확했다. 이 새로운 계획은 큰 변화였는데 계획의 내용 면에서는 지속가능성, 계획의 과정 면에서는 숙의 민주주의를 핵심에 두었기 때문이다.

포럼 참가자들의 소감은 엄청나게 긍정적이었는데, 참가자들의 98퍼센트가 이와 비슷한 주민 참여 행사에 향후에도 참여 의사를 밝혔다. 더욱이 이 행사에 참여한 결과 견해가 변하거나 넓어졌다고 응답한 참가자가 1/3이 넘었다.

이렇게 만들어진 계획이 세부 지역별로 어떻게 집행돼야 하는지도 '지역별 시민과의 대화'를 통해 결정해야 한다고 요구한 참가자가 많았다. 이런 요구에 부응해 도시계획부 장관은 지방정부들이 그해에 지역별 시민과의 대화를 열 수 있도록 50만 달러의 예산을 배정했다. 또한 다음 년도에는 시민과의 대화에서 나온 이슈들을 토론하기 위해 100만 달러의 예산을 배정하기로 했다.

결론:
여러 모델들의 사용

우리가 한 일은 숙의 민주주의의 한 가지 방법만 반복적으로 적용하는 게 아니라 여러 방법을 함께 쓰는 것이었다. 호주에만 이런 사례가 존재하는지는 후속 연구를 통해 자료를 확보해야 할 것이다. 우리는 우리의 목표를 달성하는 동시에 대표성, 숙의의 질, 정책 영향력을 높이기 위해 여러 방법들을 결합하고 우리 상황에 맞게 적용했다. 웨스턴오스트레일리아 주의 도시계획과 관련해 숙의 민주주의 방법을 계획 과정에 제도화하는 방안이 검토 중이다. 다른 주에서는 숙의 민주주의 운동이 조금 약하다.

숙의 민주주의 과정들의 영향력은 그 과정들 각각이 대표성, 숙의의 질, 정책 반영이라는 세 가지 사항을 얼마나 잘 달성했느냐에 따라 다르다. 세 특징을 모두 갖춘 경우 그 영향은 매우 중대했다. 이런 행사들은 주민들의 참여를 이끌어내고 특정 정책에 지지를 높였을 뿐 아니라, 향후 다른 주제에 대한 토론회에도 참여하겠다는 주민들의 의지도 높였다.

우리가 검토한 바에 따르면 대표성, 숙의의 질, 정책 반영이야말로 민주주의 과정의 핵심 요소이자 가장 어려운 점이며, 그렇기 때문에 가장 중요한 성과 측정 지표이기도 하다. 〈표 4〉에는 우리가 했던 일부 숙의 민주주의 절차들이 이 세 가지 기준으로 볼 때 각각 몇 점

숙의 민주주의의 종류	대표성	숙의의 질	영향력
시민 배심원 회의와 전화투표 결합	3.3	5.2	1
시민과의 대화	4	4	4
시민 배심원 회의 단독	5	4	4
다기준 분석 회의	3	4	4
합의포럼과 숙의적 조사	4.4	4.3	4.3

〈표 4〉 숙의 민주주의 종류별 점수: 대표성, 숙의의 질, 영향력

주: 0 (전혀 없음), 1 (조금 있음), 2 (조금보다 많음) 3 (중간) 4 (중간보다 많음) 5(아주 많음). 두 종류가 결합된 경우 각 방법을 별도로 평가하기 때문에 값이 두 개로 표현됨. 출처: Coote and Lenaghan(1997)

에 해당하는지 제시돼 있다. 이 세 가지 요소를 모두 충족하려고 노력했지만 그것은 매우 힘든 일이었다. 어떤 과정이 이 세 기준을 다 잘 충족했을 때 그 과정의 사회적 영향이 가장 컸다. 그럴 때 정책 결정자의 만족감도 높아서 그들은 그 정책을 얼른 실행에 옮기도록 지시를 내리기도 했다. 참가자들은 해당 문제를 새로운 눈으로 이해하게 되고, 서로의 공통점을 발견할 수 있었으며, 그 결과 그 정책으로 인한 최종 결과에 책임감을 느꼈다. 그래서 합의된 정책이 실행될 수 있었고 주민 역량과 신뢰가 증가했다.

시스템적 사고에 바탕을 두고 말하면, 이 세 요소들은 상호작용을 통해 하나의 선순환을 만들어냈다. 즉 서로를 강화하는 피드백 과정에 의해 하나의 작은 변화가 쌓여 신뢰와 사회자본을 증가켰다(〈그림 5〉). 이런 선순환 과정은 시민 참여와 정책 변화를 위한 협력적 분위기를 조성한다. 이런 선순환 과정이 이미 만들어졌기 때문에 현재의 분위기를 다시 주민 불참여로 되돌려놓지 않는 이상, 숙의 민주주의

가 번창하기 위한 충분한 사회자본을 누릴 수 있을 것으로 보인다.

우리는 이런 역동적인 선순환을 이뤄내는 것이 한 가지 공식이나 기술만으로 가능하다고 믿지 않는다. 이런 선순환을 위해서는 끊임없이 혁신을 해야 하고, 우리가 하고 있는 것들을 개선하기 위해 여러 방법들을 결합하고 변형하거나 창조해야 한다. 사실 우리 자신도 몇 년간 이런 경험을 하고 나서야, 이런 요소들을 극대화하는 것이 얼마나 힘든 일인지를 이해했다. 전에는 주변적이었던 문제들이 지금은 우리의 중심적인 과제가 됐다. 관심 없는 사람들의 참여를 이끌어내는 것, 진짜로 대화할 수 있고 역량을 기를 수 있는 기회를 만들어내는 것, 그리고 결정된 정책들을 실행할 때 주민 참여를 확대하고 강화할 방법을 만들어내는 것 등이 바로 그런 과제들이다.

호주에서 정책에 대한 주민 자문은 이미 법률, 규제, 정책, 관행 등으로 제도화돼 있었다. 하지만 이런 주민 자문 방법들이 비효과적으로 실행되는 바람에, 정부와 주민 양측의 불신과 비아냥 등, 의도치 않은 결과를 낳았다. 그런데 숙의 민주주의에 대한 관심이 커지면서 기존의 주민 자문 방식들을 그대로 유지한 채, 대표성이나 숙의의 질 등은 없이 숙의 민주주의라는 이름으로 포장만 새로 하는 일들이 벌어지고 있다. 이는 숙의 민주주의라는 이 새로운 운동에 대한 신뢰를 떨어뜨릴 수 있기에, 걱정스런 현상이다.

우리가 보기에 가장 힘들지만 할 가치가 있는 일은 대표성과 숙의의 질을 높일 수 있는 여러 방법들을 활용해 복잡한 정책문제를 풀어보는 것이다. 시민 불참이라는 경향을 되돌리고 싶다면, 정책 결정자와 정책 전문가들이 거꾸로 시민들에게 묻는 방식으로 패러다임의

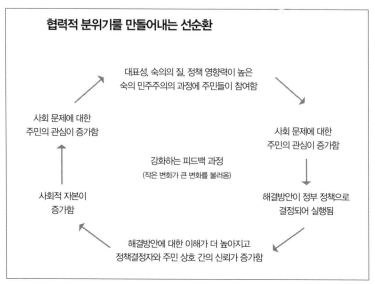

협력적 분위기를 만들어내는 선순환

대표성, 숙의의 질, 정책 영향력이 높은
숙의 민주주의의 과정에 주민들이 참여함

사회 문제에 대한
주민의 관심이 증가함

사회 문제에 대한
주민의 관심이 증가함

강화하는 피드백 과정
(작은 변화가 큰 변화를 불러옴)

사회적 자본이
증가함

해결방안이 정부 정책으로
결정되어 실행됨

해결방안에 대한 이해가 더 높아지고
정책결정자와 주민 상호 간의 신뢰가 증가함

〈그림 5〉 숙의 민주주의를 통한 주민 참여의 선순환

근본적인 변화가 필요하다. 그러려면 대표성, 숙의의 질, 정책 영향력을 높일 수 있는 방법들을 찾아낼 수 있도록 끊임없이 혁신해야 한다.

8장

21세기 타운미팅:
가장 광범위한 시민들의 이야기 마당

캐럴린 루켄스마이어 Carolyn J. Lukensmeyer
조 골드먼 Joe Goldman
스티븐 브리검 Steven Brigham

1999년 가을 3,000명이 넘는 워싱턴 주민들이 앤터니 윌리엄스 시장과 함께하는 제1회 '시민정상회담Citizen Summit'을 위해 워싱턴 컨벤션 센터에 모였다. 신임 시장의 초청을 받고 지역 예산과 전략 계획 수립을 돕기 위해 도시 전역에서 모인 것이다. 주민 대부분은 새로운 시도에 회의적이었고 그럴 수밖에 없었다. 지난 몇 년간 지역의 지도자들은 도시의 미래를 위한 기획에 주민 참여를 요청해왔다. 지역사회 모임에 많은 시간을 투자하면서 작은 도서관을 채우고도 남을 만큼의 계획안과 보고서를 만들어냈지만 이러한 노력이 어떤 의미 있는 행동이나 성과로 연결되지는 못했다.

윌리엄스 시장은 그의 '이웃공동체 행동 이니셔티브Neighborhood Action Initiative'는 다를 것이라고 약속했다. 윌리엄스의 요청으로 〈미국이 말한다〉는 시에서 제공하는 프로그램과 서비스에 지역사회의 우선순위를 반영하기 위한 새로운 절차를 디자인 했다(〈그림 6〉 참고). 윌리엄스 시장은 시정 방향 설정에 수천 명의 주민들을 참여시킴으로써 대중의 신뢰를 회복할 수 있으리라 믿었다. 주민들에게 우선적으로 필요한 프로젝트가 지역 예산 수립에 반영될 것이다. 공적 우선순위의 전개는 정교한 성과 관리 과정과 공적 득점표를 통해 기록될 것이다.

컬럼비아 특별구의 거버넌스를 변화시키겠다는 윌리엄스의 약속은 시민정상회담으로 이행됐다. 1999년부터 2년마다 윌리엄스는 전략 계획의 초안을 발표하고 공개 포럼에 참여한

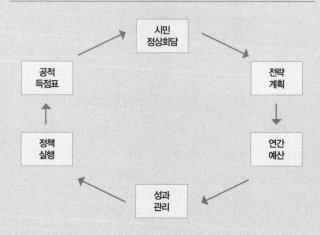

시민
정상회담

전략
계획

공적
득점표

연간
예산

정책
실행

성과
관리

〈그림 6〉 컬럼비아 특별구를 위한 전략 계획 순환 체계

주민 수천 명의 의견을 들었다. 시민정상회담에서 시민들이 10
명씩 테이블에 앉아 종일 시장이 제안한 프로그램을 검토하고
도시의 문제와 씨름한다. 시민정상회담 참여자들은 다양한 직
업에 종사하는 시민들로 지역사회의 다양성을 대표한다. 컨벤
션 센터 곳곳에서 수집된 주제들이 네트워크로 연결된 각 테이
블의 컴퓨터를 통해 올라온다. 방 앞쪽에 있는 대형 스크린에
이 주제들이 발표된다. 여론조사 키패드를 이용해 주민들은 자
신들의 우선순위를 시장에게 알릴 수 있다.

시민정상회담에서 대중이 정한 우선순위들이 전략 계획 수
정안에 반영되고, 두 달 뒤 열리는 포럼에서 수정된 내용이 발
표된다. 전략 계획 최종안은 도시의 예산 수립에 반영된다. 정
부는 온라인 득점표와 성과 계약을 기관장에게 적용함으로써

전략 계획에 맞춰 조정된 성과를 관리한다.

윌리엄스 시장은 자신의 공약을 지켰다. 대중의 의견을 공적 책임에 투명하게 연계시킴으로써 수십 년간의 잘못된 관행을 청산하고 시정부에 새로운 패러다임을 구축했다. 지난 5년간 이웃공동체 행동 이니셔티브를 통해 수만 명의 시민들이 도시 거버넌스에 참여했다. 시민정상회담 후 참가자들은 이 절차에 압도적으로 높은 평가를 주었다. 이웃공동체 행동 이니셔티브를 통해 수백만 달러의 공적 기금이 대중이 우선순위로 정한 프로그램에 투입됐다. 시장과 기관장들은 1999년 제1회 시민정상회담 후 대중의 우선순위와 일치하는 새 프로그램에 7억 달러 이상을 배정했다.

'나'에서
'우리'로 가는 과정

대부분의 미국인들이 민주주의의 실천 방법에 문제가 있다는 데 동의할 것이다. 지난 수십 년간 정치권은 분열됐고 천문학적인 돈이 선거비용으로 들어갔으며 특별한 이해관계에 치우친 정책이 입안됐다. 시민들의 의견은 지속적으로 배제돼왔다. 퓨 자선기금 재단이 실시한 최근 여론조사에 따르면 국회의원들이 국민의 생각에 관심을 가진다고 믿는 미국 국민은 40퍼센트에 불과했다. 다른 여론조사 결과는 '워싱턴 정부는 항상 또는 대개는 옳은 일을 한다'고 생각하는 미국인의 비율이 1995년에 고작 18퍼센트였음을 보여주었다. 2001년 9월 11일 이후 이 수치는 55퍼센트로 반등했지만 2004년 여름 다시 36퍼센트로 떨어졌다.

공공정책에 직접 영향을 미치는 시민들의 능력이 건강한 민주주의를 결정하지만, 현재의 시스템은 참다운 시민 투입과 영향을 감당할 여지가 없다. 불행히도 투입을 위한 전략은 시민의 이익을 지속시키거나 의사결정자들을 위한 유용한 정보를 산출하지도 못하는 형편이다. 기존의 시스템은 시민 참여 활성화에 거의 제 역할을 하지 못한다. 따라서 정부와 시민 간의 신뢰 회복을 위해서는 시민 참여를 유도할 새로운 방법이 필요하다.

〈미국이 말한다〉는 이를 해결하기 위한 새로운 메커니즘을 고안했다. 의사결정자들이 단순한 여론조사의 차원을 넘어 진정으로 시민들과 관계를 맺고 그들의 의견을 수렴할 수 있는 방법이 무엇인가? 시민 대화의 가치를 활용하고 그 지혜를 반영하며 시민의 의견이 존중받도록 하려면 어떻게 해야 하는가? 시민들이 정책입안과 자원배분계획에 실질적인 영향을 미칠 수 있는 방법은 무엇인가? 어떻게 정치관료들의 일정에 맞춰 절차를 진행할 것인가? '21세기 타운미팅 Twenty-First Century Town Meeting'이 그 대안으로 1998년 처음 실시됐다.

21세기 타운미팅에는 뭔가 마법 같은 것이 있다. 수천 명이 개인 자격으로 포럼에 참여한다. 회의장에 마련된 수백 개의 테이블에서 시민들은 지역사회가 당면한 중요한 문제들을 논의하며 하루를 시작한다. 숙련된 진행자의 도움으로 각 테이블의 참가자들은 공통의 관심사가 있음을 알게 된다. 자신들의 공통된 생각을 컴퓨터에 입력하고 회의장 앞쪽으로 전송한다. 몇 분 뒤 참가자들은 자신들의 생각을 전체 그룹이 공유함을 알게 된다. 문장이 바뀌고 몇몇 항목들이 추가될 수 있지만 기본적인 생각은 그대로 반영돼 있다. '나'에서 '우리'로 가는 과정이 시작된 것이다.

21세기 타운미팅은 시민 수천 명이 친밀한 숙의 토론에 동시 참여하고 집단적 지혜를 모을 수 있는 자리다. 인구 대표성을 띤 대규모 그룹이 공적인 숙의 토론에 참여하는 21세기 타운미팅을 통해 첫째, 대중과 주요 이해관계자들의 의견이 모두 반영되고 둘째, 대중의 우선순위가 의사결정자들과 언론의 주목을 받으며 셋째, 상당수의 대중이 포럼의 결과를 지지하고 그 이행에 관심을 가지고 있음을 확신할 수 있다. 각 회의는 시민의 의견이 실제적인 의사결정에 즉각적이고 투명하게 반영될 수 있도록 전략적으로 설계된다.

21세기 타운미팅의
구성요소

시민단체 〈미국이 말한다〉와 후원단체들이 지역사회의 당면 과제 해결을 위해 21세기 타운미팅을 소집한다. 대부분 주어진 주제에 의사결정 권한을 가진 공무원이나 기관이 21세기 타운미팅의 후원자가 된다. 윌리엄스 시장은 지난 5년간 도시 예산과 전략 계획 개발 과정에 대중을 소집했다. 시카고와 신시내티는 지역의 기획부서에서 포괄적인 토지 이용 계획 수립에 대중을 참여시키고 있다. 뉴욕 시에서는 거의 100여 개의 시민단체로 구성된 연맹이 9.11 테러 이후 세계무역센터 부지 재개발과 관련해 21세기 타운미팅을 세 차례 소집했다. 시민단체가 포럼을 소집할 때는 포럼의 결과에 대응하기 위해 의사결정자들이 파트너로 참여한다.

〈미국이 말한다〉는 스폰서와 협력해 대중의 의견이 대규모 기획 또는 의사결정 과정에 확실히 통합될 수 있도록 한다. 시카고와 신시내티, 워싱턴에서 열린 주민회의들처럼 21세기 타운미팅은 기관의 지속적 관리 및 의사결정 과정에서 공식적인 절차가 된다. 타운미팅 소집자가 시민단체일 때 이 과정은 이해관계자들과 의사결정자들의 참여와 대응에 크게 의존하는 경향이 있다. 대규모 주민 참여 행사는 의사결정자들이 포럼 결과에 주의를 기울이도록 압박하는 효과가 있다.

수백 수천 명의 사람들이 한 번에 소집되는 21세기 타운미팅은 다양한 의견 가운데 논의를 거쳐 부상한 우선순위의 영향력을 증대시킨다. 행사의 신뢰도를 위해 얼마나 많은 사람이 필요한지를 고려해 후원자와 함께 회의 규모를 결정한다. 포럼 규모 결정에 과학적 방법이 있는 것은 아니지만 공동체의 규모와 이슈의 인지도 및 과거 대중의 공동체 참여 실적을 포함해 몇 가지 기준이 고려된다. 일단 회의 규모가 결정되면 〈미국이 말한다〉는 후원자와 협력해 포럼을 구성한다. 미국 통계국의 인구 분포를 참고해 어떤 그룹을 포함시킬지 고려한다. 뉴욕 그라운드제로의 재개발을 위한 포럼에는 희생자 가족 등 추가적인 대표 그룹이 필요할 수도 있음을 고려한다.

〈미국이 말한다〉는 21세기 타운미팅이 인구 대표성을 보장할 수 있도록 적극적으로 참가자들을 모집한다. 일반적으로 풀뿌리 단체와 정교한 언론 캠페인을 통해 참가를 홍보한다. 젊은이나 저소득층같이 접촉이 어려운 그룹은 그들이 알고 신뢰하는 개인의 초대를 받는다. 참가자들이 포럼 참가를 위해 등록할 때 등록번호를 인구분포 타깃과 대조한 뒤 필요한 경우 모집 전략을 수정한다. 예를 들어 특정지역이나 인구분포에서 낮은 참가율을 보이면 그 그룹의 참여를 확대하기 위해 노력하는 것이다.

〈미국이 말한다〉는 후원자와 협력해 이해하기 쉬운 참가자 지침을 개발해서 참가자들이 적절한 정보를 가지고 숙의 토론에 참여할 수 있도록 한다. 이 지침은 정책입안자들이 고려하는 다양한 옵션과 이슈를 둘러싼 배경을 이해할 수 있도록 작성된다. 대부분 자료들은 다중 언어로 번역된다. 가능하면 이 자료들을 참가자들에게 포럼 전에 우송하고 필요한 경우 지역신문과 식품점 및 도서관 등을 통해 지역사회 전체에 배포한다. 포럼에서 발표 및 비디오를 통해 자료들을 보완한다. 테이블에서 나오는 질문에 어느 한쪽으로 치우치지 않고 답해줄 수 있는 중립적인 전문가들도 배치된다.

다음은 21세기 타운미팅의 중요한 구성요소들이다.

- 숙의 토론 장려: 10~12명의 참가자들이 모여 심도 있는 토의를 진행한다. 이 정도 규모의 그룹에서 참가자들 개인이 집단적 사고와 논의를 할 수 있는 안전하고 친밀한 공간을 만들어낸다.
- 네트워크로 연결된 컴퓨터: 각 테이블의 컴퓨터는 전자 플립차트 역할을 하고 테이블에서 나온 아이디어를 바로 기록하며 모든 의견과 아이디어를 주의 깊게 수렴해야 한다. 무선 네트워크를 통해 시민들은 중앙 데이터베이스로 그들의 아이디어를 전송하고 각 테이블에서는 주제를 다듬는다.
- 주제 정하기: '주제팀'은 실시간으로 참가자들의 논평을 읽고 주요 주제나 메시지를 선정한다. 이 주제들은 전체 그룹 워크의 집합적 주인의식 확립을 위해 회의장에서 다시 발표된다.
- 여론조사 키패드: 21세기 타운미팅 참가자들은 무선 네트워크를 통해 투표한다. 행사 참가자들의 인구 특성을 분석할 수 있고 그룹의 성격을 파악할 수 있도록 키패드가 설정된다. 키패드 여론조사는 인구 분류 데이터를 산출하므로 의사결정자들에게 큰 가치가 있다.

21세기 타운미팅을 친밀한 소그룹 대화에서 시작해 수천 명의 집단 작업으로 전환시킬 수 있었던 것은 주제들을 수렴해 선정하고 프로젝트화 했기 때문이다. 소규모 그룹과 집단 간의 작업 전환은 의사결정자들의 행동을 유도할 수 있는 권고사항을 도출할 때까지 행해진다.

21세기 타운미팅은 어떻게 진행되는가? 주요 정치 지도자들의 간단한 개회사로 시작해 논의 중인 문제의 배경을 설명한다. 참가자들이 여러 개의 인구학적 질문에 답하는 것으로 행사가 시작되고, 여론조사 키패드를 사용해 참가자들에 대해 알아볼 수 있다. 숙의 토론 전에 참가자들이 문제들을 잘 파악할 수 있도록 비전 또는 가치에 기반한 논의가 진행된다. 참가자들이 중요한 비전이나 가치들을 숙지함으로써 주요 이슈와 정책 옵션을 4~5시간에 걸쳐 토의할 수 있는 토대가 마련되는 것이다. 앞에서 설명했듯이 개별 테이블에서 각각의 주어진 의제에 대한 토론이 시작되고, 실시간으로 주제로 만들어지며, 설명과 수정을 거쳐 투표 전에 모든 참가자에게 발표된다.

포럼의 마지막 20분간 그날의 토론을 평가하고 다음 단계를 검토할 뿐 아니라 의사결정자들이 참가자들의 의견에 대한 논평의 시간을 갖는다. 회의 결과를 요약한 보고서가 그날 중으로 작성되고 참가자들이 떠날 때 배포된다. 의사결정자들, 언론, 대중에게 모두 같은 정보가 제공된다. 하루를 마무리하면서 의사결정자들과 언론 및 시민들은 인구 대표성을 갖는 집단의 지혜를 경청한다. 의사결정자들이 행사에 참여해 권고된 사항에 대해 행동할 것을 약속했기 때문에 21세기 타운미팅에서 수렴된 의견들은 지속적인 영향력을 갖는다. 참여

지원을 위한 일회성이 아닌 지속적인 메커니즘이 마련돼 있다. 윌리엄스 시장은 이웃공동체 행동 이니셔티브 절차를 마련해 기획자들과 기관 서비스 전달체계를 연계했다.

공적 의사결정에 미친 더 극적인 영향

〈미국이 말한다〉는 전국 30개 주 이상에서 21세기 타운미팅을 소집했다. 사회보장제도 용어들에 대한 논의에서 9.11테러 이후 세계무역센터의 재개발 계획에 이르기까지 〈미국이 말한다〉는 의미 있는 결과를 도출해내는 실적을 이룩했다.

21세기 타운미팅의 성과는 어떻게 알 수 있는가? 첫째, 21세기 타운미팅은 참가자들을 교육하고 문제가 되는 이슈와 개인의 관계를 변화시킨다. 일상적으로 〈미국이 말한다〉는 키패드 여론조사를 이용해 참가자들이 포럼에서 무엇을 배웠는지, 그들의 의견이 바뀌었는지, 그 이슈에 계속 관심을 가지는지 묻는다. 여론조사 결과는 대단히 긍정적이다.

1998년 노스웨스턴대학교 정책 연구소가 출간한 사회보장제도 개혁을 위한 21세기 타운미팅 평가가 이를 확인해준다. 이 보고서에 따르면 참가자들이 사회보장제도 개혁 문제를 이해하면서 숙의 토론 참여가 상당히 증가했다고 한다. "참가자들이 포럼 참여로 사회보장제도의 실태를 이해했을 뿐 아니라, 사실에 기반한 여섯 가지 질문에 응답한 결과 전반적인 지식이 향상됐음을 보여주었다." 또한 "임의로 선택된 표본과 초대됐지만 참석하지 않은 사람들과 비교했을 때 포럼에 참여한 사람들에게 사회보장제도의 중요성이 크게 부각됐다. 포럼 후에 참석자들은 사회보장제도에 대해 생각하고 이야기하고 관련 자료를 읽어보는 데 다른 사람들보다 더 많은 시간을 보냈다"는 것이다. 참여 결과 특정한 정책 옵션에 대한 지지가 증가했고 이 문제에 열정적인 관심을 유지했다는 사실을 보여준다.

21세기 타운미팅은 공적 의사결정에 훨씬 더 극적인 영향을 미칠 수 있다. 〈미국이 말한다〉는 뉴욕 시 세계무역센터 재개발에 지대한 영향을 끼쳤다. 주지사들, 시장들, 지역 기획 기관 대표들, 200개 이상의 언론사들은 수천 명의 포럼 참가자들이 제안한 여섯 가지 계획 중 몇 가지 중요한 안들에 반대하는 것을 지켜보았다. 상당히 많은 참가자들이 이전 세계무역센터에 있었던 공간 전부가 사무실과 상점으로 채워진다는 사실을 좋아하지 않았다. 다음 날 전국의 신문들은 다음의 헤드라인으로 기사를 실었다. "세계무역센터 계획 좌절: 처음부터 다시 시작해야."

포럼 기간 중 지방정부 지도자들은 그 계획에서 주민들이 찬성하지 않는 사안들을 재평가하기로 했다. 2주도 안 되어 〈뉴욕타임스〉사설은 파타키 주지사가 "맨해튼 남부 재건을 위한 첫 제안에 대중이 실망하고 있기 때문에 이 계획은 처음부터 다시 시작해야 한다"고 결정했다는 사실을 보도했다. 사설은 계속된다. "마이클 블룸버그 시장과 마찬가지로 주지사는 그라운드제로의 활용과 맨해튼 도심의 24시간 공동체를 잘 융합하기 위한 방안을 만들어내는 데 전념하는 것 같다. 파타키 주지사는 그라운드제로 계획이 9.11 테러로 소실된 모든 사무실과 호텔 및 상점들을 복귀시키려는 항만공사의 안에 이의를 제기했다."

10월 재개발 절차에 책임이 있는 관료들이 처음 제안된 디자인보다 사무실 공간을 100만 제곱피트 줄이는 새로운 프로그램을 기획했고 부지 자체에서 약 40퍼센트까지 사무실 공간을 축소했다. 이 새로운 프로그램과 계획안은 대중의 권고사항을 반영한 것이다.

대중을 참여시키는 새로운 접근법

뉴욕에서 이루어낸 극적인 성과는 유일무이한 것이 아니었다. 모든 21세기 타운미팅은 현실적인 결과를 도출해내기 위한 목적을 가지고 정치 현실에 대응하기 위해 설계됐다. 〈미국이 말한다〉는 규모와 다양성과 투명성 그리고 의사결정자와 굳건한 관계를 활용해 대중의 의견을 반영하고 참여 경험에 의한 역량 강화를 추구한다. 21세기 타운미팅이 점차 확산되면서 거버넌스 절차에서 대중이 자신들의 역할에 대한 믿음을 회복할 수 있도록 하는 것이 우리의 바람이다.

숙의 민주주의의 비평가들은 숙의적 참여의 긍정적 영향이 하드 데이터로는 지원되지 않는다고 주장한다. 이러한 비판에도 어느 정도 타당성이 있다. 〈미국이 말한다〉는 개인과 정책입안의 장기간에 걸친 상관관계에 대한 연구를 이제 막 시작했다. 하지만 7년간의 경험과 데이터에 기반해 21세기 타운미팅을 통해 대중의 의견을 피력할 수 있는 기회를 제공함으로써 얻는 긍정적 영향을 확신한다.

숙의 민주주의와 시민 참여는 여전히 새로운 영역이고, 많은 대중 참여의 선도적 모델은 아직 진화 중이다. 21세기 타운미팅도 다르지 않다. 〈미국이 말한다〉는 대중이 의사결정에 필요한 강력한 의견을 피력할 수 있는 다양한 포럼을 조직하는 방법을 알게 됐다. 〈미국이 말한다〉는 다음 세 영역을 개선하기 위해 지속적으로 노력하고 있다.

- 다양성: 〈미국이 말한다〉가 인구 대표성을 갖는 참여 그룹을 형성하는 전략 개발에 상당한 진전을 거두었음에도 청년 및 저소득층과 같이 접근이 용이하지 않은 특정 그룹의 모집은 여전히 어려운 일이다.
- 지속가능성: 〈미국이 말한다〉는 많은 대중을 거버넌스 절차에 참여시키는 데 상당한 성공을 거두었지만 21세기 타운미팅 후에도 시민 참여를 유지하는 시스템 조성에 어려움을 겪었다.
- 비용: 수백 수천 명의 시민 참여는 상당한 비용을 수반하고 중소규모의 지역사회 역량에는 버거운 것이다. 절차의 질을 저하시키지 않고 대중 참여 비용을 줄이기 위한 방법을 찾고 있다.

〈미국이 말한다〉는 미래를 생각하기 때문에 국가 차원의 정책입안에 대중의 의견을 반영하는 것이 가장 우선순위이지만, 막상 시민과 의사결정자들이 가장 단절돼 있는 곳이 전국 차원의 거버넌스이기도 하다. 최근 〈미국이 말한다〉는 10여 명의 시민 참여 분야 지도자들을 소집해, 의회와 연방정부에 영향을 미칠 수 있으며 수백만 명의 시민들이 참여할 수 있는 전국적 규모의 숙의 토론에 대한 청사진을 개발하게 했다. 이런 전국적 토론을 보다 효과적으로 통치 메커니즘에 통합할 수 있는 방법을 찾아 대중의 의견을 국가의 거버넌스 절차에 연계함으로써 민주주의 제도의 건강함을 회복하려는 것이다. 우리의 민주주의를 활성화하는 길은 머나먼 여정이 될 것이다. 하지만 대중을 참여시키는 새로운 접근법은 최근 상당한 진보를 이룩했다. 진정으로 '국민의 국민에 의한 국민을 위한 국가'에 다가가고 있는 것이다.

9장

브라질의 숙의 민주주의:
상파울루 보건협의회 사례

베라 샤탄 코엘료 Vera Schattan P. Coelho
바버라 포초니 Barbara Pozzoni
마리아나 시푸엔테스 몬토야 Mariana Cifuentes Montoya

민주주의 체제 이행의 토대가 된 브라질의 1988년 헌법은 분권적 정책 결정을 허용했고, 사회정책입안, 관리 및 모니터링에 시민 참여를 위한 메커니즘을 마련했다. 헌법 초안이 작성될 당시 수십만 개의 이익집단이 전국에서 활동했고, 참여적이고 민주적인 메커니즘을 요구하는 50만 서명운동이 전개됐다. 이러한 요구의 토대가 된 것은 시민이 참여하는 정책입안 과정이 보다 투명하고 책임의식을 부여하며 시민의 필요를 더 잘 반영할 거라는 믿음이었다.

사법적 근거 위에서 관리협의회, 주민공청회, 회의, 참여 예산 및 규제 기관 내 숙의 메커니즘을 포함해 시민 참여를 위한 광범위한 제도적 틀이 개발됐다. 특히 참여 예산과 관리 협의회는 1990년대에 가장 큰 추진력을 얻었다. 두 참여 메커니즘은 행정부와 연결돼 있고 행정 투명성, 지방자치 및 취약 지역을 위한 자원 재분배에 중점을 두고 있다.

1989년 이후 5,507곳의 브라질 지방정부 중 250개 정부가 참여 예산 절차를 채택했고, 인프라와 기초적 사회 서비스에 대한 정부 투자의 우선순위 결정에 시민이 참여하고 있다. 참여 예산은 예산문제에 대해 대중이 숙의 토론을 진행하는 것이다. 참여 예산 회의는 정부 실적을 공적으로 검토하고 공공 투자에 대한 우선순위 협상을 위한 공간을 시민에게 제공한다. 참여 예산 절차에서 수립된 계획은 예산에 포함돼 행정부로 전달되고, 심사와 최종 투표를 위해 입법부에 제출된다. 130만여 명의 주민들이 거주하는 포르투알레그리 시에 최초의 참여 예산제도가 도입됐고, 10만 명에 가까운 주민들이 참여 예산 과정에 참여했다.

2만 8,000개가 넘는 관리 협의회는 보건 정책, 교육 환경 및 기타 이슈 해결을 위해 설립됐다. 이 협의회들은 지방에서 연방에 이르는 전 정부에 걸쳐 설치돼 있고, 시민들이 공공정책을 결정하고 그 이행을 감시하기 위해 서비스 제공자 및 정부와 함께 참여하는 포럼을 주최한다. 관리협의회는 시민이 정책 결정 과정에서 의견을 말하고 하향식 책임의 비중을 늘리는 메커니즘을 제공한다.

규모 면에서는 관리협의회의 비중이 훨씬 크다. 하지만 이전의 연구들은 이 협의회가 시민 참여를 장려하는 데 얼마나 효과적인지에 의문을 제기한다. 협의회의 민주적 약속은 브라질 정부의 권위주의적 전통, 더 구체적으로 말하자면 질질 끄는 권위주의적 정치문화, 약화된 협회, 사회와 정부의 저항으로 약화됐다. 협의회가 존재함에도 가장 가난한 계층은 여전히 소외돼 있고, 자신들의 요구를 표현할 충분한 수단이 부족한 반면, 자원을 많이 보유한 사람일수록 참여 기회도 더 많은 것이 현실이다.

이 장에서는 관리협의회를 다른 관점에서 본다. 조직 구조가 기존의 불평등을 강화하는 부분이 있지만 협의회 절차의 일부인 숙의 토론을 개선하면 이 문제를 부분적으로 해결할 수 있다. 따라서 위원 선출 절차를 검토하고, 기술적 전문지식은 부족하지만 소통할 수 있는 리소스를 갖춘 시민들이 숙의적 의사결정 절차에 효과적으로 참여할 수 있도록 적절한 규칙과 절차를 고안해야 한다.

정부와 시민들의 강력한 지원을 받으며 우호적 환경에서 일하는 '상파울루 지방 보건협의회Municipal Health Council of Sao Paulo'는 좋은 사례다. 상파울루의 사례를 토의하기 전에 먼저 보건협의회의 탄생 배경을 법적 토대에서 살펴보고자 한다.

상파울루 보건협의회의
법적 토대

1988년 브라질 헌법은 보건을 모든 시민의 권리 및 국가의 책임으로 정의했고, 보편성과 형평성의 원칙에 입각해 브라질 공공보건 제도인 '통합 보건 시스템Unified Health System'을 수립했다. 통합 보건 시스템은 책임과 대중 참여의 개념을 도입했고, 보건 제도의 민주적 정당성 확보를 위한 거버넌스로서 정책입안에서 시민사회 참여가 근본적이라는 사실을 서술하고 있다. 보건협의회는 보건 거버넌스에 시민 참여를 결합한 제도로 법적 테두리 안에서 부상했다. 연방, 주, 지방 정부 차원에서 보건협의회가 설립됐다.

보건협의회는 시민, 보건 전문가, 정부기관, 의료서비스 제공자들로 구성된 영구적 기구다. 현재 5,000개 이상의 협의회와 10만 명 이상의 시민이 참여하는 협회들이 존재한다. 보건협의회는 참가자들이 이슈를 토의하고 보건사무국의 계획 수립, 우선순위, 정책 결정을 도울 수 있는 정치적 포럼이다. 이 협의회의 장점은 참가자들이 보건사무국의 계획과 회계에 거부권을 법적으로 행사할 수 있다는 것이다. 보건사무국이 매년 발표하도록 요구되는 계획과 예산을 협의회가 거부한다면 보건부가 기금을 집행할 수 없다.

통합 보건 시스템의 원칙 중 하나가 분권화된 보건 제도이기 때문에 지방 보건협의회는 보건 거버넌스에서 특히 중요하다. 분권화 과정을 통해 보건 기획과 보건 서비스를 제공하는 책임을 지방정부가 갖게 되는 것이다. 이 절차는 지방자치가 보건 정책에서 정치적으로 중요한 의미를 갖게 됐고, 지방 보건협의회가 정책입안에 참여하는 중요한 영역이 됐음을 보여준다. 헌법 조항을 이행하기 위해서 지방정부를 크게 강화하면서 연방, 주, 지방정부 간 자원 분배를 조정하는 법이 제정됐다. 통합 보건 시스템을 규제하는 기본 운영 규범은 지방 보건협의회의 존재를 조건으로 공공보건 예산의 60퍼센트를 연방정부로부터 받고 있다. 이는 브라질 전역에서 지방 보건협의회를 빠르게 제도화시켰다. 또한 기본 운영 규범에 의하면 협의회 대표 구성에서 형평성의 원칙에 입각해 시민사회 대표의 수가 서비스 제공자, 보건 전문가, 정부기관을 합친 수와 같아야 한다.

상파울루 지방 보건협의회의 운영 방법

상파울루 지방 보건협의회는 수천 명의 주민이 거주하는 도시인 상파울루 도심 지방 보건사무국 본부에 있다. 협의회는 숙의 회의, 행정 위원회 및 일반 사무국 세 개의 조직으로 구성돼 있다(지방자치 포고령 38,576/99). 상시회의인 숙의 총회가 매월 열리고, 의장이나 협의회 구성원들이 필요하다고 여길 때마다 지방 보건사무국 본부에서 특별 회의가 열린다. 숙의 총회는 대중에게 개방되고 협의회 안건에 대한 최종 결정을 한다. 숙의 총회에 필요한 정족수는 구성원 절반에 한 명을 더한 수다. 협의회는 명목상 의원 32명, 대리자 32명을 합쳐 총 64명으로 구성된다. 협의회 의원들은 2년 임기로 선출되고 재선될 수 있다. 관련 법규정에 따라 무보수직인데, 그들의 참여가 공적 서비스로 간주되기 때문이다. 지방 보건장관은 법에 의거해 협의회 구성원이며 의장이다. 보건장관은 의견을 말할 권리가 있으나 동수를 깨야 할 필요가 있는 경우를 제외하고는 숙의 총회에서 투표를 하지 않는다.

협의회 공식적 구성과 관련된 지방자치 포고령에 의하면, 협의회에서 대표성을 갖는 4개의 회원 그룹 각각이 그들의 의석수 범위 내에서 협회와 단체를 구성한다(〈표 5〉 참고). 형평성 원칙에 따라 협의회 의석 절반을 시민사회 단체에 보장한다. 보건 전문가들은 의석의 1/4을 차지하고 정부기관의 대표, 공공 및 민간 보건 서비스 제공자들이 남은 의석을 차지한다.

이전의 연구들에 따르면 상파울루 지방 보건협의회에서 과반을 차지하는 시민사회 단체는 과거 정책입안에서 배제되고 주류 사회의 차별로 고통 받아온 취약계층 시민들을 대변한다. 이 취약계층은 쇠락해가는 도시 주변의 빈곤층, 흑인, 장애인, 노인을 포함한다. 시민단체를 위해 마련된 대부분의 의석은 공중보건 및 사회운동에 할당되고, 장애인 1석과 에이즈 환자 2석을 더해 총 3석이 이들을 대표하는 협회들에 주어진다. 남은 2석은 노조대표를 위한 것이다. 민주주의로의 이행과 보건협의회의 제도화에서 사회운동이 한 역할은 협의회를 차지한 좌석수로 설명될 수 있다. 가난하고 취약한 사람들의 보건 및 생활 조건 개선을 위한 투쟁에서, 상파울루에서는 특히 공중보건 운동이 중요한 역할을 했다.

협의회 회원 단체의 대표 선택 절차는 알려진 바가 거의 없다. 2002년 3월 의원들은 특별회의를 소집하고 협의회의 당파적 전용과 관련해 노동당을 비난했다. 노동당이 일부 의원들, 특히 사회운동 및

지방 보건협의회 대표 기관들	의석수
• 시민 사회 (총16석)	
– 공중보건 운동	6
– 사회운동	5
– 질환자 협회	2
– 장애인 협회	1
– 일반 노동조합	1
– 일반 기업노조	1
• 보건 전문가 (총8석)	
– 보건 전문가 노조	2
– 일반 노조	2
– 환자에 대한 직접적인 서비스에 관련된 전문가 감독협의회	2
– 감독 및 생산 투입(혈액은행이나 제약 분야 포함)에 관련된 전문가 감독협의회	1
– 의사 및 엔지니어 등 전문가 협회	1
• 정부기관 (총6석)	
– 지방자치 보건 사무국	4
– 국립대학교 및 연구소	1
– 사립대학교 및 연구소	1
• 보건 제품 생산 및 공급업체 (총2석)	
– 보건 제품이나 서비스를 생산 또는 공급하는 기업	1
– 보건 서비스를 제공하는 비영리단체	1

〈표 5〉 상파울루 지방 보건협의회 구성
출처 : 지방자치 포고령 38,576/99

노동조합과 연계된 의원들이 선택 과정을 통제한다며 비난했다. 협의회 내에서 이 문제에 대한 열띤 토론이 있었으나 변한 건 없었다.

2001년 7월 실시한 동부 공중보건협의회 대표 선거는 이전 선출 절차에 관련된 문제를 잘 보여준다. 평일 오후에 회의가 개최됐고 지방자치 협의회가 지명한 공무원 외에도 도시 동부의 13개 보건 구에서 64명의 주민이 참여했다. 3명의 후보자가 의원에 지원했는데, 이들이 어떻게 선택됐는지는 알 수 없었다. 후보자들이 자신들의 제안을 발표하고 토의한 후에 참가자들이 거수로 투표했다. 당선자는 39표를 얻었다. 하지만 후보들이 어떤 단체의 참가자들을 대표하는지에 대한 정보를 얻을 수 없었다. 물론 협의회의 다른 단체들은 다른 방법으로 대표를 선택했을 것이다. 그럼에도 이 사례는 이런 선택이 이루어진 절차에 대한 정보 자체가 부족함을 보여준다.

협의회의 사회경제적, 정치적 프로필 연구는 시민 대표의 45퍼센트가 1970~1980년대부터 사회운동에 참여하기 시작했음을 말해준다. 나머지는 좌파 정당에 연계됐다. 2000~2001년 임기에는 시민 대표의 75퍼센트가 여성이었다. 78퍼센트는 50세 이상이었고 연로한 의원들이 대거 은퇴했다. 시민 대표들은 교육 수준이 낮았고 협의회에서 다른 그룹을 대표하는 의원들에 비해 부유하지도 않았다. 시민 대표의 45퍼센트는 그들의 소득이 최저임금 수준 이하에 해당한다고 알렸다. 이는 다른 의원 그룹의 소득보다 훨씬 낮은 수준이었다.

정책입안 과정에서 시민이 자신의 의견을 표현하기 위해서는 회의에 참석할 수 있는 여건이 마련돼야 한다. 시민 대표가 협의회 회의에 참석할 수 있어야 한다는 말이다. 회의는 대개 평일 오후 2시에 열리는데, 이는 일하는 의원들은 휴가를 내고 회의에 참석해야 한다는 의미다. 업무의 성격상 이런 참여를 장려하기 때문에 정부기관과 대부분의 보건 전문가 대표들에게는 크게 어려운 일이 아니지만, 시민 대표들은 그렇지 않다. 고용주로부터 허락을 받거나 휴가를 내기 위해 협상해야 하며, 일부는 근무를 하지 않은 시간만큼 보수를 받지 못한다. 따라서 시민 대표들이 협의회 회의에 참석하려면 상당한 기회

비용이 따른다. 이를 고려할 때 극히 소수의 시민 대표만 협의회 회의에 참석할 수 있거나, 참석하려고 한다 해도 놀라운 일이 아니다. 하지만 2001~2002년 임기에 지방 보건협의회 총회 참석자 명단을 살펴보면 시민 대표의 과반수가 협의회 회의에 참석했다는 사실을 확인할 수 있다. 게다가 시민 대표 참석률은 항상 과반수를 구성한다.

의원들의 사회경제적 프로필에 대한 데이터와 그들의 참석률은 지방 보건협의회가 다른 포럼과는 달리 사회적 그룹들과 대화를 위한 공간을 여는 데 성공했고, 과거에 보건 정책을 집단적으로 논의하고 정의할 수 있는 기회가 부족했음을 보여준다. 이런 성과에도 사회에서 가장 가난한 계층은 여전히 참여하지 못하는 실정이다. 또한 의회에 진입한 상당수 시민단체가 과거 노동당과 관계가 있었고, 가난한 주민들에게 제공되는 보건 서비스 개선을 위해 일하는 수많은 단체들이 의회에서 배제됐음을 명심해야 한다.

이런 상황은 대개 의회의 내부 규정 때문에 발생한 것인데, 특정 협회와 단체들을 위한 좌석을 비축해두는 것이다. 시민의 의회 접근을 제한하는 규정들은 단지 일부 그룹에만 접근권이 허용됨을 의미한다. 따라서 대표성이 결여된 사회적 그룹은 더욱 배제되는 것이다. 이를 깨뜨리자면 자원 동원이 어렵고 취약한 그룹의 대표성을 보장하기 위해 보다 적절한 방법을 고안해야 한다. 몇몇 저자들이 이를 위한 방법을 제안했고, 일부 대안들은 앞으로 몇 년간 참여 포럼에서 시험될 것으로 기대한다.

진정한 참여포럼이
실현되려면

협의회의 공식 구조는 수평적이며, 구성원들이 대면 토론에 참여해 토의를 통해 자신들의 관점과 선호도를 표현할 수 있도록 한다. 총회는 의장으로 선출된 의원이 진행한다. 수평구조 덕분에 서로 다른 사회적 행위자들의 의견이 보건 거버넌스에 반영될 것으로 기대한다.

총회 회의록을 검토한 결과, 참가자 사이에 정보교환의 장을 조성하는 일이 어려울 수도 있음이 드러났다. 단지 일부 의견만 다른 참가자들로부터 반응을 불러일으키는 데 성공한 채 토의가 이루어지고, 다른 의견은 조용하게 무시된다. 핵심으로 바로 들어가서 본론에서 벗어나지 않게 논의를 지속할 수 있는 것이 협의회 내에서 입지를 높이는 효과적인 방법이다. 보건 부문의 기술 언어를 숙련한다면 의원들이 자신들의 의견을 현재의 정책 담론으로 발전시킬 수 있고, 자신들의 입지를 더욱 높이며 정당성을 얻을 수 있다. 체계가 없고 지엽적인 문제에만 초점을 맞춘 시민 대표의 성향은 주장하는 바가 감정적이고 파편적이거나 논의 주제와 연관성이 없다는 인상을 줄 수 있다. 가난하고 교육 수준이 낮은 사람들일수록 이런 식의 주장을 펼치는 경향이 있는데, 이는 비효율적일 뿐 아니라 사실상 이해할 수 없는 것으로 간주된다.

많은 의원들이 행정 규칙이나 보건 프로그램의 변화와 같은 중요한 정치적 문제들을 정부가 유의미하게 받아들이지 않았음을 깨달았다. 의원들 다수가 정부 정책에 반대할 때조차 협의회가 일관성 있는 대안 정책을 개발하고 추진할 수 없음이 입증된 셈이다. 의원들과의 인터뷰 결과는 보건제도 안에서 협의회가 행사할 수 있는 영향력이 제한돼 있다는 것을 인식하고 있음을 보여준다. 의원들은 늘 시스템의 일상적 기능 문제를 비난하면서 해결 방법은 찾지 못하는 실정이다. 시민 참여를 위한 메커니즘으로 마련됐음에도, 협의회는 새로운 관심과 그 실천을 정책적으로 구현하는 데 실패했다. 이는 정부에 비해 협상에서 불리한 위치에 있음을 의미한다.

이런 제약에도 많은 의원들이 지방 보건위원회의 구성원으로서 보람 있는 경험을 했다고 묘사한다. 이는 두 가지 이유 때문인 듯하다. 첫째, 의원이 되면서 전에 접하지 못했던 정보에 접근할 수 있다는 점이다. 둘째, 협의회에서 보건 제도 개선에 전념하는 다른 사람들을 만날 수 있다는 사실이다.

상파울루 지방 보건협의회 참여의 원동력을 분석한 결과, 지금까지 배제된 그룹의 의견이 표현될 수 있는 정치적 공간을 제도화하는 면에서 상당한 진보가 있었음을 알 수 있었다. 그럼에도 아직 해야 할 일이 많다. 주요 도전과제의 하나는 다른 사회경제적 그룹 간의 포용적인 대화 채널을 구축하는 것이다. 총회 기간 토의를 장려하고 모든 참가자의 참여를 독려하기 위해 한 명의 의원(다시 말해 의장)에게 의존하는 것은 효과적인 전략이 아님이 입증됐다. 이런 업무를 수행하는 데 필요한 역량을 갖추지 못한 의원들도 있기 때문이다. 몇몇 저자들은 혜택을 받지 못하는 그룹들이 참여 포럼에서 효과적으로 스스로의 의견을 낼 수 있게 하려면, 기술적인 전문지식이 없더라도 참가자들이 소통 능력을 배양할 수 있는 구체적인 방법이 고안되고 채택돼야 한다고 주장한다.

한편 정책과 프로그램 관련 협의회가 보건당국에 영향력을 행사할 수 없다는 점은 협의회에서 논의되는 문제들을 주의 깊게 선택해야 함을 알려준다. 고도로 전문화된 지식이 요구되는 영역에서 시민 참여는 그다지 큰 도움이 되지 않는다. 그러나 현지 지식과 시민의 선호도가 중요한 역할을 하는 영역들에서는 시민 참여가 상당한 도움을 줄 수 있다.

불평등을 줄일 수 있는 계기

지방 보건협의회의 경험은 사회운동에서 조심스럽게 검토해야 하는 부분이다. 시민사회와 정치적 행위자들이 힘을 모아 정책입안에서 시민 참여를 위한 정치공간을 제도화했다. 상파울루 지방 보건협의회가 보여주듯 보건 거버넌스에서 효과적인 시민 참여를 확보하는 데는 도전과제들이 따른다. 관련된 행위자들 간의 정치적 소통 자원의 불평등한 분배, 시민 대표의 선출방식, 토의를 위한 주제 선택, 숙의 토론의 방법 등에 대한 규정들이 이런 문제를 야기한다. 이 문제가 해결되지 않는다면 정치적 지원만이 아니라 소통 및 기술적 자원이 결여된 그룹의 배제가 심화될 것이다.

지방 보건협의회와 같은 참여제도는 적어도 부분적으로는 이런 불평등을 줄일 수 있는 계기가 될 것으로 기대된다. 이 제도가 좀 더 투명하고 민주적인 시민 대표를 선택하고, 더 포괄적인 숙의 토론 절차가 정착될 수 있도록 협의회의 조직적 역량 강화에 투자할 것을 권고한다. 관련된 행위자들이 충분히 역량을 갖추고 동기 부여가 되는지를 보아야 한다. 이런 도전에 대한 대응은 정치적 영역이지만, 지난 몇 년간 참여 포럼의 개선을 위해 상당한 노력이 투입됐다. 이것은 진정한 참여포럼 실현을 위해서는 다양한 사회적, 정치적 행위자들의 역할이 필요하다는 사실을 보여준다.

10장

필라델피아 해안의 숙의적 도시계획

해리스 소콜로프 Harris Sokoloff
해리스 스타인버그 Harris M. Steinberg
스티븐 파이저 Steven N. Pyser

필라델피아의 개발과 활성화는 대중의 의견에 무게를 두지 않는 정치문화 탓에 수년간 어려움을 겪었다. 뒷거래와 개인 관계가 '공익'에 우선하는 것처럼 보였다. 지금부터 하려는 이야기는 도시계획과 개발에 대중을 참여시키려 한 시도에 관한 것이다.

지난 30여 년간 필라델피아 해안의 펜스랜딩Penn's Landing 수변 지구는 공익과 민간 개발의 기로에서 답보상태에 있었다. 1976년 델라웨어 강에 공공 공간으로 매립된 지역으로, 펜스랜딩 수변 지구는 관광객을 유치할 수 있는 곳으로 생각돼 여러 번 이곳을 개발하려고 시도했다. 하지만 고속도로 10개 차선으로 가로막혀 도시에서 단절돼 있는 이 지역 개발 시도는 계속해서 실패했다.

2002년 여름 여섯 번째 시도가 실패한 뒤 존 스트리트 시장과 시 개발팀은 새로운 개발자를 찾는 임무에 착수했다. 이 과정에서 펜실베이니아대학교 디자인학과의 특별 프로그램 '펜 프랙시스Penn Praxis'가 이 지역의 가장 큰 신문사인 〈필라델피아 인콰이어러〉 편집위원회, 펜실베이니아 교육대학원 학교연구협의회, 필라델피아 디자인 시민단체와 파트너십을 결성했다. 곧 해안의 미래에 대한 내실 있는 공적 대화에 필라델피아 주민들을 참여시키기 위한 절차가 마련됐다.

2003년 겨울 50일간 필라델피아 주민들은 필라델피아의 수변 지구인 펜스랜딩의 미래에 대한 견실한 공적 대화에 참여했다. 스트리트 시장의 행정적 참여와 지원으로 '펜스랜딩 포럼 Penn's Landing Forums'이 조직됐다. 해안 개발 전문가 발표를 포함해 펜스랜딩 수변 지구의 미래에 대한 네 가지 행사로 구성됐고, 시민의 숙의 토론과 디자인 '샤레트charrette(각 분야 전문가의 도움을 받아 문제를 논의하는 집단 토론회. – 옮긴이)'를 권장했다. 800명 이상이 참여해 '펜스랜딩 원칙Penn's Landing Principles'을 이끌어냈다. 이 원칙은 펜스랜딩 수변 지구에 대한 어떤 개발에서도 존중돼야 하는 기본적 가치가 됐다. 이 포럼은 대중의 의견을 반대를 위한 반대로만 여겼던 도시에서 시민들이 건설적 의견을 낼 수 있는 장으로 탈바꿈했다.

대중 참여를
이끌어내려는 소망

펜스랜딩 포럼은 필라델피아의 고립적이고 정치적이던 개발 문화를
바꾸고 대중 참여를 이끌어내고자 하는 소망에서 시작됐다.

기원 및 특징

펜스랜딩 수변 지구의 과거 개발 시도를 검토해보면 필라델피아
주민들이 도시의 디자인과 계획에서 크게 무시되고 있다고 느낄 수
밖에 없는 구조였다. 과거 기득권층의 의견만 반영됐던 '페이 투 플레
이pay-to-play(돈을 지불해야만 서비스를 이용하거나 특권을 얻을 수 있다는 뜻.
-옮긴이)' 권력 구조는 펜스랜딩 수변 지구건 다른 곳이건 도시계획에
서 시민의 의견을 거의 무시했다. 하지만 이 프로젝트는 시민들에게
필라델피아 해안의 미래를 만드는 데 공식적인 역할을 부여했다. 〈필
라델피아 인콰이어러〉 편집위원회가 적극적으로 참여해 대중의 의견
을 반영하는 플랫폼을 만들었다. 결정된 디자인 원칙들은 〈필라델피
아 인콰이어러〉의 사설란과 웹사이트를 통해 알려졌다.

이 프로젝트는 대의민주주의에서 정책을 이해하고 또 이를 전파
하는 시민의 역할을 높이 평가한다. 대개 시민들은 신문과 다른 매체
에서 정보를 얻고 강의를 듣거나, 다른 정보 세션에 참여해 스스로를
교육한다. 시민들은 직접적으로 또는 사회적 이익집단이나 로비 그룹

과 같은 중재자를 통해 선출된 시민 대표들에게 영향을 미친다. 가끔씩 시민 대표들은 대중의 생각을 알기 위해 여론조사를 실시한다.

이런 방식은 각각 약점이 있다. 개인 학습을 통해서는 어떤 문제에 편협한 관점을 갖게 될 가능성이 크다. 시민 개개인은 자신의 입장이 다른 시민과 상충할 수 있음을 알지 못한다. 여론조사는 시간이 흐르면서 일관성이 결여된 응답과 다른 변수들로 어려움을 겪게 되고 따라서 정확한 정보를 제공하지 못한다.

펜스랜딩 포럼은 관점이 다른 시민들이 함께 모여 전문가에게 배우고 관심사와 희망을 공유하며 합의를 도출할 기회를 만들어냄으로써 이러한 실패를 극복했다. 이 포럼을 통해 시민들은 통일된 의견을 수렴하기 위해 협력했고 개발자와 정책입안자들에게 영향력을 행사할 수 있게 됐다.

펜스랜딩 포럼은 이전 장들에서 설명된 숙의 절차와 공통점도 있지만 그와 구별되는 두 가지 뚜렷한 특징이 있다. 그중 하나는 디자인 공동체의 역할이었고 다른 하나는 신문의 역할이었다.

첫 번째 특징을 들자면 펜스랜딩 원칙들은 펜스랜딩 수변 지구의 독립 항구 박물관Independence Seaport Museum에서 열린 비전 워크숍이나 디자인 샤레트를 위한 토대가 됐다. 기획가, 건축가, 디자이너, 엔지니어, 경제학자, 학생, 예술가 및 시민으로 구성된 세 팀이 시민 토론을 통해 각각 다른 디자인 접근법을 탐구했다. 모두 '펜스랜딩 원칙'을 준수했다. 이런 원칙들을 반영한 집중검토를 통해 해안가 문제와 관련해 가치에 기반한 시민 대화의 틀을 정착시켰다.

두 번째 특징으로 〈필라델피아 인콰이어러〉가 포럼의 성공에 중요한 역할을 했다. 〈필라델피아 인콰이어러〉는 이 지역에서 가장 큰 일간지로, 사설을 통해 포럼 참여를 홍보했다. 이를 통해 포럼 조직위는 보다 광범위한 청중에게 접근할 수 있었다. 게다가 사설, 오피니언, 전용 홈페이지 및 일요 특별판을 통해 포럼의 과정을 연대순으로 기록했다. 적극적으로 그리고 반복적으로 해안가 개발을 주제로 한 포럼 과정에 독자들을 참여시키면서 〈필라델피아 인콰이어러〉는 소집자 및 보도자라는 두 역할을 모두 수행했다.

펜스랜딩 포럼의
설계 및 조직

이 프로젝트의 요구에 부응하기 위한 적응과정이 있었다. 세 주요 파트너들이 각기 다른 배경과 목적으로 포럼 디자인 과정에 참여했다. 그 결과 포럼은 다른 분야들의 장점과 가치를 반영한 협업이 됐다.

회의 설계

회의 절차는 전문가와 시민이 번갈아 주도하는 4개의 세션으로 구성됐다. 부동산과 해안 지역 디자인 및 개발 전문가의 발표, 펜스랜딩 수변 지구의 개발 역사, 전 세계 다른 해안 지역의 성공적 디자인에 대한 패널 발표로 포럼이 시작됐다. 발표 내용은 〈필라델피아 인콰이어러〉에 기사로 게재됨과 동시에 이 프로젝트 전용으로 운영되는 웹사이트를 이용해 숙의 토론의 공통적 토대를 마련했다.

두 번째 공공 회의는 해안지역과 관련된 시민들의 개인적 경험을 전문적 정보와 연계하는 소규모 그룹의 숙의 토론으로 구성됐다. 이 회의는 숙의 토론 참가자들이 펜스랜딩 수변 지구의 주요 디자인과 관련해 충분히 숙고할 수 있게 디자인됐다.

두 번째 회의에서 펜스랜딩 수변 지구 개발에 대한 기본적 원칙들이 수립됐다. 참가자들은 10개의 소그룹에 임의로 배정됐다. 각 그룹은 훈련된 진행자와 함께 작업하며 네 가지 질문에 중점을 두고 토의했다. 첫째, 펜스랜딩 수변 지구를 누가 이용할 것인가? 과거, 현재, 미래의 이용자들이 누구인가? 현재 참여하지 않는 주민들은 누구인가? 둘째, 사람들은 펜스랜딩 수변 지구에서 무엇을 할 것인가? 시민들이 현재 펜스랜딩 수변 지구를 어떻게 이용하고 있으며 이곳을 이용할 다른 방법은 무엇이라고 생각하는가? 셋째, 첫 번째 질문의 이용자들이 두 번째 질문에서 말한 지역을 이용하는 데 제약조건은 무엇인가? 넷째, 앞의 세 질문에 대한 응답을 기반으로 어떤 원칙들을 펜스랜딩 수변 지구의 개발에 적용해야 한다고 생각하는가?

마지막 질문에서 구체적인 것이 추상적으로, 특정한 것이 보편적으로 전환됐다. 이것은 자신들이 잘 아는 정보를 정책입안자들에게 제공해야 하는 대중의 책임을 인정하면서, 의원들이 대중의 의견을 들어야 할 책임도 인정했다. 시민 개개인이 자신의 이익과 다른 사람들의 이익이 충돌할 수 있음을 인식할 수 있도록 하고, 그들 자신의 이해관계를 초월하는 시각을 갖게 해주었다. 다양한 시각을 포용하는 원칙들을 함께 수립해 개발자들을 위한 공통의 토대를 마련했다.

소그룹 작업으로 다음과 같은 펜스랜딩 수변 지구의 개발 원칙이 수립됐다.

- 필라델피아 고유의, 자부심과 함께: 시민들이 자부심을 느낄 수 있는 세계의 '현관' 필라델피아만을 위한 특색 있는 공간 만들기.
- 바보야, 이건 강이야: 시민들이 델라웨어 강을 즐길 수 있게 하기. 성장하는 필라델피아의 정체성을 사랑하게끔 펜스랜딩 수

변 지구를 '강의 도시'로 조성.

- 올바른 방법으로 연결: 도심과 캄덴Camden(필라델피아 건너편에 있는 항구도시. - 옮긴이)을 필라델피아 해안을 따라 흩어져 있는 편의시설과 완전하게 연결. 주를 연결하는 95번 고속도로의 장애물, 주차, 대중교통 문제 해결.
- '필라델피아를 목적지'로 만들기: 펜스랜딩 수변 지구를 지역의 공원만이 아니라 지역의 명소로 대우.
- 감당할 수 있고 지속가능하게 만들기: 펜스랜딩 수변 지구의 경제적 잠재력과 환경적 제약을 현실적을 보기.
- 펜스랜딩 수변 지구를 공공 공간으로 유지: 펜스랜딩 수변 지구를 공공 공간으로 보존.
- 대중적 절차 이용: 지역 납세자들이 지역의 미래에 대한 의견을 제때에 말할 수 있도록 하기.

원칙들에 순위가 있는 것은 아니다. 원칙들 간에는 서로 다른 이해관계에 따른 긴장이 존재하며, 이들에게 모두 같은 무게를 둘 수는 없다.

전문가 발표와 시민의 숙의 토론에서 나온 생각과 가치는 세 번째 회의, 디자인 샤레트의 시나리오 개발에 이용됐다. 샤레트는 대중에게는 비공개였고 필라델피아 디자인 시민단체의 도움으로 조직됐다. 참가자들은 잘 알려진 지역 건축가, 계획자, 조경 건축가, 엔지니어, 경제학자, 예술가, 학생 및 대학 교수들이었다.

- 시나리오 1: 도시로부터의 휴식

큰 시민 행사를 위해 모일 수 있는 장소이자 근처 주민과 노동자들이 매일 쉽게 접근할 수 있는 진정한 공공 공간으로 탈바꿈.

- 시나리오 2: 활기찬 새로운 이웃

강과 도시 중심에 있는 이웃 공동체 사이의 장애물을 완화함으로써 펜스랜딩 수변 지구가 이웃공동체의 중심지가 될 수 있는지 탐구.

- 시나리오 3: '독립 항구' 만들기

캄덴의 해안가 명소와 도심의 역사적 장소를 보완하기 위해 강 양쪽 모두를 끌어안는 지역 관광 명소로서 독립 항구 만들기.

최종 대중회의 개최 전에 〈필라델피아 인콰이어러〉의 일요판과 웹사이트에 샤레트의 결과가 게재됐다. 디자인 시나리오들은 개념적이고 도식적인데, 원칙들을 개발 시나리오에 반영하려는 의도였다. 다른 면에서 이 디자인 원칙들은 정책입안자들에게 조언하기 위한 것이었고, 실제로 프로젝트가 끝난 뒤에도 이 원칙들은 지속적으로 지켜졌다.

최종 대중회의가 〈필라델피아 인콰이어러〉의 사설을 통해 발표됐고 이전 회의 참가자들은 이메일을 통해 모두 초대됐다. 펜스랜딩 수변 지구의 독립 항구 박물관에서 열린 최종 세션에 필라델피아 시민 350명 이상이 참여했다. 3개의 디자인 시나리오와 원칙을 발표한 뒤 참가자들은 무작위로 소그룹에 배치됐다. 각 그룹은 디자인의 개별 원칙 준수 여부를 두고 각 시나리오에 대해 토의했다. 저녁이 끝나갈 무렵 최종 평가가 전체 그룹에 보고됐다.

회의와 숙의 세션들 모두 얼굴을 대면하는 것이었고 〈필라델피아 인콰이어러〉가 구축한 펜스랜딩 수변 지구 전용 웹사이트가 지원했다. 웹사이트를 통해 샤레트에서 제안된 디자인에 대해 3주간 여론조사를 실시했다. 5,000건 이상의 응답이 접수됐다. 게다가 포럼 기간에 펜스랜딩 수변 지구와 관련해 300통 이상의 편지가 신문사에 답지했다.

펜스랜딩 포럼 같은 성격의 숙의 행사는 상징적 가치 때문에 회의 장소 선정이 중요하다. 처음 두 번의 숙의 행사는 펜실베이니아대학교에서 열렸다. 최종 포럼은 펜스랜딩 수변 지구 부지에서 열렸고 많은 대중이 참여했다.

대중회의 소집

펜스랜딩 포럼은 '국가이슈포럼 접근법'을 수정해 적용했다. 이때 공통의 기반은 대중의 숙의 토론을 통합한 기획 원칙과 디자인이었다. 이 절차는 촘촘하게 구성됐고 목표가 분명하게 드러났으며, 업무, 행사 및 결과물 산출에 대한 일정을 구체적으로 서술했다.

이 대중 절차의 프로토콜은 이 특정 포럼에 맞춤해 만들어졌고, 사실 규명, 사색적 대화 및 평가 유도를 위해 구성됐다. 모든 진행자들은 갈등 해결, 대화 및 공론, 교육, 정치과학이나 법에 전문적이고 경험 있는 대화 전문가들이었다. 국가이슈포럼, 펜실베이니아대학교 공공 정책 연구소의 교수진들 대부분이 자신들의 경험을 공유했다.

진행 팀은 주의 깊게 펜스랜딩 수변 지구의 해안 개발 주제를 검토한 뒤 광범위한 이해관계자들을 고려해 포럼을 준비했고, 포럼이 감정적으로 격해질 경우에도 대비했다. 만일의 사태를 위한 가이드라인과 기본 원칙이 준비됐고 참가자들과 이를 공유했다. 하지만 대중의 대화는 정중하고 생산적이었다. 많은 준비와 그룹 가이드라인이 행사의 성공에 중요한 역할을 했다.

2003년 가을에 출판된 사설과 뉴스를 통해 〈필라델피아 인콰이어러〉는 포럼 참가자들에게 공개 요청을 했다. 이 기사들은 모든 당사자들의 이해관계를 파악할 수 있게 해주는 역사적 배경을 제공한다. 이 공개적 행동 요청은 광범위한 시민, 개발자, 정책입안자, 토픽 전문가 및 펜실베이니아와 뉴저지 이해집단의 참여에 대한 관심과 열의에 부응하는 것이었다. 참가자들은 학생과 노인들을 포함해 나이와 역할에서 다양한 집단을 대표하기는 했지만, 백인이 압도적 다수였고 이 지역 근처에 거주했다. 따라서 이 집단은 2000년 필라델피아 인구 통계조사 결과와는 거리가 멀었다. 소수 그룹의 대표성 부족은 미래에 더욱 많은 타깃 그룹을 참여시킬 필요가 있음을 시사한다.

포럼 참가자는 50일간의 프로젝트 기간에 세 번의 대중 행사에 참석하도록 초대됐다. 회의 전에 모든 참가자들은 포럼의 목표와 해결해야 할 문제를 분명하게 설명하는 이메일을 받았다. 진행자들은 각 행사 시작과 참가자들이 소그룹 대화로 이동할 때 포럼 절차, 타이밍, 순서를 설명했다.

포럼 절차가 구체적인 프로토콜을 따르긴 했지만 진행자는 완전한 대화 참여를 유도하기 위해 유연하게 대처했다. 대화 그룹은 국가이슈포럼 가이드라인의 포스터를 이용했고 일부 진행자들은 기본 원칙을 추가 보완했다. 진행자들은 그룹과 협력해 참가자들의 이상적 행동에 대해 토의했다.

참가자들은 개인적인 회상과 이야기를 포함해 다양한 형태의 대화를 통해 포럼에 공헌하도록 유도됐다. 펜스랜딩 수변 지구에서 자신의 개인적인 경험과 미래 개발에 대한 생각을 공유하도록 권장됐다. 포럼은 빠른 속도로 진행됐고 그룹은 활기가 넘쳤으며 대화는 생생하고 열정적이었다. 야심 찬 의제와 제한된 숙의 시간으로 목적이 명확하게 서술될 필요가 있었다.

진행자들은 다른 생각과 의견의 차이를 극복하기 위해 검증된 기법을 사용했다. 정보를 서로 공유함으로써 참가자가 서로 협력하는 방향으로 포럼이 진행된 것이 성공의 한 요인이었다. 참가자들의 가치와 이상을 회의 주최측이 제공하는 전문지식과 통합할 수 있는 기반이 마련됐다.

시민 대화 기획의
방향을 제시하다

펜스랜딩 포럼은 필라델피아가 앞으로 시민 대화를 어떻게 기획해야 할지 방향을 제시해주었다고 할 수 있다. 이전에 펜스랜딩 수변 지구 개발은 비공개 정치적 협상이 주도했다. 펜스랜딩 포럼은 해안의 미래에 대한 참다운 시민 참여와 피드백을 수렴할 수 있는 최초의 기회였다. 필라델피아 시민들은 〈필라델피아 인콰이어러〉 편집자에게 보내는 편지, 조직위에 보내는 이메일 및 온라인 조사 참여를 통해 그들의 관심과 감사를 표했다.

더 중요한 사실은 이 프로젝트가 펜스랜딩 수변 지구 부지 디자인 절차에 즉각적이고 중요한 영향을 미쳤다는 것이다. 스트리트 시장과 개발팀은 이 지역 개발에서 전철을 밟지 않았다. 행정부의 주요 구성원들은 모든 주요 행사에 참여했다. 절차가 한창 진행 중이던 때 시장에게 보고서가 전달됐고, 시장에게 성과와 권고사항을 브리핑하도록 주최측을 초대했다. 스트리트 행정부는 응찰에 관심이 있는 개발자들에게 펜스랜딩 수변 지구 개발 원칙을 적용하라고 요구했다. 일단 제안서가 제출되면 해리스 스타인버그와 해리스 소콜로프가 원칙에 따라 제안서를 검토하고 〈필라델피아 인콰이어러〉의 논평을 통해 디자인 제안에 응답했다.

펜스랜딩 포럼으로 필라델피아 시민들은 공적 영역 디자인에서 공무원과 시민들 간에 건설적인 대화가 필요하다는 기대를 갖게 됐다. 지역 개발 논의는 현재도 지속되고 있다. 스트리트 시장은 최근 필라델피아에서 새로운 해안 공동체 개발을 활성화하기 위한 5억 달러 투자 계획을 발표했고, 그 지역에 대한 모든 개발 제안서를 거절했다. 펜스랜딩 포럼을 통해 필라델피아 시민들은 도시 디자인에서 수월성을 추구하는 공공 기획 절차의 중요성에 대해 자신들이 선출한 관료와 소통할 수 있었다.

그 외에도 다른 중요한 개발 계획과 관련해 추가적 포럼을 개최하는 계기가 됐다.

펜 프랙시스와 학교 교육 협의회 센터는 그 이후 벤살렘 해안의 지역사회와 고등학교 프로젝트를 위해 전문가와 시민의 숙의 토론 절차를 사용했다. 지역 재단은 펜 프랙시스, 〈필라델피아 인콰이어러〉, 학교 교육 협의회 센터, 디자인 시민단체 그룹이 필라델피아의 미래 학교 디자인을 위한 포럼, 숙의 토론 세션, 디자인 샤레트를 이끌어달라고 요청했다.

전문 협회들도 포럼의 중요성을 인정했다. 이 프로젝트는 미국 건축가협회 필라델피아 지부로부터 '2003 건축학적 우수성에 대한 표창'을 받았고, 워터프런트센터Waterfront Center가 주는 '2004 맑은물상'을 수상했다.

2004년 3월 이 프로젝트는 '전미 건축가 협회 리더십 회의'가 주최하는 '풀뿌리 2004' 행사에서 우수 사례로 발표됐다. 또한 '2003 배튼이워드 시민 서널리즘 부문' 결승에 진출했고 2003년 9월 워싱턴 기자 클럽에서 발표됐다.

지속적 숙의 토론의 토대

펜스랜딩 포럼 참가자들은 엄청난 일을 해냈다. 펜스랜딩 수변 지구 개발을 빠르게 진행하는 필라델피아 시의 정치적 현실을 고려할 때 신속한 대화가 필요했다. 대화가 더 오래 지속됐다면 더욱 충분한 토의가 가능했을 것이다.

시민들이 참가 등록을 할 때 기본적인 연락처가 수집됐는데, 원활한 등록절차를 위해 자세한 인구통계 정보는 수집하지 않았다. 참가자들이 행사장에 도착한 뒤 도착 시간에 맞춰 그룹에 배치됐다. 등록정보가 더 세밀하게 수집됐다면 의도적인 배치가 가능했을 것이다.

대화와 숙의 모델에는 극복해야 할 장애들이 있다. 첫 번째 장애는 소외되는 시민들의 문제와 사람들이 공적 대화에서 서로의 관점을 공유하게 유도하는 것이다. 펜스랜딩 포럼과 뒤이은 포럼들은 필라델피아에서 이런 종류의 공적 대화가 부족함을 입증했다. 두 번째 장애는 시민 의견이 미래에 대한 공적 결정에 어떻게 영향을 미칠 수 있는지를 대중에게 알리는 일이다. 대부분의 시민들은 치밀하게 조직된 로비에 무력함을 느끼고 정부와 단절돼 있다. 이런 배경에서는 전통적으로 침묵하는 유권자에 비해 정부가 상대적으로 우월한 위치에 있다.

펜스랜딩 포럼 절차는 숙의적 대중 절차를 통해 원칙을 수립하고 디자인을 결정했다. 광범위한 대중 지원을 이끌어낼 수는 있지만, 통상적으로 정부기관은 책임 소재의 문제로 이런 숙의에 참여를 주저할 수 있다. 펜스랜딩 포럼은 전문가와 시민이 공공정책을 알리기 위해 협력하는 모범적 절차를 보여주는 사례다. 더욱 중요한 사실은 포

럼 기간에 생성된 원칙들이 지속적 숙의 토론의 토대를 만들어냈다
는 것이다.

11장

스터디서클:
숙의 민주주의의 핵심-지역적 숙의

패트릭 스컬리 Patrick L. Scully
마사 맥코이 Martha McCoy

뉴햄프셔 주 포츠머스는 숙의 대화를 시민문화의 중심으로 만들어가고 있다. 지난 몇 년간 다양한 지역사회 그룹이 주민 수백 명을 대상으로 여러 차례 '스터디서클Study Circle'을 조직했다.

1999년에 '대화의 날: 서로 존중하는 학교Days of Dialogue: Respectful Schools'라는 주제로 스터디서클을 실시했고, 최초로 포츠머스중학교에서 6학년생 200명과 성인 75명이 몇 차례 모여 왕따와 안전 문제를 토의했다. 이 모임들에 뒤이어 학생들이 학교 이사회들로 구성된 연합회의와 시의회에 권고사항을 제시했다. 이 모임들은 새로운 학교 정책을 수립하고 왕따를 줄여나가는 계기가 됐을 뿐 아니라, 지역사회의 여러 단체들이 서로 연결되도록 도와주었다. 학교와 지역사회 지도자들은 이제 더 빈번하게 소통하며 지역적 숙의를 긍정적 변화로 가는 길로 보고 있다.

1년 뒤 스터디서클에 참석했던 학교 이사회 임원은 학군 변경 문제에 동일한 절차를 적용하라고 권고했다. 학교 공간 문제를 해결하려는 시도는 전에도 있었지만 논쟁만 초래했고 실패했다. 각 학교를 대표해 100명 이상의 시민들이 모임에 참여했다. 매번 다른 초등학교에서 세션을 개최하면서 참가자들이 과잉수용의 실태를 알 수 있게 됐다. 모임 결과에 대한 최종 보고서 '학군 재배치 대신 다시 생각하기Rethinking Instead of Redistrcting'는 학군 변경과 관련해 열 가지 권고사항을 제안했고, 불과 65명을 제외하고 모든 학생이 재배치되는 결과를 가져왔다. 이는 놀라운 성과였다.

2002년 인종적 정보수집 혐의와 젊은 흑인 남성을 왕따 시키는 일이 발생하자 시 경찰서, 미국 흑인지위 향상협회National Association for the Advancement of Colored People 현지 지부, 해당 교육구에서 인종주의와 인종 관계에 대한 스터디서클을 후원했다. 경찰관, 학교 지도자, 지역사회 구성원, 고등학생들이 토의에 참가했다. 구체적으로 정책을 변화시키지는 못했지만 경찰과 지역사회 간 소통을 개선하는 효과가 있었다.

2002년 후반 시장, 시 관리자, 기획부, 시의회 의원들이 후원하는 도시기획 위원회가 도시의 마스터플랜에 시민 의견을 반영하기 위해 스터디서클을 지원했다. 지도자들은 비공식 조직인 '포츠머스 리슨Portsmouth Listens'을 만들어 스터디서클을 이끌었다. 주최측은 지역사회 시민들이 프로그램 기획과 숙의 토론에 참여하도록 했다.

프로그램은 세 단계로 구성됐다. 2003년 1월 1단계에 거의 300여 명이 참여했다. 포츠머스 주민에게 '양질의 삶'의 정의를 알렸고, 이를 지속하기 위한 방법을 권고했다. 그리고 이 권고사항은 시 기획위원회에 다시 보고됐다. 2003년 4월 포츠머스 리슨은 마스터플랜의 2단계 숙의 토론을 시작했다. 이 단계에서는 행동을 강조했다. 7개 그룹이 삶의 질에 영향을 미칠 수 있는 문제들과 앞으로의 행동에 대해 토의하고 기획위원회에 권고사항을 제출했다. 시가 공개한 수정된 계획은 모임의 조언을 반영하고 있었다. 2004년 여름 3단계 토의 참가자들은 우선순위를 결정하고 최종 논평을 하고 변화를 이끌어낼 수 있도록 도시와 협력하는 방법을 탐구하기 위해 크고 작은 그룹으로 만났다.

스터디서클을 이용해 포츠머스 주민들은 서로의 차이를 이해하고 생산적으로 협력할 수 있었다. 한 연구자는 "포츠머스에서 스터디서클이 지역사회 갈등을 해결하고 의미 있는 변화를 만들어내기 위한 강력한 도구가 될 수 있음이 입증됐다"고 했다.

모두에게 의미 있는
참여의 기회

스터디서클은 1989년 '스터디서클 자원센터Study Circle Resource Center'를 시작한 기업가이자 박애주의자인 폴 아이허Paul Aicher의 비전에서 시작됐다. 그는 이 센터를 통해 대면하는 숙의 토론을 공적 삶의 한 부분으로 만들고자 했다. 스터디서클의 대중적 역사와 원칙들이 아이허의 관심을 끌었다. 스터디서클은 19세기 후반 미국에서 생겨났고 곧 스웨덴에서 번창하면서 스웨덴 민주주의를 더욱 참여적으로 만들었다는 평판을 얻었다. 스터디서클이라는 말은 교육 과정을 의미할 수도 있지만 미국에서는 적극적인 시민권 행사와 관련된다. 1989년 이후 스터디서클이 숙의 토론을 개인, 지역사회, 제도 및 정책 등 모든 종류의 변화와 연계하는 데 주도적 역할을 했다.

스터디서클의 궁극적인 목적은 모두에게 의미 있는 참여의 기회를 일상적으로 제공하는 것이다. 스터디서클 자원센터는 숙의과정 자체와 숙의 토론을 공동체의 맥락에 두고 학습에 집중한다.

스터디서클 자원센터는 두 번의 '결합'에 기반을 두고 있다. 첫째, 스터디서클은 대화와 숙의 토론의 결합이다. 우선 대화는 건설적인 소통, 고정관념 제거, 정직, 상대방을 경청하고 이해하기 등을 권장한다. 그에 반해 숙의 토론은 시민들이 공공정책을 이해하고 결정하도록 돕는 방법으로서, 비판적 사고와 근거 있는 논증을 권장한

시기	주도 단체	이슈	참가자 수(명)
1999년	포츠머스중학교	왕따, 학교 안전	275
2000년	학교 이사회	초등학교 학군 변경	100
2002년 봄	정책 부서, 미국 흑인지위 향상협회 현지 지부, 교육구	인종주의와 인종 관계	50
2002년 가을 ~ 2004년 여름	포츠머스 리슨 (시정부, 이웃공동체 위원회, 상공회의소, 자원한 주민들)	시 마스터플랜(3단계): 1. 방향 설정 2.구체적인 계획을 심도 있게 탐구 3. 서클들의 의견을 고려해 마스터플랜 검토	1단계 : 300 2단계 : 100 3단계 : 40

〈표 6〉 뉴햄프셔 주 포츠머스 스터디서클

다. 둘째, 스터디서클은 숙의 대화와 지역사회 조직을 결합해 대규모 참여를 유도하고, 의미 있는 성과를 거둘 수 있도록 돕는다. 다음의 원칙들은 구체적인 절차나 방법에서 의사결정을 이끌어내는 원동력이다.

- 지역사회 구성원 모두를 포함. 지역사회 전체를 환영하고 그들을 필요로 한다는 사실을 입증.
- 다양성의 포용. 모든 유형의 사람들을 포함.
- 지식, 자원, 권력 및 의사결정을 공유.
- 대화와 숙의 토론의 융합. 공적 대화를 통한 이해와 다양한 해결책 탐구.
- 사회적, 정치적, 정책적 변화와 숙의 대화의 연계.

이 원칙들에 기반해 이웃, 도시 및 타운, 주, 교육구, 학교 및 대학

캠퍼스 등에 대화를 조직하는 방법을 조언한다. 함께 학습하면서 툴과 절차를 만들고 수정하며 기술 지원과 훈련을 통해 교훈을 전파한다. 조직자들은 지역사회 차원의 숙의 토론을 위한 전략을 짜고, 변화를 측정하기 위해 장소에 맞는 토론 자료를 개발하고 진행자를 모집해 훈련하며, 측정 가능한 변화에 숙의를 연결하고 숙의 대화의 가치와 성과에 대해 소통한다.

폴 아이허는 지역사회가 자신들 고유의 숙의 토론을 실천하는 것을 보고자 했다. 지역사회가 숙의적 원칙과 도구를 이용해, 공공문제 해결에서 주민들이 민주적으로 협력할 수 있기를 원했다. 이 과정에서 주민들은 다른 사람이 조율할 수 있고 변경해 쓸 수 있는 모델을 제공할 것이다. 아이허는 또한 이러한 지역 네트워크가 국가적으로 중요한 사회 및 정치 문제 해결을 준비하는 전국 네트워크의 핵심이 되기를 희망했다. 이 모든 것이 스터디서클 자원센터와 지역사회 프로그램의 목표에 반영돼 있다.

스터디서클의
설계와 진행

민주주의는 부단히 발전하기 때문에 풀뿌리 혁신 및 실험이 필수적이다. 스터디서클 자원센터 같은 전국 단체는 네트워크 구축, 사례 학습, 교훈 전파에 중요한 역할을 한다. 지역사회의 상황과 목표에 맞게 변경시킨 절차를 시작으로 숙의 토론에 유연한 프레임을 제공하는 것이다.

조직

대개 구체적 문제에 관심을 갖는 것이 스터디서클의 추진력으로 작용한다. 지역사회에서 주민들이 서로의 의견을 듣고 협력하는 생산적 방법으로 공공문제 해결을 향해 나아갈 수 있다고 믿는다.

지역사회에서 모든 부문을 망라해 상당수의 주민 참여를 유도하기 위한 최선의 전략은 다양한 지역사회 지도자들의 그룹을 구축하는 것이다. 지금까지는 스터디서클 프로그램을 조직할 수 있는 전형적인 조직적 기반은 지방정부, 사회봉사 기관, 비영리단체, 종교 신자들이나 협회, 학교 및 교육구, 우리 이웃공동체에 있는 협회들이었다. 간혹 이웃공동체나 소규모 지역사회에서 비공식적인 그룹 프로그램을 조직하기도 한다.

프로그램 설계 및 지원

프로그램 설계는 지역사회의 목표와 가용 자원에 달려 있다. 숙의 절차가 공동체가 추구하는 변화를 달성할 수 있을지를 평가한다. 프로그램 시작 후 강력하고 다양한 후원 연합을 결성해 목표를 서술하고 이슈를 명확하게 밝히며, 토론 자료를 결정하고 소통 전략의 개발을 조언한다. 가장 적절한 규모의 소통 참여를 보장하기 위해 참가자 수와 지리적 범위 등 프로그램의 범위와 규모를 결정한 후, 참가자 모집 전략을 개발하고 진행자 모집과 훈련을 지원한다. 마지막으로 직원, 재정적 자원 및 프로그램 조정에 대해 조언한다. 숙의 대화를 행동과 변화에 연계하며 프로그램 전체를 문서화하고 평가한다.

일반적으로 평범한 시민들과 함께 다양한 기관 참가자와 정책 결정자들을 포함하는 대규모 숙의 대화를 계획한다. 접근이 가능한 공공 공간에서 회의를 엶으로써 공동체의 다양한 부문에서 시민들이 참여할 수 있다. 같은 문제를 숙의하는 수많은 소그룹 회의가 동시에 개최된다.

각 모임은 3~5차례의 두 시간짜리 세션에서 훈련된 진행자의 안내를 따른다. 초기 세션은 시민들이 기본 원칙을 설정하고 서로를 알게 되며 이슈와 자신의 개인적 관계를 설정하게 하는 계기가 된다. 뒤이은 회의에서 참가자들은 문제를 탐구하고 해결책을 고려한 뒤, 행동과 변화를 위한 우선순위를 설정한다. 전형적으로 하나의 세션은 참가자, 공무원, 다른 지도자들이 모여서 제시되는 아이디어를 고려하고 행동의 우선순위를 결정하는 것으로 마무리된다. 어떤 경우 시민들은 행동대책위원회를 설립해 참여할 수도 있다. 대책위원회가 학습한 숙의 기술과 민주적 실천을 지속적으로 모임에서 적용한다면 성공적인 결과를 도출할 수 있을 것이다.

- 프로그램의 모든 단계에 공무원이 참여.
- 대화에 참여할 관료들의 모집.
- 숙의 토론에서 나온 주요 아이디어를 보고서에 통합.
- 행동 우선순위를 결정하고 이행을 위해 시민과 협력.

토론 자료 및 진행

효과적인 토론 자료는 토의할 문제에 대한 기초 정보와 문제의 원인과 해결책을 모색할 때 솔직하고 균형 잡힌 시각을 제공한다. 최상의 토론 가이드는 읽기 쉽고 사용하기 편하며 사람들이 자신들의 아이디어를 편안하게 표현할 수 있도록 돕는다. 많은 지역사회가 스터디서클 자원센터가 개발한 토론 자료를 사용하거나 변경한다. 특정 토픽에 대한 자료가 전혀 없을 때는 센터가 공동체의 자료 개발을 돕는다. 가이드는 스페인어를 비롯해 다른 언어로 번역되기도 했다.

토론 자료가 내용을 제공한다면 진행자는 절차의 완성을 돕는다. 좋은 진행자는 숙의 토론 과정을 공정하게 관리하고 전문가나 교사처럼 행동하지 않는다. 지역사회 출신의 훈련된 자원 진행자들이 진행하는 대규모 스터디서클 프로그램들은 숙의 토론을 위한 지역사회의 역량과 풀뿌리 리더십을 확대한다. 새로운 진행자들은 효과적인 숙의 대화의 원칙과 기법을 배우고, 프로그램의 목표와 광범위한 시민층의 배경을 연결하는 대화를 유도하기 위해 하루나 이틀간 훈련에 참여한다. 이를 통해 새로운 진행자들은 스터디서클의 토론 자료와 가이드 원칙들이 절차를 효과적으로 만들 수 있음을 알게 된다.

참가자의 프로필과 역할

의미 있는 성과 도출을 위해서는 상당한 규모의 대중 참여가 필요하다. 한 번에 75~500여 명이 참여한다면 성공적이다.

개별 그룹을 8~12명 규모로 제한하는 것이 가장 효과적이다. 규모 외에도 다양성이 중요하다. 평상시에 공적 생활과는 관련이 없는 사람들은 물론이고 모든 인종적 민족적 배경, 남성과 여성 공무원과 평범한 시민들, 다양한 교육적 배경과 소득 수준 및 연령대의 사람들이 포함돼야 한다.

공동체에서 숙의 대화를 조직하는 것은 지역사회 구축과 공공문제 해결의 새로운 계기가 된다. 강력하고 다양한 후원 연합은 다양한 참가자들을 대거 참여시키는 가장 효과적인 방법이다. 협력과 연합 구축은 시간 소모적인 일이지만 가치가 있다. 연합이 광범위해질수록 변화 역량은 더욱 커진다.

스터디서클은 정중하고 생산적이며 모두가 대등하게 참여할 수 있는 토론 기회를 제공한다. 기본 원칙, 개인적 경험 고찰, 스토리텔링, 브레인스토밍과 적극적 청취 방법을 이용해 사람들이 진실한 의견을 낼 수 있게 해준다. 참가자들은 모든 세션에 참여하며 질적 토론에 대한 책임을 공유한다는 데 동의한다. 참가자들이 토론에서 제기된 변화를 위한 일부 아이디어의 이행을 돕는 것도 고려해보아야 한다.

지속가능성

스터디서클은 더욱 민주적인 지역사회를 만들기 위한 첫 단계다. 한 번의 행사로 대중의 의견을 더 잘 이해하는 동시에 다양한 사회적 정치적 변화를 이끌어내기 위한 기초가 되는 신뢰, 이해 및 새로운 실무관계를 구축한다는 것은 쉬운 일이 아니다.

지속가능성에서 또 다른 고려 사항은 대중 참여 절차에 숙의 과정을 포함하는 방법이다. 예를 들어 스터디서클에서 목표를 설정하고 계획을 짤 때, 그리고 변화를 위한 계획을 세울 때 숙의 토론은 모든 프로그램 개발 단계에서 필수적이다.

숙의 대화 프로그램은 실질적 변화를 이끌어냄으로써 지속될 수 있다. 뉴햄프셔 주 포츠머스의 초기 단계에서 그러했듯이 대규모 포용적 숙의 토론의 구체적인 결과가 도출된다면 숙의 절차를 모든 문제에 적용하게 될 것이다.

미국 전역의
스터디서클

집단적 변화 특히 공공정책 및 제도에서 변화를 조성하는 프로그램 능력의 역량을 보여주는 최고의 지표들은 참가자 수와 프로그램 기간이다.

1993년 오하이오 주 라이머 시는 인종주의와 인종 관계에 대한 숙의 대화에 수백 명의 시민들을 대상으로 최초의 지역사회 차원의 스터디서클 프로그램을 출범시켰다. 이후 미국 전역의 130여 개 지역사회에서 각 스터디서클에 75명 이상씩 참여했다. 29개 지역사회에서 200명 이상이 모임에 참여하고, 적어도 500명 이상이 참가한 모임이 네 차례 있었다. 45개 지역사회에서 3년 이상 지속된 경우도 있었다(〈표 7〉 참고).

주 차원의 프로그램도 조직됐다. 〈표 8〉은 이 프로그램을 통해 주 전역의 지역사회에서 수백 명의 시민들이 참여한 주의 정책에 대한 숙의 토론의 개요를 보여준다. 지역문제 해결을 위해 분권화된 노력과 숙의적 접근법을 결합하고 있다. 2002년 '아칸소 교육위원회 연합Arkansas School Boards Association'에 대한 숙의 토론에 아칸소 주민 약 6,000명이 참여했다. 1998년 이후 아칸소 교육위원회 연합은 학교 개선을 위해 10여 곳의 지역사회에서 숙의 대화를 유도했다. 메인 주는 1991년 이후 스터디서클에서 수립된 원칙을 다양한 토픽들에 적

공동체	기간	이슈	참가자 수(명)
일리노이 주 오로라	1995~2004	인종주의 및 인종 관계; 청년층의 관심	4,000
코네티컷 주 그레이터 하트퍼드	1997~2004	인종주의 및 인종 관계; 교육	3,000
캔자스 주 캔자스 시	1999~2004	교육; 이웃 공동체의 관심	1,300
오하이오 주 라이머	1992~2004	인종주의 및 인종 관계	3,000
캘리포니아 주 로스앤젤레스	1995~2003	인종주의 및 인종 관계	5,000
델라웨어 주 뉴캐슬카운티	1996~2004	인종주의 및 인종 관계	8,000
위스콘신 주 러신과 커노샤	1999~2004	인종주의 및 인종 관계	1,600
뉴욕 시 시러큐스	1996~2004	인종주의 및 인종 관계	1,200
미네소타 주 트윈시티즈	1995~1999	인종차별, 교육, 주택	1,200
노스캐롤라이나 주 웨이크카운티	1998~2004	인종주의 및 인종 관계	2,500

〈표 7〉 스터디서클 참가 인원. 로스앤젤레스 프로그램은 주로 싱글 세션 대화를 조직했다.

주	기간	이슈	공동체 수	참가자 수
아칸소	1998	교육 개혁	10	374
메인	1998	알코올중독	50	1,000
미네소타	2000	이민과 공동체의 변화	17	961
뉴욕	1999~2001	사법제도 및 교정	71	2,200
오클라호마	1996~1997	사법제도 및 교정	13	972
오클라호마	1998	교육 개혁	5	500

〈표 8〉 주 차원의 스터디서클 프로그램 표본

용해 수천 명의 시민들이 참여하고 있다.

1993년 이후 스터디서클 자원센터가 연구하고 있는 프로그램 중 약 60퍼센트는 인종문제를 다루고 있고, 약 20퍼센트는 K-12 교육 개혁에 중점을 두고 있다. 지역 경찰, 성장 및 개발, 이웃 활성화 및 이민 같은 문제를 다루는 프로그램도 있다.

17개 프로그램을 대상으로 2년간 연구 끝에 스터디서클이 시민, 단체, 지역사회, 기관의 변화에 기여하는 방법을 문서화했다. 연구에 인용된 많은 성과는 스터디서클이 사회자본과 공공문제 해결 역량을 구축한다는 사실을 보여준다. 보고서에 인용된 대표적인 사회자본의 성과를 보여준 것은 델라웨어 주 뉴캐슬카운티의 스터디서클로, YWCA에 아프리카계 미국인의 자원봉사를 확대하는 효과를 가져왔다. 제도 및 공공정책에 대한 대규모 숙의 대화의 영향도 연구 중에 있다. 〈표 9〉는 뉴햄프셔 주 포츠머스의 예를 들어 스터디서클이 유도한 행동과 변화를 설명하고 있다.

변화의 종류	포츠머스의 예
개인 행동과 태도의 변화	학군 관련 스터디서클 참가자로 세금 인상에 반대하는 한 주민은 세 학교의 비좁은 상태를 목격하고 학부모와 교사들의 근심과 개선에 대한 열의를 확인한 뒤 세금 인상을 수반하는 학교 개선을 위해 170만 달러가 필요한 계획을 공개적으로 지지했다.
새로운 관계와 네트워크	인종차별에 대한 모임 후 경찰서 부서장은 문제나 질문이 생기면 공식적인 절차를 거치는 것보다 미국 흑인지위 향상협회 관계자와 통화하는 것이 더 편하다고 했다.
제도적 변화	학교 안전에 대한 모임 후 새로운 계획들이 수립돼 다음의 학생 관련 사항을 권고하고 있다: 버스에 카메라 설치, 학교행사에서 성인 감독 확대. 이 계획이 이행됐기 때문에 학교에서 왕따가 줄어든 것으로 보인다.
공공정책 변화	도시계획국은 포츠머스의 10년 마스터플랜 스터디서클과 참가자들과의 회의를 조직하는 데 주도적 역할을 하고, 주민의 우선순위를 확인하는 데 모임의 의견을 활용했다. 이 계획 변경안은 보존을 위해 10에이커에 달하는 녹색 공간을 구매하고, 예술가들의 요구에 맞춰 해안 거주지와 스튜디오의 재구획도 포함한다.

〈표 9〉 뉴햄프셔 주 포츠머스의 스터디서클 프로그램으로 유발된 행동과 변화

불과 30~40여 명만 참여하는 경우도 있다. 개인의 태도와 행동을 바꾸기 위해서라면 효과적인 규모다. 1993년 이후 수백여 개의 프로그램이 생겼다.

중고등학교 또한 스터디서클의 원칙과 절차들을 이용하고 수정하고 있다. 이를 지원하기 위해 스터디서클 자원센터는 Tolerance.org 웹

사이트에서 '남부 빈곤법률 센터Southern Poverty Law Center' 및 '관용 수업Teaching Tolerance' 프로젝트와 협력해 십 대들이 학교에서 사회적 영역의 문제를 다룰 수 있도록 돕고 있다. 2004년 6월까지 적어도 500여 개 학교와 수만 명의 학생들이 '믹스 잇업Mix It Up'이라는 숙의 대화에 참여했다. 25개 대학 캠퍼스의 스터디서클에서도 다양한 문제를 다루고 있다.

국가의 민주주의에 활기를

뉴햄프셔 주 포츠머스의 사례는 전국의 지역사회에서 일어나는 현실이다. 포츠머스는 외부의 조력을 받지 않고 숙의 토론을 시민 인프라와 문화의 중심으로 만들고 있다. 스터디서클 자원센터는 공공문제를 해결하기 위한 지역 역량 구축이 실현되기를 원한다.

포츠머스와 같이 점차 많은 공동체가 숙의 민주주의를 지원하는 전국적 인프라를 위한 기반을 마련하고 있다. 이러한 인프라 구축은 지역의 충분한 지원이 필요하고 전국적 영향을 미치는 보건정책이나 외교정책 같은 국가적 숙의에 꼭 필요하다. 많은 장애가 곳곳에 산재해 있는 것도 분명하다. 지역 프로그램을 구축하면서 전국 스터디서클 조직자들은 다음과 같은 문제에 직면한다. 저소득층과 교육수준이 낮은 시민을 참여시키는 것이 특히 어렵고, 지역사회는 점차 다중 언어를 사용하고 다문화적으로 변하고 있다. 조직은 노동집약적이고 자원은 한정돼 있으므로 공무원과 시민운동가들은 숙의 토론을 지나치게 비용이 많이 들고 정치적으로 위험하거나 비효율적인 것으로 여길 수 있다. 숙의 토론을 제도적 정책적 변화와 연결하는 것은 개인이나 소그룹 변화를 유도하는 것보다 훨씬 어려운 일이다.

우리가 인식하고 있는 가장 큰 도전과제의 하나는 대규모 숙의 대화를 넘어서 스터디서클 접근법을 숙의 민주주의에 전체적으로 적용하는 것이다.

- 자원: 수백 개의 스터디서클 프로그램은 지역 자원봉사자와 지역 비영리단체의 현물 지원, 지방정부와 자선 재단의 기부에 의존한다. 이런 지역적 노력을 전국적으로 조정된 이니셔티브와 조율하기 위해서는 지역과 국가 차원의 지속적 노력이 상당 기간 요구된다.
- 연구 및 평가: 숙의 대화가 어려운 공공문제에 진전을 가져올 수 있다는 사실을 조직자가 보여줄 수 있느냐가 지역의 지지를 확보할 수 있는 관건이다. 지역의 조직자가 자신의 목표를 설정하고 성공을 측정할 수 있으려면 프로그램 평가방법을 분명하게 설명해줄 필요가 있다. 전국적 이니셔티브의 지지는 학술적인 연구를 통해 많은 지역적 숙의 노력을 비교함으로써 패턴과 그 의미를 이해하는 데 달려 있다.
- 소통: 민주주의에 활기를 불어넣고 숙의 토론의 실질적인 혜택을 인식할 수 있도록 만들어야 한다. 따라서 다양한 사회적 문제와 거버넌스에 숙의 토론이 어떤 도움을 줄 수 있는지에 대한 인식을 높일 필요가 있다.

지역의 숙의 토론 강화는 숙의를 통해 국가의 민주주의에 활기를 불어넣으려는 시도와 연결돼야 한다. 많은 장애가 예상되지만 극복할 수 없는 것은 아니라고 본다.

12장

결론:
숙의 민주주의의 미래 전망

피터 레빈 Peter Levine
알천 펑 Archon Fung
존 개스틸 John Gastil

이제까지 우리는 숙의 토론의 실천을 주로 다루었다. 여러 국가에서 다양한 사람들이 모여 다양한 배경과 형식으로 공공 문제들을 토의하고 있다. 숙의 시민문화 운동과 공적 제도화 요청이 점차 확산되고 있다. 하지만 존 개스틸과 윌리엄 키스가 1장에서 언급한 바와 같이 이런 문화는 이전에도 존재했다. 미국 역사에는(특히 제2차 세계대전 이전의 진보적 시대에) 대중 숙의와 참여가 있었다. 이런 초기 운동이 대중 담론과 거버넌스를 변화시키기는 했지만 지속되지 못하고 흔들렸다. 따라서 현재의 숙의 실험을 평가, 개선, 유지 및 확장하는 방법을 고려하는 것이 중요하다. 숙의를 깊이 이해할수록 우리 사회와 정치의 숙의 자질을 향상시키는 행동으로 전환될 수 있다.

이 장은 숙의 이니셔티브에서 기대하는 바를 묻는 것으로 시작한다. 이 책은 지금까지 숙의의 접근을 폭넓게 보여주었고, 각기 다른 사례들에 다른 접근법을 적용하고 있음에도 몇 가지 일관성을 발견할 수 있다는 사실에 주목한다. 또한 현재 실천되고 있는 숙의 토론의 한계와 숙의 토론이 공적 절차로 전환될 때 생길 수 있는 도전과제들을 생각해볼 것이다. 그리고 숙의 토론 연구를 발전시킬 방법을 말한 뒤 대중 숙의의 실천을 위한 새로운 제안을 할 것이다.

숙의 토론에서
무엇을 기대하는가

이 책을 통해 답을 구하지 못한 질문들은 여전히 남아 있지만 몇 가지 실체적 결론에 도달하기도 했다. 첫째, 대중은 기꺼이 공공문제를 논의하고 싶어 하고, 기술적이거나 대단히 심각한 분열을 초래하는 문제들에 대한 심도 있는 대화를 지속할 수 있다는 것이다. 비공식적인 원유회, 공식적인 학교 협의회 및 공청회에서 그리고 이 책에서 언급한 공공장소에서 수천 명의 미국인들이(그리고 아마도 이 지구 상에서 수억 명이) 공공정책과 공공이슈에 대해 서로 토론하고 또한 정부 관리들과 숙의 토론을 하고 있는 것이다.

숙의에 대한 열망이 보편적이 아니라는 것은 분명한 사실이다. 많은 경우 자발적으로 참가하는 의욕적인 시민들만이 토론에 참여한다. 많은 숙의 행사가 대개는 소득, 교육 및 사회적 지위가 비교적 나은 사람들을 끌어들이는 경향도 있다. 참가자들이 무작위로 선택되는 경우에도 일부는 초대를 거절한다. 의무적인 행사일 때도 미국 시민배심원제와 마찬가지로 숙의자들deliberators은 대개 스스로 참가 여부를 결정한다. 그럼에도 숙의 토론에 대한 선호는 계급, 직업, 성별, 국적, 문화를 초월해 확산되고 있다.

작년에 미국에서 성인 25퍼센트가 공공문제를 토의하는 공식적, 비공식적 회의에 참석한 적이 있다고 했다. 그중 1/4은 고학력층에 집중되지만 아프리카계 미국인과 여성도 백인과 남성들 못지않게 이런 토론에 참여했다고 말할 수 있다. 다양한 그룹의 미국 성인 약 5,000만 명이 대중토론에 참여한 적이 있다고 말하고 있는 것이다. 물론 이런 공적 토론의 숙의 자질을 논하기는 힘들고, 미국에서 의미 있는 숙의 토론의 기회가 그리 많은 것도 아니다. 한편 9장에서 설명한 프로그램을 통해 브라질과 인도 같은 나라의 저소득층에서 많은 시민이 숙의 토론에 참여한 경험이 있음을 알 수 있다.

두 번째 실체적 결론은, 이전 장에서 논의된 내용을 보면 참가자들은 숙의 토론이 잘 조직되는 것을 '선호한다'는 것이다. 사실상 참가자들은 토론이 매우 만족스럽고 의미 있다고 생각한다. 6장의 '합의회의'에서 호주의 한 대표는 "지금까지의 내 인생에서 가장 중요한 일을 한 것"이라고 했다. 조직위는 참가자들이 다시 숙의에 참여하기를 원하고 있음을 확인하곤 한다.

많은 관찰자들이 대중 숙의의 고유한 가치를 발견하지만 그 성과는 실망스러울 수 있다. 어떤 숙의 행사는 큰 차이를 무시하고, 솔직한 의견과 사적 이해를 억누르며, 합의를 지나치게 과장하기도 한다. 참가자들은 분노했고 숙의 토론의 과정과 결과 모두에 대한 비판적 의견을 표출하기 위해 공청회라는 보다 대립적 형식을 채택한 경우도 있다. 숙의 토론이 잘못돼 주민의 참여 의지를 좌절시킬 수 있는 일방적인 방식이 공청회다.

하지만 숙의 민주주의가 대단히 성취감을 준다는 사실 또한 입증된 바 있다. 배심원이 숙의해 최종 판결에 도달하는 배심원단 판결 연구에 따르면, 배심원단으로 참여했던 사람들은 투표 같은 공적 생활에 더 적극적으로 참여하는 경향이 있다는 것이다. 마찬가지로 공적 숙의 토론에서 느끼는 보람은 참여에 열의를 불러올 수 있다. 3장의 국가이슈포럼과 11장의 스터디서클처럼 장기적으로 운영되는 숙의 프로그램이 존재한다. 이러한 프로그램 참가자들에게 숙의 토론은 대단히 보람 있는 일로, 이들은 초기 숙의 운동에 참여하려는 충동을 느끼고 다른 사람에게도 같은 경험을 하게 하고 싶다고 생각한다.

셋째, 숙의 토론이 훌륭한 성과를 거둔 경우도 많다. 숙의는 예산 수립, 도시 및 시골의 경관 디자인, 정책 권고, 정치인에 대한 공적 질문 또는 공동체 자원봉사 등과 관련해서도 할 수 있다. 주어진 사안이 현실적일 때 질문들이 분명하고 유용하며, 토론이 잘 조직되고, 숙의자들도 좋은 성과를 낸다. 숙의자들은 관련된 배경자료를 숙지하고 유관 사실을 고려하며, 다양한 관점과 의견을 통합하고 균형을 맞출 뿐 아니라, 제약조건을 고려하며 힘든 선택을 한다.

전문가들이 대중의 숙의, 판단 및 행동의 자질에 놀라고 감동받는 일도 많다. 그렇다고 시민들이 현명한 계획을 세우고 판사가 현명한 판결을 내리게 돕거나 국회의원들의 훌륭한 입법활동을 보장하지는 않는다. 보다 공식적이거나 전문적 과정을 갖춘 공적 숙의 결과를 비교하는 체계적 연구는 없지만(사실 이런 연구를 어떻게 할 수 있을지 상상하는 것도 어렵지만), 기회가 생기면 보통 시민들이 스스로 다양한 정치적 정책적 문제를 다룰 때 인상적 결과를 도출해낼 수 있다는 사실이 앞에서 입증됐다.

숙의를 옹호하는 단체는 기법과 우선순위에 대한 많은 민감한 의견 불일치를 비롯해, 양질의 숙의 토론에 대한 기준까지 포괄적으로 다루기는 한다. 하지만 이런 기준에 대한 합의가 인정되지 않는 경우도 있고 중복되기도 한다. 이 책의 많은 저자들이 2, 6, 7, 10장에서 이러한 기준들을 논의했다. 숙의를 옹호하는 단체 내에서 포괄적으로 합의한 성공적 이니셔티브의 특징으로 다음을 들 수 있다.

첫째 영향력에 대한 현실적 기대(다시 말해 의사결정자와의 관계), 둘째 주요 이해관계자들과 대중을 함께 모으는 포괄적이고 대표적인 절차, 셋째 합의에 도달하지 못한 경우 공통의 토대를 마련하기 위한 실질적이고 양심적인 토의 진행, 넷째 참가자들이 공정하게 의제를 논의할 수 있도록 중립적이고 전문적인 직원의 배치가 그 특징이다. 또한 시간이 흐르면서 숙의적 절차가 다섯째 최종 권고사항에 대해 광범위한 대중의 지지를 얻고, 여섯째 지속가능하다는 사실을 입증할 수 있기를 바란다. 이는 쉽게 달성할 수 없는 목표이긴 하지만 전문가들은 숙의에 대한 장애를 관리할 많은 방법을 찾아냈다.

대중 숙의 토론의
한계

숙의 토론은 민주주의를 위한 엄청난 가치와 약속을 담고 있긴 하지만 중대한 한계도 드러낸다. 여기서는 그중 네 가지를 논의해 보고자한다. 즉 규정하기 힘든 대중 합의의 특성, 조직의 문제, 규모의 문제, 숙의 토론이 공적 결정에 미치는 영향이다.

합의와 불일치

숙의 토론은 완전한 합의를 도출해내지는 못한다. 특히 대규모 대중 토론이 그렇다. 사람들이 빈번하게 숙의 토론 과정에서 자신들의 관점을 바꾸고, 다른 사람의 필요, 가치, 신념을 더 잘 이해하게 되지만 그렇다고 완벽한 합의에 도달하는 경우는 거의 없다. 거의 모든 대화에서 불일치가 지속되기 때문에 투표 같은 방법을 사용하지 않으면 결정을 할 수 없는 경우가 있다. 충분한 숙의 토론에 뒤이은 투표와 단지 투표만 하는 것 사이에는 차이가 있다.

숙의적 행사 소집이 합의와 확실성에 대한 비현실적 기대를 만들어내서는 안 되지만, 열린 마음으로 서로를 이해하려는 시도는 유익할 것이다. 대중 참가자들이 불일치의 이유를 알게 되고, 자신들이 동의할 수 있는 것과 동의할 수 없는 주제를 구별하게 한다는 점에서 숙의 토론은 가치가 있다. 참가자들이 자신들의 관점을 통합하지는 않더라도 성찰과 토의를 통해 자신들의 관점을 숙고하고 수정하고 그 깊이를 더하고 안정시킬 수 있다는 점에서도 숙의 토론은 가치가 있다.

조직 및 진행

좋은 숙의 토론은 자생적으로 이루어지지 않는다. 형편없이 조직된 대중 참여(참가자들이 다른 사람들의 정책 내용을 듣기 위해 모이는 대부분의 공청회와 회의)가 적절하게 조직된 숙의적 접근(참가자들이 다양한 선택에 대한 대립적 이유들을 듣고 이를 토의하는)보다 수적으로 우세하다. 양질의 숙의 토론을 위해서는 누군가 담론적 과정을 조직하고 주제를 선정하며, 참가자를 모집하고 배경자료를 준비하며, 연사를 초대하고 진행자를 섭외하며, 무엇보다 이 모든 것을 할 수 있는 기금을 모금해야 한다.

실제로 소수의 지도자들이 어떤 절차이든 조직해야 하고 방법과 의제를 선택해야 한다. 모든 상황에 들어맞는 최고의 접근법은 합의된 바 없다. 2장에서 설명했듯이 그리고 3장에서 입증된 것처럼 숙의 토론의 시민 조직자들은 내부적으로 많은 토론을 하는 다양한 그룹이다. 조직자들의 결정은 결코 완전하게 민주적이지도 않고 숙의적이지도 않지만, 대중 토론의 기회를 조성한다는 것은 사실이다. 따라서 숙련된 조직자들이 숙의 토론에 지나치게 큰 영향을 미칠 위험도 있지만, 역량 있는 조직이 전혀 존재하지 않는다는 것은 더 위험하다.

숙의 토론의
규모 확대 및 확장

숙의 민주주의 실천에서 두 가지의 추가적인 도전과제들은 '규모'다. 정치적 사회적 의미를 함의하려면 대중 숙의 토론 이니셔티브는 더욱 많은 참가자들을 포함해 직간접적으로 규모를 확장해야 한다. 이 책에서 토의된 혁신은 대표적으로 수백 수천 명의 시민들과 관계된다. 이런 모임에 직접 참여하는 사람들의 수는 가장 투표율이 낮은 선거의 투표자들보다 훨씬 적다. 공식적 숙의를 더 많은 사람들을 위한 의미 있는 행사로 만드는 방법은 빈도를 늘리는 것이다.

또 다른 방법은 이런 숙의 토론에서 발생하는 대화를 지역신문 1면, 이발소 및 거리 모퉁이에서 이루어지는 더 광범위한 대중 토론으로 연결시키는 것이다. 이는 쉽지 않은 일이지만 불가능한 것도 아니다. 맨해튼 남부 재건에 대한 '시민의견청취Listening to the City'라는 숙의 토론을 다룬 기사가 수십여 종의 신문에 게재된 바 있었는데, 독자 수만 명이 가상이긴 하지만 도시계획에 대한 대화에 참여했다. 〈필라델피아 인콰이어러〉 같은 신문은 이런 숙의 토론 진행의 기록을 보관하고 있었고(4, 10장 참고), 이러한 언론의 역할이 다양한 주제 전반에서 숙의적 시민 대화를 지속할 수 있게 해준다.

참가자 수를 늘리는 것 외에도 대중 숙의는 주, 전국 그리고 심지어 국제적 관심을 끄는 문제와 정책 이슈들을 다루기 위해 규모를 확대해야 하는 문제에 직면한다. 대중 숙의 토론에 대한 대부분의 경험과 성취는 개발 및 계획, 공교육, 인종관계 등 주로 지역문제에서 비롯된다. 하지만 타운, 주 및 국가를 분리하는 경계를 넘어 발생하는 결정과 행동이 점점 더 우리의 일상을 지배한다. 어떤 혁신적인 숙의 토론은 초 지역적 문제에 중점을 두었다. 8장에서 다룬 1997~1998년 '사회보장제도에 대한 국민토론회Americans Discuss Social Security'와 5장의 미국, 영국 및 덴마크의 공론조사는 국가정책 이슈를 다루었다. 3장의 국가이슈포럼은 지역의 숙의 토론을 다루지만, 사실은 전국적 또는 세계적 이슈들이다. 그럼에도 초지역적 이슈를 위해 조직된 숙의 토론은 예외적인 경우로 이런 이니셔티브의 정책 영향은 논란의 여지가 있다.

영향, 권한 및 영향력 행사를 위한 전략

모든 면에서 우수한 숙의 과정일지라도 사회적 또는 정치적 변화를 자동적으로 불러오지는 않는다. 대부분의 대중 숙의는 대중의 결정 및 행동을 직접적으로 바꾸지는 않는다. 많은 대중 숙의 전문가들도 최근에야 대중 토론 조직에 대한 질문에서 말과 행동의 연결로 주의를 돌렸다. 중요한 숙의 과정의 결과에 주의를 기울일 필요가 있다.

숙의 토론이 새로운 아이디어와 시각에 지속적으로 열려 있을 것을 요구하는 반면, 로비는 일관성 있는 입장을 요구한다. 필리핀 활동가인 로즈 마리 니에라Rose Marie Nierras는 자신의 경험을 들려준다. 필리핀의 '부채 탕감 연대Freedom from Debt Coalition'는 해외 채권자들에 대해 국가가 해야 할 일과 관련해 광범위한 숙의 토론을 실시했다. 하지만 "IMF 및 세계은행과의 협상에서 필리핀 정부와 연대해 공통의 입장이 형성되면 이것이 부채 탕감 연대가 숙의해야 할 유일한 입장이다. 이와 다른 어떤 관점도 받아들이지 않을 것이다"라고 했다. 만약 이 연대가 한없이 숙의를 계속하면서 힘 있는 행위자들과 협상에 실패한다면, 많은 참가자들이 이야기의 끝없는 전개에 인내심을 잃고 참여하지 않게 될 것이다. 그 과정 자체만을 볼 때 완전히 숙의적이라고 할 수 없는 정치적 배경에서 숙의 토론이 끼워 넣어지는 경우가 빈번하다.

하지만 9장에서 설명한 상파울루 지방 보건협의회처럼 숙의 토론에 보다 직접적인 권한이 부여되는 일도 있다. 숙의적 권한의 또 다른 유망한 예를 캐나다의 브리티시컬럼비아 주에서 찾을 수 있다. 2003년 브리티시컬럼비아 주정부는 무작위로 선택된 시민 160명(각 선거구의 남녀 한 명씩, 주 전체를 대표하는 원주민 대표 2명)으로 구성된 시민의회 Citizen Assembly를 만들었다. 시민의회의 업무는 기존의 선거제도를 평가하고 필요하면 새로운 제도를 제안하는 것이었다. 2004년 10월 24일 많은 회의와 공청회를 거친 후 시민의회는 기존의 선거제도를 단기 이양식 투표제도로 대체하는 데 146대 7(거의 만장일치에 가까운 95퍼센트의 절대다수)로 찬성표를 던졌다. 이 제안은 전체 브리티시컬럼비아 주민에게 곧 공개될 예정이었고 투표자들이 찬성하면 2009년 선거부터 효력을 발휘하게 돼 있었다.

브리티시컬럼비아 모델이 입증한 것은 선거절차와 같이 근본적인 문제들에 대해서 대중 숙의가 제도적 합의(진정한 권한을 가질 수 있는)와 조화를 이룬다는 것이다. 많은 나라에서 입법자들은 건전한 공공정책을 요구하는, 논쟁의 여지가 많은 문제를 숙의 총회에 미루는 것이 유리하다고 생각할 수도 있다. 선거개혁에서 공무원들은 자신들의 이해 충돌을 고려하면 대중이 신뢰할 수 있는 개혁을 실행하기 어려울 수 있다. 조세 정책의 경우 입법자들은(조세 부담이 커지는 사람들의 분노를 유발하지 않도록) 시민들이 스스로 조세를 올리고 조세 구조를 개혁하는 것을 선호할 수 있다. 브리티시컬럼비아처럼 숙의 총회의 결정을 투표자가 결정하게 하는 방법에도 장점이 있지만, 숙의 기구가 최종 결정을 내리는 것(아마도 미국의 주지사가 갖는 입법권인 거부권과 유사한)도 가능하다.

브리티시컬럼비아의 예는 정부가 시민의회를 기획했다는 점에서 예외적이다. 숙의 프로그램은 대개 시민과 시민단체에 의해(가끔은 공무원과 협력해) 만들어진다. 이런 숙의 이니셔티브가 결과를 만들어내기 위해서는 대중 숙의를 조직하는 사람들이 공무원에게 영향력을 행사하기 위해 '내외' 전략 모두를 고려해야 한다.

내부 전략은 정책입안자들과 관계를 구축하거나 대중 숙의를 결정에 통합하게 하는 행정 또는 법적 요건의 법령화를 필요로 한다. 이런 역량 강화 스펙트럼에서 관료들은 참가자들이 제기한 우려에 대해 공지와 논평 조항을 통해 응답하도록 하고 있다. 더 고도의 역량 강화 과정에서 공권력과 자원은 사실상 공적 숙의 기구에 위임된다. 미국에서 이웃공동체 의회들은 상당한 구획 권한을 행사하기도 하고 지역 개발과 활성화를 위한 공적 기금을 상당 부분 축소하기도 한다.

대조적으로 외부 전략은 관료들이 정치 사회적 압박에 의존해 대중 숙의의 결과를 존중하는 것이다. 〈미국이 말한다〉가 조직한 시민

의견청취 행사(8장)는 지역 및 전국 미디어를 통해 집중적으로 보도 됐고, 이는 숙의를 후원한 공공기관이 참가자들이 제기한 우려들에 의무적으로 응답해야 하는 압박으로 작용했다.《숙의의 날Deliberation Day》(2005)의 저자 브루스 애커맨Bruce Ackerman과 제임스 피시킨은 주의 깊게 시간이 배정된 잘 조직된 대중 숙의 토론이 어떻게 미국 대선의 성격과 내용을 바꿀 수 있는지에 대한 설득력 있는 논쟁을 불 러일으켰다.

가장 영향력 있고 굳건한 대중 숙의 제도는 내외적 영향력과 역량 강화 전략을 모두 통합할 것이다. 9장에서 간략하게 논의된, 높은 평 가를 받은 포르투알레그리의 참여 예산 프로그램은 두 가지를 모두 보여준다. 내부적으로 참여 예산 프로그램은 도시의 행정부가 운영하 고 기금과 직원의 지원을 받는다. 외부적으로는 도시의 지출 우선순 위에 대한 숙의에 대중이 매년 참여해야 한다는 어떤 법적 제도적 근 거도 없다. 조직자들은 이를 제도화하는 것이 참여 예산 수립을 유지 하는 정치적 동원을 약화시킬 것을 우려한다. 대신 대중 참여로 늘어 난 예산을 배정받는 시의원들은 직접적인 시민 참여와 숙의에서 나 오는 정통성 때문에 거대한 압박을 받게 된다.

결정력 높은 숙의 과정의
질을 유지하려면

지금까지의 숙의 토론들을 보면, 특히 미국의 숙의 토론들은 정책 결정에 미친 영향력이 낮은 경우가 많았다. 심지어 어떤 경우엔 해당 토론의 결과를 공공정책에 반영하기 위한 노력이 전혀 없는 경우도 있었다. 물론 토론의 목표가 정책을 바꾸는 것이 아니라 그저 시민 네트워크를 구축하고, 새로운 아이디어를 개발하고, 시민의 역량과 지식을 증가시켜 행동을 변화시키는 것일 수도 있다. 하지만 숙의 토론이 정책에 직접적인 영향력을 행사할 수도 있다. 예를 들어 〈미국이 말한다〉가 조직한 연례 시민정상회담은 컬럼비아의 예산에 많은 영향을 미쳤다. 또한 브라질에서는 지방 보건협의회가 지방 보건정책을 입안하고 감독한다. 물론 이런 경우는 정치적 상황이 숙의라는 것에 매우 우호적일 때만 가능하다. 예를 들어 정치 지도자들이 대중 숙의에 큰 호감을 가지고 있거나, 숙의하는 시민들과 권력을 공유하는 것이 정치인들에게 이익이 되는 경우가 그렇다.

대중 숙의를 증진하려는 노력이 더 강력한 정치 운동이 된다면, 아마도 우호적인 상황이 아닌 경우에도 시민 숙의가 구체적인 영향력을 행사할 수 있을 것이다. 이때 숙의는 중대한 이해관계가 걸린 과정이 되고 이런 새로운 위상은 새로운 도전을 야기한다.

첫째, 테이블에 있는 상대가 누구인가? 이해관계가 크지 않은 숙의에서는 다양한 배경과 의견을 가진 자원자 모집이 효과적일 수 있다. 하지만 이해관계가 커지는 순간 조직이 잘 된 이익집단은 자신들의 충성스런 보병부대를 파병할 것이다. 이익집단 정치는 민주정치의 일부이고 피할 수 없는 것이다. 제임스 매디슨James Madison이 말했듯이 "사람의 본성에 내재된" 것이다. 하지만 이익집단은 고르게 분포돼 있지 않다. 예를 들어 개발자와 토지주들을 위한 효과적인 전국 규모의 이익 단체가 있지만, 임차인이나 노숙인을 위한 단체는 없다. 둘째, 내부적으로 민주적이거나 투명하지 않은 집단도 있다. 그들이 대변해야 하는 그룹을 대변하지 않는 경우도 있다. 마지막으로, 집단행동에 내재된 문제 때문에 이익집단은 편협한 이익을 중심으로 만들어지는 경향이 있다. 편협한 관점을 갖는 것이 부당한 일은 아니지만 이익집단 정치는 보편적 가치에 반하는 편견을 불러올 수 있다.

이렇게 이익집단이 정책을 왜곡시켜버리는 일을 우리는 전통적인 대의 정치제도에서 많이 보아왔다. 이런 경우에도 대중 숙의가 대안으로 제시되기도 한다. 하지만 이렇게 이익집단이 강성한 상황에서는 설령 대중적 숙의 제도를 도입한다 해도 이익집단이 설쳐대서 숙의 과정을 망쳐버릴 수 있다. 이익집단은 자신의 이익을 지키기 위해 매우 능란하게 움직이기 때문이다. 예를 들어 숙의 토론의 참가자를 선정할 때 단순히 시민들 중에서 참가를 원하는 사람들로 선정하기도 하는데, 그러면 이익집단이 파견한 사람들로 회의장이 가득 차버리기도 한다. 그러면 숙의를 하든 말든 결과는 이익집단이 원하는 방향대로 결정되는 문제가 발생한다. 그래서 어떤 숙의 토론 조직자들은 참가자를 무작위로 선택하기도 한다.

하지만 무작위 선택에도 문제는 있다. 돈이 많이 들고 실용적이지 않다. 비용과 실행계획상의 문제가 당면한 문제의 중요도와는 그다지 관계가 없지만, 때때로 주민 선택을 준비하는 데 많은 돈과 시간을 들이는 것에 대한 저항을 극복해야 하는 경우도 있다. 아직은 지역 네트워크와 협회에 무작위 선택 방법이 뿌리를 내리고 있지는 않다. 따라서 토의 의제와 프레임 형성은 편중되거나, 편중된 것처럼 인식될 수 있다.

또 다른 문제는 토의의 공정성과 형평성이다. 린 샌더스Lynn Sanders에 따르면 어떤 시민들은 자신들의 관심을 합리적으로 표현하는 능력이 더 뛰어나다. 어떤 시민들은 "논쟁을 하는 능력을 학습하고 이를 실행할 기회가 더 많아서 다른 사람들은 이들을 합리적이라고 인식한다"는 것이다. 혹은 말하는 능력의 차이가 없다 해도, 단지 말하는 것을 얼마나 좋아하느냐의 차이가 토의의 공정성과 형평성을 해칠 수 있다.

예를 들어 미국 시민 배심원 연구에 따르면, 배심원들이 숙의 토론을 할 때 남성 배심원은 여성 배심원보다 훨씬 더 말을 많이 한다. 또한 어떤 경우엔 문화적, 역사적 원인으로 인해 특정 인물의 권위를 더 존중하는 경향도 존재한다. 같은 연구에서 한 가지 예를 더 들어보면, 배심원들은 배심원 대표로 백인 남성을 선출하는 경향이 있다. 또한 미국 대학생들에 대한 연구는 공동 프로젝트를 수행할 때 백인 학생들이 흑인 학생들보다 더 많은 영향력을 행사한다는 사실을 보여주었다. 이 연구에서 심지어 나이, 사회경제적 지위, 몸무게, 학교 등의 변수를 동일하게 유지한 경우에도 백인 학생들이 흑인 학생들보다 더 많은 영향력을 행사하는 것으로 밝혀졌다.

우리는 정책 반영의 가능성이 높지 않은 대중 숙의에서, 조직자들과 사회자들이 어떻게 이런 문제들을 극복하는지 관찰했다. 이들은 대화에서 불리한 참가자들을 의도적으로 지원한다. 사회자들이 형평성에 초점을 두도록 훈련됐기 때문에 현재의 대중 숙의가 대학생 팀이나 배심원들보다는 더 공평한 경향이 있다. 하지만 내일의 숙의는 어떤가? 이해관계가 커질수록 지위나 역량을 더 많이 갖춘 개인들이 덜 유리한 참가자들을 지원하는 시도에 대항해 싸울 것이다. 이들은 자신들의 저항을 정치적으로 정당한 것으로 간주하며 자신들의 지위, 자신감, 수사적 유창함을 이용해 승리를 거두려 할 것이다.

능숙한 사회자는 앞에서 언급한 브리티시컬럼비아의 시민의회와 마찬가지로 이런 어려움을 효과적으로 관리할 수 있다. 하지만 사회자의 선택 자체가 도전을 받을 수도 있다. 시민 배심원 사례에서는 참가자들이 토의 규칙을 변경하고 사회자를 제거할 권한을 갖게 됐다. 이런 접근법(의회 스타일의 절차적 기만이 존재할 잠재성이 있음에도)은 절차의 통합성을 보호하는 최선의 방법이 될 수 있다.

향후 연구

40년 전 존 롤스John Rawls와 위르겐 하버마스Jurgen Habermas가 숙의 민주주의를 옹호한 이후 학문적 관심이 점차 커지고 있다. 일일이 언급하기에는 너무 많고, 대부분 숙의 전문가들의 기고로 채워진 5권의 선집이 최근 출판됐다는 사실이 학자들의 관심을 보여주는 지표가 될 수 있다.

불행하게도 대부분의 연구자들은 이 책에서 설명하는 실천 방안에는 거의 주의를 기울이지 않는다. 학자들과 실천가들이 서로 잘 소통하지 않는 학문적 분야들은 굉장히 많다. 숙의 분야에서 학문과 실천 사이의 격차는 왜 존재할까?

첫째, 대다수 학자들은 정치적 성과에 분명한 영향을 미치는 숙의 토론에 관심이 있다. 따라서 이들은 배심원단, 상소심 법원, 입법 기구에 대한 숙의, 또는 시민 수백만 명이 관련되고 대중매체와 주요 기관에서 주최하는 장기적 토의에 초점을 맞춘다. 이들에게 시민 수십 명이 모이는 것은 그다지 의미가 없다. 숙의 연구자들은 자신들이 이 책에 묘사된 사람들과 같이 숙의적 실험을 진지하게 고려하기에는 지나치게 실용적이고 현실적이라고 생각한다. 참여 예산에 대한 브라질의 경험은 규모와 정치적 영향을 달성했기 때문에 예외적으로 주목할 만하다.

사람들이 이슈를 토의하는 방법에 대한 가설을 검증할 사례를 연구하거나, 실험을 위해 실용적 프로젝트를 이용할 수는 있을 것이다. 하지만 이 책에 묘사된 극히 소수의 사례만이 충분히 통제된 디자인을 통합하고 있기 때문에, 연구 의제의 질문을 탐구할 수 있는 이상적 기회가 될 수 있는 예도 극소수다. 예를 들어 사회과학자들이 합의를 위한 그룹의 병합을 연구하고 싶다면 이들은 스터디서클이나 국가이슈포럼처럼 혼란스럽고 문맥에 종속적인 과정보다는, 무작위 샘플과 조심스럽게 선택된 주제들을 가지고 실험하는 것이 더 확실하다고 느낄 수 있다. 개인의 태도와 신념에 대한 숙의의 효과를 평가하고 싶다면 이들은 보다 큰 범위에서 무작위로 참가자들을 선택하고 나머지를 통제집단으로 남겨 두고 싶어 할 수도 있다. 그러나 이것은 현실적으로는 불가능하다. 5장의 공론조사는 무작위 선택을 이용했기 때문에 공식적 실험으로 이용됐던 소수 사례의 하나다. 공론조사를 통해 얻은 통찰은 중요한 의미를 갖지만 다른 사례들에 대해서도 일반화할 수는 없다.

실험적 심리학의 어떤 문헌들에 따르면, 무작위로 선택된 시민들(대개 대학생)에게 연구자들이 추려낸 의문점을 토의하도록 부탁했을 때 실망스러운 결과를 얻었다. 이런 그룹들이 종종 다수의견을 따라가기 때문이다. 동의하지 않는 사람들은 그룹과 함께하기 위해 자신들의 의견을 포기한다. 이것도 의미 있는 결과들이지만 다양하고 의욕적인 시민들이 공동체가 당면한 문제를 해결하기 위해 모집되고, 이들에게 균형 잡힌 자료들을 제공하며, 숙련된 진행자들이 인도하고, 현실적인 정치적 결과를 갖는 판단에 도달하라는 요청을 받을 때 무슨 일이 일어나는지 연구하는 것 역시 중요하다. 비슷한 맥락에서 이익집단, 정치인, 시민들이 어떻게 대중 숙의에서 서로를 다루는지 관찰하고 싶다면, 미리 정해진 주제와 통제된 구조를 갖는 실험이 아니라 정치에 스며 있는 관행을 연구할 필요가 있다.

이 책의 목적 가운데 하나는 진지한 학문적 연구 가치가 있는 다양한 실천 기구가 있음을 보여주는 것이다. 이런 프로젝트들은 현실세계에 존재하기 때문에 가치 있는 실험이 될 수 있다.

2003년 '숙의 민주주의 컨소시엄Deliberative Democracy Consortium'은 30명의 우수한 연구자들과 전문가들을 회의에 소집했다. 학자들과 풀뿌리 활동가들이 서로 다른 관점을 가지고 있음에도, 두 그룹 모두 숙의 민주주의에서 현재 진행 중인 실용적 실험과 프로젝트가 흥미롭고 미래가 밝다는 사실에 합의했다. 숙의를 모델로 한 지극히 비정상적인 과정에서 연구자들과 실천가들은 공통 연구 의제를 개발하기 위해 협력했다. 이들은 다음과 같은 질문들을 포함해 연구 우선순위를 결정했다.

- 디자인과 구조가 어떻게 양질의 숙의 과정과 결과에 영향을 미치는가?
- 어떤 조건에서 숙의가 공공정책에 영향을 미치는가?
- 정책 변화 외에 숙의가 가져올 수 있는 다른 중요한 결과는 무엇인가?
- 우리는 숙의의 질적인 측면을 어떻게 측정해야 하는가?
- 숙의와 지지 또는 대중 참여 사이의 관계가 무엇인가?
- 숙의 민주주의 운동은 다른 사회운동에서 무엇을 배울 수 있는가?
- 숙의에서 대중은 어떤 부분에 관심을 가지는가?
- 숙의 규모를 어떻게 확대할 수 있고, 이를 제도화할 수 있는 방법은 무엇인가?

대중 숙의의
새로운 영역

연구자와 실천가 모두 대중 숙의를 받아들이는 방법들이 있다. 여기서는 세 가지 우선순위를 강조하고자 한다. 대화와 숙의의 관계 강화, 실체에서 문화적 충돌로의 이동, 초국경적 숙의에 대한 가능성의 고려가 그것이다.

대화 및 숙의

'대화'와 '숙의'라는 용어는 참여민주주의 모델에서 공적 담론의 역할과 관련해 소통 및 정치 과학에서 인기를 얻고 있다. 이 용어들이 자주 사용되면서 개념이 중복되는 경우가 많다. 그럼에도 두 용어는 분명하게 구별되는 특징들이 있다. 대중 숙의는 문제의 분석, 평가 기준 설정 및 대안의 선택을 포함하는 담론의 문제 해결 양식으로 정의될 수 있다. 공손하고 평등주의적이고 양심적인 과정을 통해 숙의 기구는 논리 정연한 합의를 목표로 한다. 하지만 현명한 결과 도출을 위해 조건부로 2/3 다수결의 원칙과 같은 의사결정의 원칙에 기반해 절충하는 방식을 따르기도 한다.

하지만 어떤 그룹이 공공 이슈에 대한 숙의에 앞서 대화에 참여하는 것이 필요할 수도 있다. 담화의 양식은(숙의 기구의 다른 하위 그룹들 간의 언어적, 사회적, 인식론적 간극만큼이나) 문제 해결과는 관계가 없다.

한 그룹의 구성원들이 서로 다른(어울리지 않는) 담론 규범을 가질 수 있다. 어떤 경우에는 존중을 표현하기 위해 한 참가자가 선호하는 방법이 또 다른 참가자에게는 모욕(직설적이고 도전적인 질문을 하는 것처럼)이 될 수도 있다. 또는 하위 그룹들은 서로 모순되는 언어나 기호학적 연상을 가질 수도 있다. 예를 들어 대중 숙의 토론장에서 십계명을 보여준다면 어떤 그룹은 존중 받는다고 느낄 수 있지만, 또 다른 그룹은 폄하된다고 느낄 수 있다. 대화가 필요한 또 다른 예는 급격하게 다른 인식론적 가정이다. 어떤 그룹이 개인의 증언에 더 큰 무게를 둘 수 있는 반면, 다른 그룹은 통계적 증거에, 또 다른 그룹은 세속적이거나 신성한 문서에 호응한다. 모든 그룹이 쉽게 비교하기 힘든 가치에 기반해 뚜렷한 수사적 근거에 의존하기 때문에, 이런 결정적 차이들은 상충되는 요구에 판단을 내리기 어렵게 한다.

이런 차이가 한 그룹 안에 존재할 때, 참가자들이 서로의 관점을 인정하고 이해하게 도울 수 있는 것이 대화다. 숙의는 정책 선택에 중점을 두는 반면 대화는 수용, 화해, 상호 이해 또는 적어도 관용을 추구한다. 대화를 위해서는 정직한 자기표현, 신중한 자기 성찰, 사려 깊은 조사 및 관점을 수용하기에 좋은 환경을 조성하는 것이 일반적이다. 대체로 다른 하위 그룹들이 상호 질문하고 성찰하는 세션들을 통해 서로에 대해 알게 되는 것이 대화의 목표가 된다. 참가자들이 여러 단계를 거쳐 진정으로 서로의 관점을 이해하고 그 배경과 신념을 존중하게 되기까지 몇 날 며칠이 걸릴 수도 있다.

적어도 이론상으로는 이런 대화는 숙의의 준비단계로 볼 수 있다. 각 하위 그룹이 나머지 그룹들이 어떻게 생각하고 말하고 판단하는

지 이해하면 숙의 과정에서 벗어날 수도 있는 개념적 혼란, 상징적 전투 및 인식론적 복잡성을 피하기가 더 쉬워진다. 대화 단계는 도덕적 논쟁을 해결하거나 정책 목표를 진보시키지는 못한다. 그보다는 그룹 구성원들 간에 깊이의 차이가 존재하는데도 공동 결정에 도전하는 힘든 과정을 준비할 수 있게 해준다.

문화적 수용

대화의 목표는 뒤이은 숙의의 토대로 이용하기 위해 더 온건한 것이 될 수도 있다. 대화의 목표는 단지 문화적 수용이 될 수도 있다. 또 다른 문화적 그룹을 받아들이는 것은, 서로를 몰아내거나 불편해하지 않고 평화적으로 공존할 수 있도록 공통의 공공 영역 안에서 서로를 위한 공간을 만드는 것을 의미한다. 문화적 수용은 서로의 상징, 이해 및 열망을 배려하는 것이다. 문화적 수용 절차는 경쟁적 협상도 아니고 논리적 합의를 위해 압박을 하는 것도 아니다. 가장 근접한 개념은 전략적 절충이지만 이조차 초기 대화 기간에 뒤이은 숙의 단계에서 이루어진다.

수용이 가져올 수 있는 가장 가시적인 결과물은 약간의 상호 이해(실질적이고 상징적 차이에 대한 의식적인 자각), 문화적 관용 및 정책 토론을 위해 공유된 틀의 가치에 대한 합의(공적 대화인 숙의 단계로 들어가고자 하는 합의)다. 가능한 최상의 성과는 모든 당사자가 수사학적 이해관계를 낮추는 것이다. 서로의 시각을 분명하게 인식하게 되면서 당사자들은 전략적 언어(상대방의 설득에 효과적이지도 않고 단지 정책적 대화의 회피를 연장하기만 하는) 사용을 피하기로 합의할 수도 있다. 종합적으로 이런 성과들은 참여자들이 어떤 지속적인 정책 토론에도 꼭 필요한 잠재적으로 폭발력이 큰 문화적 충돌을 진정시킬 수 있는, 상당히 확장된 문화 안보와 평가를 가지고 숙의 과정에 임함을 의미한다.

가설의 하나로 미국 시민들이 총기와 총기 규제에 대한 문화적 대화에 소그룹으로 참여하는 것을 상상해보자. 각 문화 그룹은 그들이 세상을 보는 시각, 자신들의 가치가 어떻게 미래에 대한 비전에 영향을 미치는지, 문화적 전통의 관점에서 어떻게 역사 과정을 이해하는지 설명할 기회를 갖게 될 것이다. 한 참가자는 그의 관점에서 총기가 아버지, 사냥꾼, 보호자로서 남성의 역할에 필수적이라고 말할 수 있다. 그의 관점에서 총기는 세대주로서의 지위와 권위만이 아니라 군사적 정책적 권위의 정통성의 표시다. 이런 가치와 열망을 표현하면서 발표자는 상징적인 핵심 용어들(애국심 등), 중요한 증거(수정헌법 제2조에 의거한), 전통적인 연설 방법(권위적 선언)을 보여줄 것이다. 훈련된 사회자들이나 다른 문화 배경에서 온 참가자들은 제한적인 논증의 가이드라인 내에서 발표자의 관점을 분명하게 이해하기 위해 좀 더 면밀한 질문을 할 수도 있다.

여기서 핵심은 정책 선택을 확인하거나, 충돌하는 관점의 찬반의 무게를 재기 위한 것이 아니다. 오히려 개인이 갖는 시각의 문화적 토대를 조명하고 이해하는 것이다. 이 대화의 결과 참가자들은 서로의 차이를 훨씬 더 잘 이해할 수 있다. 다원주의 사회의 광범위한 합의 안에서 각 그룹은 서로가 고유의 문화적 신념, 상징, 관행이 소중함을 인정하게 된다. 대화 참가자들이 단지 도덕적 상대주의자들이 되고, 개인의 권리의 장점 대(對) 사회적 책임, 공동체의 요구 대 개인의 목표, 전통적 계층 대 평등주의 규범을 토론하지 않는다고 말하는 게 아니다. 오히려 각 그룹이 고유의 가치와 양식을 가지고 있음을 인정하고, 극소수의 예외만을 두고 이런 차이는 논쟁의 대상이 아니라고 겸손하게 인정하는 것이다. 내용이나 양식에 합의하는 것은 별 의미가 없지만, 이 그룹은 심각한 불일치를 인정하고 문화적 충돌이 있음에도 정책의 숙의로 이동하는 데 합의할 것이다. 수용과 공존의 목표가 사회적 총의에 대한 꿈을 대신하는 것이다.

초국경적 대화 및 숙의

문화적 수용을 추구하며 대화와 숙의 모두에 참여하는 것이 적절한 경우가 많다. 미국의 대중적 시각은 이를 2000년과 2004년 대선의 투표 패턴에서 비롯된 은유적 표현인 '적색(보수)' 주와 '청색(진보)' 주 사이의 분열로 묘사한다. 지방자치단체 차원에서 보면 대부분의 주에 적색과 청색 지역이 있다. 그래서 분열은 지역을 넘어 그리고 지역 내에도 존재한다. 게다가 이 그룹들의 차이는 당파적인 정치적 정체성에만 국한된 것이 아니다. 오히려 이들은 문화적으로 더 심하게 분열돼 있다. 낙태, 총기 소지의 권리, 원자력 발전 등 많은 문제에 대해서 찬반 양측이 숙의 전에 대화가 필요한 분명한 문화적 특징들을 가지고 있다. 이 지구 상의 여러 나라에도 문화적 분열이 존재하고, 이런 맥락에서는 공통 의지의 발견보다 문화적 수용의 관점에서의 숙고가 더 중요할 수도 있다.

대화와 숙의가 국가적 차원의 정치적 단위에서 필요한 경우 국경을 초월하는 일종의 대중 숙의가 가능한가? 우리가 지구 상에서 목격한 세계무역 시위는 국제무역 협상을 중지시키려는 대중의 의식을 보여준다. 어떤 국제협회나 무역단체도 대중의 신뢰를 얻지 못했다. 그 결과 당국은 대중 시위를 억압하고 더 무정부적 시위자들이 더 극단적 대정부 시위를 유도하면서 대중의 분노에 불을 붙이려 한다. 항의 시위가 폭력으로 변질되는 것이다. 대화나 숙의를 기존의 국제협회로 통합하는 방법을 상상한다는 것이 어려운 일이긴 하지만, 양자 간 무역 또는 국제무역에는 개방적인 초국경적 대화가 필요하다.

세계적 차원의 대화가 필요한 또 다른 문제는 국제 테러리즘이다. 세계의 모든 지역을 대표하는 시민들 간에 테러리즘의 뿌리, 테러 속에서 그리고 테러의 희생자로 살아가는 경험, 장기간에 걸쳐 이를 해결하기 위한 최선의 방법, 심지어 자살 폭탄 테러에 이용되는 개인들의 시각에 대한 생산적인 대화가 이루어질 수 있다. 이런 극적인 토론은 대규모의 국제적 청중을 끌어들일 수 있다. 전문적으로 진행된다면 이 토론은 초국경적 대화의 극적인 순간을 만들어낼 수 있고 상호 이해를 증진시킬 수 있다. 더 욕심을 부리자면 함께 살아가는 것은 고사하고 서로에게 이야기도 할 수 없는 것이 일상이던 사람들이, 포용할 수 있는 공통 원칙들에 도달하는 것을 숙의의 목표로 할 수도 있다. 이런 기구가 입법 권한을 가질 것 같지는 않지만 두려움, 분노와 절망을 극복하는 대중 역량에 대한 희망을 정치 지도자들에게 제시함으로써 국제 정책의 교착상태를 돌파하게 도울 수 있다. 효과가 있다면 이런 대화는 세계 테러리즘의 위협과 그 기저에 있는 나머지 문제들을 가장 잘 해결할 수 있는 정책들에 대한 더욱 정밀한 숙의의 토대를 마련할 수 있다.

이는 대화와 숙의에 대한 너무 지나친 희망일 수도 있다. 이 책이 다루고 있는 것은 전면적인 변화가 아니라 현대 역사의 작은 승리들이다. 하지만 논쟁거리가 될 리 없다고 생각한 문제들과 대중 대화에 익숙하지 않았던 부분에서 이런 성공을 거두었다. 더욱이 이 과정들의 많은 부분이 시민, 미디어와 정부 간 관계에 광범위한 변화를 유도했다.

현재의 숙의 운동이 부상한 속도만큼 빠르게 사라질 수도 있음을 기억할 필요가 있다는 사실은 역사가 말해주고 있다. 미래를 낙관하지만 방심해서는 안 된다. 이 책에서 묘사된 이니셔티브들은 지구 공동체에 숙의가 진정으로 긍정적인 영향을 미친다는 것을 보여준다. 연구자들과 전문가들이 협력한다면 숙의는 21세기 민주주의 절차로 심도 있게 통합될 수 있을 것이다.

한국에는 숙의 민주주의가 필요합니다

안녕하세요? 이 책을 읽어주셔서 감사합니다. 저는 허광진 선생과 함께 이 책을 번역한 장용창입니다. 이 책은 주로 미국의 경험을 담고 있기 때문에 여기서는 우리나라의 숙의 민주주의 사례들과 향후 전망을 간략히 소개하고자 합니다.

여러분들은 어떤 세상에 살고 싶은가요? 저는 모든 사람들이 인간으로서 존엄한 권리를 누리는, 자유롭고 평등한 세상에 살고 싶습니다. 이것은 우리 대한민국의 헌법에 명시된 우리나라의 이상입니다. 그런데 지금 세상은 어떤가요? 물론 한국전쟁이 벌어지던 때나 조선시대보다 지금이 더 나은 세상인 것은 분명합니다. 정치적으로나 경제적으로, 남한이 북한보다 훨씬 더 잘 살고 있는 것은 두말할 나위도 없습니다.

하지만 여러분은 2018년 현재 대한민국이 마음에 드나요? 아이들은 심지어 유치원 때부터 학원에 다니며 놀 시간도 없이 경쟁적 교육에 시달립니다. 고등학생쯤 되면 스트레스가 어쩌나 심한지, 1년에 자살하는 청소년이 수백 명에 이릅니다. 대학생이 되면 진리를 탐구할 시간을 가지기는커녕 취업을 위한 스펙 쌓기에 바쁩니다. 그렇게 대학교를 졸업하면 대부분은 노동권도 제대로 보장되지 않는 계약직 혹은 일용직 아르바이트로 일합니다. 노동시간은 전 세계에서 거의 일등이라, 집에 들어가면 밤 12시가 되는 사람들이 수두룩합니다. 젊은 사람들은 심지어 데이트할 시간이 없어 평균 결혼 연령이 30세를 훌쩍 넘었고, 미래에 대한 희망을 찾기 힘들어 결혼도, 출산도 안 하는 사람들이 점점 늘고 있습니다. 기업들은 수시로 노동자들을 해고하기 때문에 사십 대가 넘어서도 고용 불안은 계속됩니다. 그렇게 일찍 퇴직하고 나면 일자리를 찾기가 더욱 힘들어 노인 자살률도 전 세계 일등입니다. 모든 연령층에서 행복지수는 전 세계에서 거의 꼴등을 달리고 있습니다.

이렇게 온 국민을 고통에 빠지게 하는 이 이상한 사회구조를 바꾸기 위해서 필요한 것은 바로 정치입니다. 경제문제는 경제로 해결하는 게 아니라 정치로 해결해야 합니다. 학생들에게 맛있는 밥을 먹이려면 어떻게 해야 하나요? 정치를 통해 무상급식을 국가가 의무적으로 제공하도록 법을 바꾸면 됩니다. 최저임금을 올리는 건 어떻게 해결해야 하나요? 정치로 해결해야 합니다. 기업들이 비정규직 대신 정규직을 쓰도록 하려면 어떻게 해야 하나요? 정치를 통해 법을 고치면 됩니다. 지방자치단체장들이 토목건설 사업으로 환경을 파괴하고 예산을 낭비하는 문제는 어떻게 해결해야 하나요? 정치를 통해 이들을 감시할 수 있는 시스템을 만들면 됩니다.

그런데 우리나라의 정치는 어떻습니까? 저는 지금 국회의원이나 대통령이 하는 정치만을 말하는 것이 아닙니다. 국민의 의사를 정부 정책에 반영하는 모든 과정이 정치입니다. 국민의 의사는 정부 정책에 제대로 반영되고 있나요? 정부 정책에 반영하려면 여러 다양한 국민들의 의사가 합의돼야 하는데, 다양한 의사를 모으기 위한 토론 시스템이 존재하기나 하나요? 학교 하나를 지을지 말지도 결정하지 못해서 학부모들이 무릎을 꿇어야 할 만큼, 우리 사회에는 국민들 사이의 토론 시스템이 작동하지 않고 있습니다. 그나마 우리가 경험하는 TV 토론회에서는, 공자님이 그렇게도 하지 말라고 경계했던 교언영색巧言令色(교묘한 거짓말)만 난무합니다. 어떻게 하면 얄팍한 말장난으로 상대방과 시청자를 속이고 말싸움에 이길지 궁리하는 자들이 TV 토론회에 전문가랍시고 나와서 설치고 있습니다.

이렇게 국민들 사이의 대화가 없다 보니, 직업 정치인들이 권력을 도둑질해버리고 말았습니다. 대부분의 지방자치단체들에서 시장, 도지사 등 선출직 정치인들은 오로지 국민 세금으로 토목건설 사업을 벌여 뒷돈을 챙길 궁리만 하고 있습니다. 그 과정에서 우리가 후손에 물려줘야 할 금수강산은 온통 파괴되고 있고, 국민의 행복을 위해 사용돼야 할 국가 예산은 줄줄이 새고 있습니다. 그것에 반대하는 국민들의 목소리가 제대로 정치와 정책에 반영되는 경우는 거의 없습니다. 이것이 지금 우리나라의 모습입니다.

도대체 이 노릇을 어떻게 하면 좋을까요? 물론 많은 사람들이 이 질문에 답을 찾기 위해 노력하고 있습니다. 저는 숙의 민주주의가 이 질문에 답을 줄 수 있는 하나의 작은 희망이라고 생각합니다. 그래서 저는 이 책을 번역해서 여러분께 소개하고 싶었습니다.

토론과 함께 하는 직접민주주의

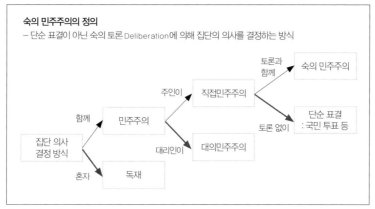

〈그림 7〉 숙의 민주주의의 정의

숙의 민주주의는 '단순 표결이 아닌 숙의 토론에 의해 집단의 의사를 결정하는 방식'으로 정의할 수 있습니다. 위 그림을 한번 보기 바랍니다. 우리나라엔 심지어 '민주주의의 반대는 공산주의다'라고 생각하는 사람들이 많을 만큼, 정치에 대한 오해가 극심합니다. 공산주의는 경제에 관한 것으로, 그 반대는 자본주의이죠. 민주주의는 정치에 관한 것으로, 그 반대는 독재입니다. 우리나라는 나라를 만들 때부터 국민 모두에게 영향을 미치는 정부 정책을 국민들이 직접 결정하지 않고 국회의원과 대통령 등 대리인들이 결정하도록 헌법에 정해놓았습니다. 그래서 민주주의엔 이런 대의민주주의밖에 없다고 여기는 국민들도 많은 것 같습니다. 하지만 우리나라 헌법에도 국민투표와 같은 직접민주주의 제도가 들어 있습니다. 그런데 국민투표 등 우리 국민들이 경험한 직접민주주의에는 토론이 없었습니다. 심지어 초등학교에서 반장을 뽑을 때도 토론은 아예 없고 그냥 투표만으로 끝내버립니다. 이렇게 토론 없는 직접민주주의에 대한 반성에서 나온 것이 숙의 민주주의입니다. 즉 숙의 민주주의는 직접민주주의의 일종으로, 집단 의사결정을 위한 토론을 중요한 절차로 삼는 방식입니다.

'과연 그게 가능한가?'

숙의 민주주의를 '토론과 함께 하는 직접민주주의'라고 정의 내리면, 당장 '그게 가능한가?'라고 의문을 가지는 분들이 많을 것입니다. 인구가 얼마 안 되던 고대 그리스의 도시국가나 신라의 화백들 사이에서나 가능했지, 5,000만 명이 함께 사는 대한민국에서 어떻게 토론에 의한 직접민주주의가 가능하겠냐고 물으실 것 같습니다. 저도 그런 의문을 품었습니다. 당연합니다.

그림과 함께 살펴보면 이 문제를 좀 더 잘 이해할 수 있습니다. 참가자 수와 토론의 질이라는 두 가지 기준으로 토론들을 분류해봅시다. 지금까지 우리가 경험한 것은 크게 두 종류입니다. 하나는 참가자 수가 적지만 토론의 질은 높은 소수 전문가의 토론이고, 또 하나는 참가자 수가 많지만, 토론의 질은 낮은 대중 공청회입니다. 이 두 가지 모두 문제라는 것은 아마 여러분들도 잘 알 것입니다. 전문가들은 곧 이

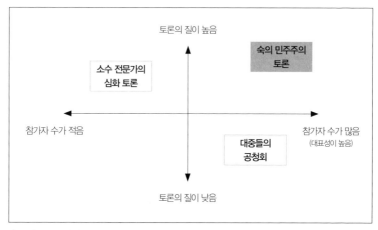

〈그림 8〉 토론의 질과 참가자의 대표성에 따른 토론의 분류

익집단이기 때문에 자신에게 유리한 쪽으로 진실을 왜곡한 토론을 해 버립니다. 전문가들에게 토론과 정책 결정을 맡기는 것은 고양이에게 생선을 맡기는 꼴입니다. 그렇다고 수백 명에서 수천 명이 되는 대중 이 모여 공청회를 해보면 정말 중구난방이 돼버려서, 뭔가 의사결정을 하는 것은 거의 불가능해집니다. 하지만 지금까지 우리는 이 문제를 어떻게 해결할 수 있을지 상상을 하지 못하고 있습니다.

숙의 민주주의는 '비교적 소수의 참가자를 무작위로 선정'함으로 써 이 문제들을 해결합니다. '비교적 소수'라는 것은 30명에서 300명 정도를 말합니다. 그리고 그 사람들을 다시 10명 안팎의 소그룹으로 나눠 얼굴을 보면서 대화하는 것이 가능하도록 준비합니다. 무작위 선정은 제비뽑기와 똑같습니다. 그냥 국민들 중에서 아무나 대표자가 돼서 토론을 하는 것입니다. 그 대신 지역이나 연령과 성별 등이 골고 루 반영되도록 집단별로 인구를 나눠서 무작위로 선정하는 '무작위 층화 추출' 방법을 많이 씁니다. 이렇게 함으로써 토론 참가자들이 국민 모두를 대변할 수 있는 대표성을 높이면서, 동시에 소수로 토론함으로써 토론의 질을 높이는 것입니다.

그런데 토론 참가자를 국민들 중에서 아무나 무작위로 선정한다는 것이 이상하다고 생각하는 분들도 있을 것입니다. '국민 모두에게 영향을 미치는 중요한 결정인데, 그 사안을 잘 아는 전문가도 아닌 일반 국민에게 맡겨서야 되겠는가?'라고 생각할 수도 있습니다. 바로 그런 생각이 숙의 민주주의를 거부하는 가장 중요한 믿음입니다. 이런 믿음을 전문가주의, 엘리트주의 등이라고 부릅니다. 정치학자 로버트 달(1999)은 이것을 수호자주의Guardianship라고 불렀는데, 수호자주의야말로 민주주의를 위협하는 최대의 적이라고 평가했습니다. '중요한 결정은 전문가에게 맡겨야 한다'고 믿는 사람은 민주 시민의 자격이 없는 사람입니다. 민주공화국인 대한민국의 헌법 질서를 어지럽히는 사람입니다. 자유와 함께 민주주의의 기본 이념인 평등은 단지 기회의 평등만을 가리키는 것이 아닙니다. 평등의 이념은 '국민 모두의 정치적 의사결정 능력이 평등하다'라는 믿음이기 때문입니다. 국민 모두의 평등한 의사결정 능력을 믿지 못한다면 우리는 다시 조선과 같은 신분사회로 돌아갈 수밖에 없습니다.

그런데 참으로 불행하게도 이런 전문가주의, 엘리트주의를 믿는 사람이 우리나라에 너무 많은 것 같습니다. 그래서 '신고리 5, 6호기 원자력 발전소를 계속 지을지 말지'라는 의사결정을 일반 국민이 참여하는 공론조사에 맡기자고 대통령이 발표했을 때, 주요 언론들이 앞다투어 비판한 것입니다. '원자력을 잘 알지도 못하는 일반 국민에게 그런 중대한 결정을 맡길 수 없다'라는 것이 그 언론들의 주장이었습니다. 이렇게 국민의 의사결정 능력을 의심하고 엘리트주의를 옹호하는 그 언론들이야말로 이 나라의 민주주의를 방해하는 세력일 수도 있습니다.

숙의 민주주의가 보는 인간: 욕심과 명심의 조화

지금까지 설명한 것처럼, 숙의 민주주의는 인간을 보는 관점 자체가 다릅니다. 엘리트주의 정치학이나 자본주의 경제학에선 인간을 '자기 자신의 이익을 극대화하기 위해 자신이 가지고 있는 정보를 최대한 활용해 의사결정을 하는 합리적 인간'으로 봅니다. 이들에 따르면, 집단 의사결정의 공간은 가능한 한 자신에게 많은 이익을 가져오기 위해 개인들이 투쟁하는 공간에 불과합니다. 그런데 정말 그런가요? 정말 인간은 자기 자신밖에 모르고, 정치는 자신의 이익만을 위한 것인가요? 그렇다면 나라가 위기에 처했을 때마다 촛불을 들고 광장에 섰던 시민들은 어떻게 설명할 수 있을까요?

제주도 해녀 공동체가 지속가능하게 유지된 비결을 연구한 인류학자 안미정(2007)은 '욕심과 명심의 조화'가 바로 그 비결이라고 결론 내렸습니다. '욕심을 부려서 열심히 일을 하되, 공동체의 지속가능성을 지키기 위한 규칙을 명심해라'는 이야기를 해녀들끼리 서로서로 하면서 강화한다는 것입니다. 저는 안미정 선생이 말한 '욕심과 명심의 조화'가 비단 해녀 공동체뿐 아니라, 모든 인간 사회를 설명하는 원리라고 생각합니다. 저도 마찬가지지만, 모든 인간은 자기 이익을 극대화하려는 욕심이 있습니다. 하지만 그것만 있는 것은 아닙니다.

공동체를 위해 헌신하려는 마음, 공익을 위하려는 마음도 있는 것입니다. 숙의 민주주의가 가능한 것은 바로 이런 마음 덕분입니다.

숙의 민주주의 이론가들은 이것을 좀 더 확대 적용해서 '경제학적 합리성'이라는 개념이 틀릴 수도 있다고 주장합니다. 즉 대부분의 현대 정치학자들은 자본주의 경제학의 영향을 받아, 인간은 개인적인 합리성만을 추구한다고 믿습니다.

그러나 숙의 민주주의 토론에선 정말 놀라운 일이 벌어집니다. 토론을 하다 보면 자기가 믿었던 것이 틀릴 수도 있다는 생각을 하게 되고, 자기가 이익이라고 생각했던 것이 오히려 손해임을 알게 됩니다. 이것을 조금 어려운 말로 '선호의 변환'이라고 하는데, 이 책 2장에서 설명하고 있습니다. 즉 자본주의 경제학자들은 개인들이 분명하고 개인적인 선호(어떤 것을 좋아하는 마음)를 가지고 있다고 믿지만, 숙의 민주주의 토론을 해보면 사람들의 선호가 바뀝니다.

그래서 숙의 민주주의 이론가들은 가능한 한 참가자들이 진실을 발견하고, 자기 자신의 이익이 아닌 공동체의 이익을 위한 최선의 결정을 할 수 있도록 토론을 설계합니다. 숙의 민주주의 토론회의 목적은 어떤 의사결정이라기보다, 오히려 이렇게 참가자들이 공동체를 위한 새로운 진실을 발견하는 데 있다고 할 수 있습니다. 숙의 민주주의는 '모든 인간은 공익을 추구하는 마음을 가지고 있다'라는 믿음에서 출발하며, '모든 인간이 가지고 있는 공익을 추구하는 마음'이 더 강하게 발현될 수 있는 대화의 장을 마련하는 것을 목표로 하고 있습니다.

한국에서 숙의 민주주의의 유형별 사례와 평가

한국에 뿌리박은 엘리트주의에 대한 굳건한 믿음에도, 욕심과 명심의 조화를 믿었던 선구자들은 지난 20년간 한국에서 숙의 민주주의를 실현하고자 노력했습니다. 이런 사례들 중 중요한 것들만 모아 보면 다음과 같습니다.

이 표에서는 주로 학술지에 실린 논문에서 체계적으로 설명된 숙의 민주주의 토론회만 담았습니다. 원탁회의 방식의 토론회는 표에서 언급된 충청남도나 순천시의 사례 외에도 무수히 많지만, 체계적인 검색이 힘들어서 위 표에 담지 않았을 뿐입니다.

이제 〈표 10〉에 제시된 사례들을 토론 방식별로 다시 분류해보면 〈표 11〉과 같습니다. 이 표에서 보는 것처럼, 우리나라에서 실행됐던 숙의 민주주의 토론회들은 대부분 정부기관이 주최했습니다. 또한 이 책의 여러 장들에서 자세히 설명되는 숙의 민주주의의 여러 가지 형태들 가운데 대표 격인 합의회의, 공론조사, 시민 배심원 회의, 원탁회의 등에 골고루 경험이 있습니다.

물론 이 정도의 개최 건수를 가지고 '한국에도 숙의 민주주의 경험이 많았다'고 말하기는 어렵습니다. 물론 원탁회의 등은 이 표에 언급되지 않은 사례들도 매우 많지만, 원탁회의는 토론 시간도 짧고, 참가자의 태도 변화가 잘 일어나지 않는다는 점에서 숙의 민주주의 토론회 중 가장 질이 낮습니다. 토론의 질이 높은 숙의 민주주의 토론 방식은 합의회의, 공론조사, 시민 배심원 회의 등인데, 이런 방식의 토론은, 제가 파악한 바로는 이 표에 제시된 11건밖에 없습니다. 더욱이 이 중에서도 시화호 관리와 관련된 합의회의는 단일 행사라기보

개최 년도	주제	방식	토론 기간	참가자 및 선발방식	운영 기관	출처
1998	유전자 조작	합의회의	5일	14명, 지원자 심사	유네스코 한국위원회	김환석(2000)
1999	생명 복제	합의회의	6일	16명, 지원자 심사	유네스코 한국위원회	김환석(2000)
2004	원자력 정책	합의회의	6일	16명, 지원자 심사	참여연대	윤순진(2005)
2004	쓰레기 처리	시민 배심 원 회의	5일	43명, 단체별 추천	울산시 북구청	정정화(2011)
2004 -2008	시화호 관리	합의회의	연중	33명, 단체별 추천	건설교통부 등	홍성만 외 (2009)
2005	부동산 정책	공론조사	1일	50명, 무작위	국토연구원	김선희(2006)
2006	북항 재개발	공론조사	1일	77명, 무작위	부산 항만공사	김춘석(2013)
2007	이종 이식	합의회의	6일	14명, 지원자 심사	유네스코 한국위원회	모효정 외 (2009)
2008	조류독감	시민 배심 원 회의	4일	14명, 무작위	한국 과학기술 기획평가원	이영희(2009)
2010	충청남도 정책 과제	원탁회의	1일	281명, 단체별 추천	충청남도	장수찬(2011)
2014	저출산 등 사회문제	공론조사	2일	254명, 무작위	국민대통합위원회	권숙도(2016)
2015	대구지역 에너지계획	공론조사	1일	40명, 무작위	대구광역시	오용석 외 (2016)
2017	미세먼지	원탁회의	1일	100명, 자발적 참여	순천시	광주매일신문 (2017)
2017	원자력 발전소	공론조사	2일	471명, 무작위	국무총리실	장용창(2017)

〈표 10〉 한국의 숙의 민주주의 토론회 사례

다 협의체를 장기간 운영하는 데 숙의 민주주의 원칙을 가능한 한 적용하려 했다고 보는 것이 타당합니다. 또한 부동산 정책 합의회의나, 대구에너지계획 합의회의 등은 주최기관이 그런 이름을 붙이긴 했지만, 참가자 모집이나 토론 일수 등으로 볼 때 이 책에서 소개되는 합의회의라고 간주하기 어려운 행사였습니다. 이렇게 볼 때, 우리나라

토론회 유형	주최 기관		합계 회수
	민간단체	정부기관	
합의회의	유전자 조작(1998), 생명 복제(1999), 원자력 정책(2004), 이종 이식(2007)	시화호 관리(2004),	5
공론조사		부동산 정책(2005), 북항 재개발(2006), 저출산 등(2014), 대구 에너지 계획(2015), 신고리 5, 6호기 원자력 발전소(2017)	5
시민 배심원 회의		쓰레기 처리(2004), 조류 독감(2008)	2
원탁회의		충청남도 정책(2010), 미세먼지(2017)	2
합계	4	10	14

〈표 11〉 한국 사례들의 유형별 분류

에서 지난 20년간 개최된 질 높은 숙의 민주주의 토론회는 10건도 안 된다고 할 수 있습니다.

숙의 민주주의 행사들을 평가하는 방법은 여러 가지가 있습니다. 그러나 여기서는 기본적으로 숙의 민주주의 행사들의 목적에 비추어 평가를 해보려고 합니다. 숙의 민주주의 행사의 목적은 무엇일까요? 숙의 민주주의의 등장 배경에 비추어 볼 때, 숙의 민주주의 행사의 목적은 다음과 같이 세 가지로 생각해볼 수 있습니다.

첫째, 가능한 한 모든 사회 구성원의 의견을 들을 수 있도록 대표성 있는 참가자를 모집한다. 둘째, 참가자들이 공익에 기반해 자신의 태도를 바꿀 수 있도록 충분한 시간 동안 질 높은 토론을 한다. 셋째, 행사에서 결정된 사항은 가능한 한 정부 정책에 반영되고, 그 과정과

항목	기준 및 점수
참가자 대표성	참가자를 무작위로 선정한 경우: 3점 단체별 추천을 하거나 지원한 사람들을 심사해서 정한 경우: 2점 원탁회의처럼 자발성에 의존한 경우: 1점
토론의 질	토론일수가 2일 이상인 경우: 3점 토론일수가 1일인 경우: 2점 토론일수가 1일에 못 미치는 몇 시간인 경우: 1점
영향력	정책에 중대한 변화를 가져온 경우: 3점 정책에 일부 반영되거나 많은 사람들에게 확산된 경우: 2점 정책에 그저 참고자료로만 활용되거나 잘 알려지지 않은 경우: 1점

〈표 12〉 숙의 민주주의 행사들의 평가 기준

결과들이 모든 사회 구성원에게 알려지는 등의 사회적 영향력을 가져야 한다.

숙의 민주주의 토론 행사의 목적을 이 세 가지로 볼 때, 숙의 민주주의 토론 행사의 성공 정도를 평가할 때도 이 세 가지 기준을 사용할 수 있습니다. 여기서는 위에서 제시한 14건의 토론회들을, 그 토론회가 소개된 논문 등에서 읽은 내용을 바탕으로 제가 주관적으로 평가해보고자 합니다. 이런 평가는 객관적인 것이 아니지만, 지난 행사들의 성과를 개략적으로 알아보는 데는 도움이 될 것입니다.

우선 제가 평가한 기준은 다음과 같습니다. 먼저 참가자를 무작위로 선정한 경우엔 대표성이 높기 때문에 3점을 줬습니다. 단체별 추천을 하거나 광고를 보고 지원한 사람들을 심사해서 결정한 경우 2점을 줬습니다. 마지막으로 원탁회의처럼 자발성에 의존한 경우 1점을 줬습니다. 다음으로 토론의 질의 경우 토론일수를 기준으로 했습니다. 토론일수가 2일 이상인 경우 3점, 1일인 경우 2점, 1일에 못 미치는 몇 시간인 경우 1점을 줬습니다. 물론 토론일수가 길다 해도 실제

토론회 유형	토론회 사례	참가자 대표성	토론의 질	영향력	평균
합의회의	유전자 조작(1998)	2	3	1	2
	생명 복제(1999)	2	3	1	2
	원자력 정책(2004)	2	3	1	2
	시화호 관리(2004)	1	3	3	2.3
	이종 이식(2007)	2	3	1	2
공론조사	부동산 정책(2005)	3	2	1	2
	북항 재개발(2006)	3	2	1	2
	저출산 등(2014)	3	1	1	1.7
	대구 에너지 계획(2015)	2	1	2	1.7
	신고리 5,6호기 원자력 발전소(2017)	3	3	3	3
시민 배심원 회의	쓰레기 처리(2004)	2	3	2	2.3
	조류 독감(2008)	3	3	1	2.3
원탁회의	충청남도 정책(2010),	2	1	1	1.3
	미세먼지(2017)	1	1	2	1.3
평균		2.2	2.3	1.5	2.0

〈표 13〉 한국 숙의 민주주의 사례들의 평가(1,2,3점 중 주관적으로 평가)

로 참가자의 태도가 변하지 않았다면, 뭔가 문제가 있어 토론의 질이 낮았던 것으로 볼 수 있지만, 그것까지는 검토하지 못했습니다. 영향력의 경우 정책에 중대한 변화를 가져온 경우 3점, 정책에 일부 반영되거나 많은 사람들에게 확산된 경우 2점, 정책에 그저 참고자료로만 활용되고 사람들에게 잘 알려지지도 않은 경우 1점을 줬습니다.

이런 평가기준을 가지고 한국 숙의 민주주의 사례들의 성공 정도를 평가한 결과는 〈표 13〉과 같습니다. 신고리 5, 6호기 공론조사(2017) 외에 평균 점수가 가장 높은 것은 2.3점밖에 안됩니다. 특히 영향력은 평균 1.5점으로 매우 낮은데, 왜냐하면 토론의 결과가 정책에 반영되거나 언론에 보도됨으로써 사회 구성원들에게 영향을 준 경우가 신고리 5, 6호기 외에 거의 없기 때문입니다. 숙의 민주주의는 토론이 토론으로 끝나지 않고 정책에도 반영되고 사람들도 바꾸는 것을 목표로 하고 있지만, 지금까지 있었던 한국의 숙의 민주주의 토론들은 그 목표가 무색할 정도로 영향력이 매우 낮았습니다.

모두가 고통스러운 대한민국을 바꾸려면

지금까지 살펴본 것처럼, 한국에서 숙의 민주주의 토론회는 건수 자체도 적었을 뿐 아니라 영향력이 매우 낮았습니다. 그럼에도 주최 기관들은 어려운 여건 속에서도 제대로 된 숙의 민주주의 토론회를 열기 위해 최선을 다했던 것으로 보입니다. 앞부분에서 말씀드린 것처럼 유치원생부터 노인들까지 모두에게 고통스런 이 대한민국을 바꾸기 위해서는 경제보다 정치가 필요하고, 그런 정치를 위해서는 숙의 민주주의가 좋은 답을 주고 있습니다. 이렇게 우리나라에 꼭 필요한 숙의 민주주의가 확산되지 않는 모습을 보는 것이 저는 너무 아쉽고 애가 탑니다. 어떻게 하면 한국에서 숙의 민주주의가 확산될 수 있을까요? 이에 대한 제 아이디어를 적어봅니다.

(1) 민간단체와 연구기관들이 할 수 있는 일

민간단체와 연구기관들은 숙의 민주주의를 자꾸 자꾸 열어줬으면 좋겠습니다. 민간단체 등이 숙의 민주주의 행사를 열 때는 자체 비용으로 하거나, 정부기관으로부터 비용을 받고 하는 두 가지 방식이 있을 수 있습니다. 지금으로선 이 두 가지 방법 모두 썼으면 좋겠습니다.

자체 비용으로 숙의 민주주의 행사를 개최할 경우, 참가자의 대표성을 확보하기가 어렵습니다. 하지만 참가자의 대표성이 확보되지 않은 행사라도 많이 열다 보면 노하우가 쌓이고, 네트워크가 형성되며, 사람들의 인지도를 높일 수 있습니다. 이런 경험을 바탕으로 더 질이 높은 행사도 주최할 수 있게 됩니다.

정부기관으로부터 비용을 받고 개최하는 경우, 가능한 한 충분히 많은 돈을 받고 했으면 좋겠습니다. 숙의 민주주의 행사에는 돈이 많이 들어갑니다. 이 책 뒷부분에 나오는 것처럼, 합의회의나 시민 배심원 회의는 최소 수천만 원, 공론조사는 최소 1억 원 정도가 소요됩니다. 참가자들에겐 자기 자신의 하루 근로소득에 해당하는 정도의 금액을 참가자 수당으로 주라는 것이 공론조사와 합의회의 등의 권고 사항입니다. 또한 숙의 민주주의 행사를 개최하는 단체 상근자의 인건비도 반드시 책정돼야만 품질 높은 토론회가 개최될 수 있습니다. 그러므로 이런 점을 고려해서 충분히 많은 비용을 청구할 필요가 있습니다.

(2) 지방자치단체장 또는 중앙부처 장관들이 할 수 있는 일

지방자치단체장이나 중앙부처 장관 등은 숙의 민주주의 행사를 개최하도록 예산을 쓰거나 인력을 배치할 수 있는 막강한 권력을 갖고 있습니다. 지금 현재 한국의 법률이나 예산 제도를 바꾸지 않고도 충분히 숙의 민주주의 행사를 위한 예산을 쓸 수 있습니다. 그러므로 지방자치단체장이나 중앙부처 장관들은 법을 어기지 않는 한에서 최대한 많은 예산을 숙의 민주주의 행사 개최를 위해 썼으면 좋겠습니다. 그것이 단지 숙의 민주주의가 아니라, 우리나라의 수많은 사회문

제, 정치문제, 경제문제를 해결하는 지름길임을 알 필요가 있습니다.

(3) 국회의원이 할 수 있는 일

숙의 민주주의를 확산하기 위해 국회의원이 할 수 있는 일은 크게 두 가지입니다. 하나는 숙의 민주주의 토론을 공식화하거나 지원하는 법률을 만드는 것이고, 또 하나는 현행 법률 하에서 숙의 민주주의 행사에 예산이 배정되도록 힘쓰는 것입니다. 현행 법률 하에서도 숙의 민주주의 행사에 예산을 배정할 방법은 무척 많습니다. 그 방법은 국회의원들이 더 잘 알기 때문에 여기서는 언급하지 않겠습니다.

숙의 민주주의 토론을 공식화하는 법률을 제정할 수도 있습니다. 이 책에 제시된 것처럼 덴마크에선 이미 1980년대에 법률을 만들어서 합의회의를 진행하고 있습니다. 법률을 만들어서 국가기관을 만들고 그 국가기관에서 합의회의를 진행하며, 그 회의 결과는 국회가 의사결정에 충분히 참고하고 있습니다. 우리나라도 과거 '대통령 직속 지속가능발전위원회'처럼 '숙의 민주주의 운영위원회'를 법으로 만들고 그 법을 통해 예산과 조직을 만들어낼 수도 있습니다.

숙의 민주주의 토론을 간접적으로 지원하는 법률을 제정할 수도 있습니다. 예를 들어 숙의 민주주의 토론회에선 정보의 충분한 제공이 매우 중요한데, 우리나라는 일단 정부가 가진 정보 자체가 제대로 시민들에게 공개되지 않고 있습니다. 간단히 말해 지방자치단체의 예산서만 해도 당해년도의 예산서를 볼 수 있는 방법을 아는 시민이 별로 없습니다. 물론 인터넷의 시청 홈페이지에는 어딘가에 있겠지만, 수천 페이지나 되는 예산서를 컴퓨터 파일 형태로 보는 것은 거의 불가능한 일입니다. 그러므로 '행정 정보 도서관 설립 및 운영에 관한 법률'을 만들어, 모든 지방자치단체와 중앙부처가 도서관을 운영한다면 숙의 민주주의 토론에 큰 도움을 줄 것입니다.

(4) 언론사가 할 수 있는 일

이 책에 소개된 것처럼 미국의 경우, 숙의 민주주의 확산에 언론사의 역할이 매우 중요했습니다. 심지어 미국에선 언론사가 토론회를 주최한 경우도 많았습니다. 이를 통해 언론사 자체도 성장했다고 합니다. 우리나라 언론사도 숙의 민주주의 행사를 자세히 보도해준다면 숙의 민주주의 확산에 큰 기여를 할 것입니다. 특히 TV 방송사가 숙의 민주주의 행사를 자세히 보도해준다면, 참가자들의 태도가 변하는 모습을 눈으로 볼 수 있어서 생생한 정보를 줄 수 있습니다.

결론: 숙의 민주주의로 가는 길을 안내하는 책

한국에서 숙의 민주주의는 정말 힘든 걸까요? 2017년에 있었던 신고리 5, 6호기 원자력 발전소 관련 공론조사에 대한 언론의 비판적인 보도를 보면 그런 생각이 들기도 합니다.

하지만 대통령이 나서서 숙의 민주주의를 하자고 하는 것을 보면서 다시 희망을 가져보기도 합니다. 제가 숙의 민주주의 토론회를 하자고 제안했을 때 제 주변 친구들은 열렬히 환영해 주었습니다. 그들은 하나 같이 그동안 우리 모두 국민 전체의 의사를 정책에 반영하는 방법 자체를 배워본 적이 없는 것 같다고 말합니다. 그렇기 때문에 더더욱 이 나라 대한민국에 숙의 민주주의가 필요하다고 생각합니다.

그런 점에서 숙의 민주주의로 가는 길을 안내하는 《시민의 이야기에 답이 있다》는 지금 우리에게 꼭 필요한 책입니다. 이 책에는 미국을 비롯한 전 세계 곳곳에서 숙의 민주주의라는 이상을 실현하기 위해 행했던 중요한 모델들이 모두 담겨있습니다. 하지만 이 책의 저자들은 하나같이 겸손합니다. 자신의 경험과 모델을 내세울 법도 하지만, 그것이 다가 아니라고 말합니다. 이들은 이 책을 통해 숙의 민주주의를 향한 길이 순탄치 않았음을 고백하고 있습니다. 지금도 숙의 민주주의는 우리나라뿐 아니라 전 세계에서 실험 과정에 있다고 해도 과언이 아닙니다.

그래서 이 책의 저자들은 숙의 민주주의의 뜻을 실현하려는 전 세계 독자들을 마치 민주주의 운동의 동지처럼 여기며 자신들의 험난했던 여정을 알려주고 있습니다. 자신들의 실수로부터 배워 좀 더 섬세하고 아름다운 민주주의가 실현되기를 바라면서 말입니다.

저는 우리나라가 경제 분야에서 후발주자의 이익을 누리며 급속도로 발전을 이뤘던 것처럼 정치 분야에서도 민주주의의 발전을 이룰 수 있다고 믿습니다. 그만큼 우리나라는 힘이 있고 역동적이기 때문입니다. 그 사실을 증명했던 지난 겨울 촛불의 기억을 되살리며 다시 한 번 희망을 가져봅니다.

이 책을 함께 번역한 허광진 선생과 도움을 준 허상국 후배에게 감사의 인사를 전하며 글을 마칩니다.

장용창

참고문헌

광주매일신문(2017). 순천, 토론·합의 '숙의 민주주의' 도입: 워크숍·미세먼지 저감대책 시민토론 원탁회의, 이해당사자 참여 합의 도출, 내년부터 본격 시행. 2017년 8월 7일.

권숙도(2016). 국민대토론회를 통해 본 숙의 민주주의의 발전 가능성. 사회과학연구, 42(3), 355~377.

김선희(2006). 공론조사기법-학습과 토론을 통해 공론 확인하기. 국토, 128~138.

김춘석(2013). 공공 갈등 해결의 대안적 기제로서 公論調査(Deliberative Poll). 한국지방정부학회 학술발표논문집, 2013(1), 480~493.

김환석(2000). 우리나라 합의회의의 추진경과 및 발전방향. 과학기술정책, (122), 37~44.

로버트 달(1999).《민주주의와 그 비판자들》. 조기제 역, 문학과지성사.

모효정, 권복규(2009). 사회여론 수렴방법으로서의 시민 합의회의. 생명윤리정책연구, 3(1), 91~109.

안미정(2007). 제주 잠수의 어로와 의례에 관한 문화인류학적 연구: 생태적 지속가능성을 위한 문화전략을 중심으로, 한양대학교 문화인류학 박사학위 논문

오용석, 진상현(2016). 시민 참여 기법을 도입한 대구광역시 지역에너지계획의 수립과정 분석. 환경사회학연구 ECO, 20(2), 237~283.

윤순진(2005). 공공참여적 에너지 거버넌스의 모색: 전력정책에 대한 시민합의회의 사례에 대한 평가를 바탕으로. 한국사회와 행정연구, 15(4), 121~153.

이영희(2009). 기술과 시민: '국가재난질환 대응체계 시민배심원회의'의 사례. 경제와사회, 216~239.

장수찬(2011). 지방정부와 심의민주주의의 실험: '타운홀미팅' 사례 연구. 경제와사회, 90, 39~69.

장용창(2017). 전문가는 똑똑하고 일반국민은 어리석다?: 숙의 민주주의 공론조사의 배경과 절차. 오마이뉴스 2017년 7월 3일.

정정화(2011). 공공갈등과 합의형성: 심의민주주의 방식의 적용과 한계. 한국행정논집, 23(2), 577~606.

홍성만, 이종원(2009). 숙의 거버넌스와 합의형성 제도설계: 시화지역 지속가능발전 협의회의 운영 사례를 중심으로.

시민의 이야기에
답이 있다
Deliberative Democracy

시민의 이야기에 답이 있다

초판 1쇄 발행 2018년 5월 15일

엮은이 | 존 개스틸, 피터 레빈
옮긴이 | 장용창, 허광진
펴낸곳 | 주식회사 시그니처
출판등록 | 제2016-000180호
주소 | 서울시 마포구 큰우물로 75 1308호(도화동, 성지빌딩)
전화 | (02)701-1700
팩스 | (02)701-9080
전자우편 | signature2016@naver.com

ISBN 979-11-89183-00-4 (03300)

ⓒ 2018 by John Wiley & Sons, Inc.

값 16,000원